Hölting

Immobilienfinanzierung

Immobilien-finanzierung

Die beste Strategie fürs Kaufen und Bauen

von

Michael Hölting

9. Auflage

C.H.BECK

Zum Autor:

Michael Hölting, Mitarbeiter des ZDF, Redaktion Frontal 21.

www.beck.de

ISBN 978-3-406-68791-4

Wilhelmstraße 9, 80801 München

Satz: Fotosatz Buck, Zweikirchener Straße 7, 84036 Kumhausen
Druck: Druckhaus Nomos, In den Lissen 12, 76547 Sinzheim
Umschlaggestaltung: Ralph Zimmermann – Bureau Parapluie
Bildnachweis: alexraths – depositphotos.com

Gedruckt auf säurefreiem, alterungsbeständigem Papier
(hergestellt aus chlorfrei gebleichtem Zellstoff)

Die Vorauflagen sind im Campus Verlag erschienen.

So nutzen Sie dieses Buch

Um Ihnen das Lesen und Arbeiten mit diesem Buch zu erleichtern, hat der Autor verschiedene Stilelemente verwendet, die Ihnen das schnellere Auffinden bestimmter Texte ermöglichen.

✔ Hier finden Sie Tipps, Aufzählungen und Checklisten.

i So sind „Merksätze“ gekennzeichnet.

Hier finden Sie Beispiele, die das Beschriebene plastisch erläutern und verständlich machen.

Die Zielscheibe kennzeichnet Zusammenfassungen und ein Fazit zum Kapitelende.

Vorwort zur 9. Auflage

Mag der „Traum von den eigenen vier Wänden“ noch so klischeehaft sein: Irgendwann wünscht sich jeder einmal eine eigene Immobilie. Die Beweggründe sind vielfältig. Der eine will unabhängiger sein und nicht regelmäßig eine Mieterhöhung akzeptieren müssen, der andere möchte die Sicherheit vor einer Kündigung haben. Wieder andere machen sich Gedanken über ihre Altersvorsorge und wollen vorbauen, damit sie ihr Leben später entspannt verbringen können. Der eine möchte die Immobilie selbst nutzen, der andere sieht sie als sichere Kapitalanlage.

Doch häufig wird über Immobilieneigentümer berichtet, die sich bei der Finanzierung total verkalkuliert, sich für den Rest ihres Lebens verschuldet haben. Ihre Pläne waren unrealistisch, die Strategie war falsch, oder sie haben auf die falschen Leute gesetzt. Genau diese Schreckensszenarien halten viele potenzielle Immobilieneigentümer von der Umsetzung ihrer Träume ab. Dabei ist die Lösung ihres Problems doch so nahe liegend: Der Schlüssel zur Immobilie heißt Information.

Das Spektrum der Immobilieninteressierten reicht weit. Da gibt es diejenigen, die noch keine konkreten Vorstellungen haben oder sich nicht so recht im Klaren sind, welche Immobilie sie sich überhaupt leisten können. Bei anderen geht es um handfeste Fragen der Finanzierung, von der Erstinvestition bis zur Anschlussfinanzierung und zu steuerlichen Problemen.

Dieses Buch bietet allen etwas: es beantwortet Fragen und wirft andere auf, um Problembewusstsein zu schaffen. Wer sich zum ersten Mal mit der Finanzierung einer Immobilie beschäftigt, sollte dieses

Buch von vorne lesen, um Schritt für Schritt an seine Immobilie herangeführt zu werden. Der Profi wird sich nur für Details der Finanzierung und für steuerliche Kniffe interessieren. Er kann dieses Buch wie ein Nachschlagewerk verwenden und sich bestimmte Abschnitte herausgreifen.

Dieses Buch unterstützt den Leser bei vielen Aspekten der Immobilienfinanzierung. Aber letztlich muss er für sich selbst entscheiden, ob er sich eine Immobilie leisten kann oder will. Um beim Bild zu bleiben: Den Schlüssel zur Immobilie muss am Ende jeder selbst umdrehen.

Berlin, im Oktober 2015 *Michael Hölting*

Inhalt

1. Kapitel

Immobilienerwerb

1

Selbstverständlich spielen vor allem finanzielle Gründe eine große Rolle, doch es gibt auch psychologische Hemmschwellen: Die meisten Immobilieninteressierten haben niemals zuvor in ihrem Leben eine so schwerwiegende und langfristige Entscheidung getroffen – sieht man einmal von Ehe und Familie ab. Es ist für viele im wahrsten Sinne des Wortes unvorstellbar, sich für eine so lange Zeit an ein Objekt zu binden. Zudem denken die meisten nur an zwei Möglichkeiten, wozu sie die Immobilie brauchen, nämlich als Kapitalanlage oder um selbst darin zu wohnen. Dabei gibt es durchaus interessante Alternativen, eine Immobilie zu erwerben oder zu nutzen.

1.1 Die Nutzung als Eigenheim

Immerhin fast die Hälfte der über 36 Millionen Privathaushalte sind Eigentümer an Grundstücken, Gebäuden und Wohnungen. Allerdings sind nur etwa zwei Drittel davon Alleineigentümer von Eigenheimen oder Mehrfamilienhäusern, was wiederum das Vorurteil nährt: Die Deutschen sind im Vergleich zu den europäischen Nachbarn immer noch richtige Eigenheim-Muffel (die Eigenheimquote liegt in Deutschland gerade mal bei 50 Prozent), trotz des Immobilienbooms in jüngster Zeit. Dennoch wünschen sich die meisten nichts sehnlicher als die eigenen vier Wände.

Doch die eigene Immobilie ist eine ziemlich teure Angelegenheit und bindet ihren Eigentümer unter Umständen finanziell ein Leben lang. Kurzfristig betrachtet fällt der Vermögensvergleich deutlich zugunsten des Mieters aus, gemessen daran, wie hoch ihn die monatliche Miete belastet im Vergleich zu den Finanzierungskosten des

Eigenheimbesitzers. Dessen finanzielle Belastung ist in der Regel mindestens in den ersten 10 Jahren größer als die des Mieters.

Danach verkehrt es sich aber zunehmend ins Gegenteil. Und je mehr Jahre vergehen, umso besser schneidet der Immobilieneigentümer ab. Unterm Strich kann ein Mieter seinem Vermieter in 30 Jahren knapp 275.000 Euro zahlen – ein Betrag, der viel sinnvoller in die eigene Immobilie investiert werden könnte. Zudem steigen die Mieten häufig immer weiter. Das trifft vor allem dann die Älteren. Denn wer kann schon davon ausgehen, dass die Rentenerhöhungen mit den zu erwartenden Mietsteigerungen Schritt halten? Gerade im Alter müssen deshalb Menschen immer mehr von ihrer monatlichen Rente für eine Miete eine Wohnung ausgeben.

1.2 Immobilie als Kapitalanlage

Erst die Bankenkrise 2008 und die darauf folgende Finanzkrise machte vielen Anlegern klar, wie unsicher die Investition in Aktien, Staatsanleihen und anderen Wertpapieren quasi über Nacht sein kann. Es wuchs die Erkenntnis, dass eine Immobilie eine vergleichsweise sichere Geldanlage ist. Deutlich gesunkene Zinsen, die Anlagealternativen unattraktiv machen, heizen das Kaufinteresse bei Immobilien zusätzlich an. Weil außerdem jahrelang zu wenige Wohnungen gebaut wurden, werden die Immobilienpreise kräftig in die Höhe getrieben. Das war nicht immer so: Immobilieneigentümer schauten um die Jahrtausendwende etwas neidisch auf Aktionäre, die von unglaublichen Wertsteigerungen und Renditen erzählen konnten. Nicht lange, denn nach dem steilen Aufstieg der Aktie kam auch deren schneller Fall.

Doch auch mit Immobilien haben Eigentümer schlechte Erfahrungen gemacht. Es war das „Betongold" der 90er Jahre, das Heerscharen von Steuersparern in die neuen Bundesländer trieb und in Immobilien investieren ließ, staatlich sanktioniert durch unglaublich hohe Steuergeschenke. Goldgräberstimmung in Ostdeutschland: Auf grünen Wiesen, am Rande von mehr oder weniger maroden Städten, entstanden riesige Wohngebiete und Siedlungen, deren Gebäude nach Aussehen und Ausstattung nichts zu wünschen übrig ließen. Nach dem Motto: Je teurer, desto größer die Steuervorteile.

Bei aller Steuerspar-Euphorie – oder eher -Hysterie – hatten die Anleger etwas schlicht übersehen: Es fehlten die Menschen, die für diese Prachtbauten die hohen Mieten zahlen konnten. Die neuen Immobilieneigentümer hatten nicht bedacht, dass neben der Rendite auch die Lage eines Objekts darüber entscheidet, ob es sich lohnt, sein Geld in eine Immobilie zu stecken. Das dicke Ende kam, als es mit den Steuergeschenken vorbei war.

1.2.1 Rendite

Fehler Nummer eins, den diese Anleger gemacht haben: der Kauf oder Bau einer Immobilie sollte sich nicht erst nach Steuern rechnen, sondern schon davor. Die erste Frage also, die sich ein Investor immer stellen muss: Bekomme ich für mein Objekt so viel Miete, dass mindestens meine Finanzierungskosten gedeckt sind? Und damit es auch tatsächlich ein Renditeobjekt ist: Sind die Einnahmen aus der Immobilie außerdem so hoch, dass mein eingesetztes Kapital ausreichend verzinst wird, jedenfalls langfristig gesehen?

Erst dann kommen die Steuervorteile ins Spiel. Die Steuerersparnis ist quasi das Sahnehäubchen, eine Zusatzrendite, deren Höhe davon abhängt, wie geschickt man den Gestaltungsspielraum nutzt, um – wohlgemerkt: ganz legal – zusätzlich Steuern zu sparen. Im „Fall Ostdeutschland" haben sehr viele Anleger nur nach dieser Zusatzrendite geschielt und leider nie danach gefragt, ob die „eigentliche" Rendite stimmt.

1.2.2 Lage

Fehler Nummer zwei dieser Ost-Anleger: Sie haben sich zu wenig für die Lage ihrer Immobilie interessiert und damit so ziemlich alles vernachlässigt, was Miet- und Wertzuwächse eines solchen Objekts beeinflusst. Es gibt eine alte Anlegerweisheit: Man kaufe das schlechteste Haus in der besten Lage. Der Grund ist simpel. Immobilie kommt von immobil und heißt unbeweglich. Das bedeutet: Die Lage einer Immobilie ist nicht veränderbar, wohl aber deren baulicher Zustand und Ausstattung.

Je nachdem, wo sich das Gebäude befindet, wird man in Zukunft mit Wertsteigerungen der Immobilie rechnen können. Aber woran erkennt man eine gute Lage? Die Antwort: Es kommt auf mehrere Dinge an, zum Beispiel auf die Anbindung an öffentliche Verkehrsmittel, auf die Infrastruktur, auf Einkaufsmöglichkeiten, auf das Schulangebot, darauf, welche kulturellen Einrichtungen vorhanden sind, aber auch wie groß der Erholungswert ist, also welche Freizeitangebote und welche Möglichkeiten der Naherholung es gibt.

Außerdem sollte darauf geachtet werden, ob sich die Immobilie in einer Gegend mit hoher Arbeitslosigkeitsquote befindet oder ob es sich um eine prosperierende Region handelt. Letztlich hängt es auch davon ab, ob das Wohnungsangebot in der Gegend, in der man kaufen (oder bauen) will, schon groß genug ist, oder ob weiterhin Nachfrage besteht.

Das sind alles Fragen zur „Lagebeurteilung", die ein Makler oder ein Hochglanzprospekt aus der Ferne mit Sicherheit nicht beantworten können. Deshalb führt kein Weg an einer persönlichen Besichtigung vorbei.

i Um die Lage einer Immobilie richtig beurteilen zu können, müssen Sie sich vor Ort selbst umschauen und sich einen eigenen Eindruck verschaffen. Die einfachste Messgröße, um die Lage richtig einzuschätzen, ist immer noch das eigene Wohlbefinden: Wenn Sie die Frage mit „Ja" beantworten können, ob Sie unter Umständen selbst dort in eine Wohnung oder in ein Haus einziehen würden, haben Sie schon die halbe Miete beisammen.

Leider hatten sich viele Käufer von Immobilien in Ostdeutschland diese Frage wohl nie gestellt. Zwar profitierten sie zunächst von der Steuerersparnis, doch irgendwann will schließlich auch das Darlehen getilgt werden. Als die versprochenen Mieterträge und deren Zuwächse ausblieben, wurde das Immobilienengagement langfristig zur Schuldenfalle.

1.3 Günstig im Alter wohnen

Wer in eine Immobilie in erster Linie deshalb investiert, damit er im Rentenalter finanziell möglichst wenig belastet und unabhängig wohnen kann, hat durchaus weitere Möglichkeiten, als nur mietfrei in den eigenen vier Wänden zu wohnen: Betreutes Wohnen, Verkauf auf Rentenbasis, ein Umkehrdarlehen oder das Wohnungs- und Nießbrauchrecht.

1.3.1 Betreutes Wohnen

Betreutes Wohnen wird in Deutschland immer beliebter. Alte Menschen wohnen dabei eigenständig in abgeschlossenen Wohneinheiten, die alten- und behindertengerecht sind. Ihre Bewohner können Serviceleistungen individuell auswählen und bezahlen nur für die Hilfe, die sie wirklich beanspruchen. Das ermöglicht auch im hohen

Alter ein weitestgehend unabhängiges Leben in den eigenen vier Wänden.

In diesen Anlagen kann man sich je nach Projekt und Konzept eine Wohnung mieten oder kaufen. In beiden Fällen hat man für die Miete oder die Ratenzahlungen sowie für die laufenden Kosten der Wohnung aufzukommen. Der zusätzliche Service, wie Putzen oder Einkaufen, kann je nach Wunsch hinzugekauft werden. In einigen Wohnanlagen ist es sogar möglich, als Pflegefall eigenständig zu wohnen. Allerdings kann das sehr teuer werden, unter anderem deshalb, weil die Pflege in betreuten Wohnanlagen als ambulantes Angebot angesehen wird, dessen Pflegesatz deutlich niedriger liegt als bei der stationären Pflege.

Wenn Sie sich also zum Service-Wohnen entschließen, müssen Sie sich des Risikos bewusst sein, dass Sie finanziell schnell in die Enge geraten können, falls es Ihnen gesundheitlich schlechter geht.

Wer sich eine solche Wohnung kauft, muss meistens sein Erspartes opfern oder eine andere Immobilie verkaufen. Oder er investiert langfristig in eine solche Immobilie, zum Beispiel über einen geschlossenen Immobilienfonds. Bei diesem Modell kann die Wohnung an jemanden vermietet werden, bis man später selbst dort einziehen möchte. Ein solcher Fonds ist wegen möglicher Sonderabschreibungen auch steuerlich interessant.

Wie bei Immobilieninvestitionen generell kommt es bei diesen Wohnanlagen auf den Preis und natürlich auf die Lage des Objekts an. Wichtig ist hier zum Beispiel eine günstige Infrastruktur, die von der Post bis zur Nahverkehrsanbindung alles bietet, damit man sich auch als älterer Mensch wohl fühlt.

Vorsicht vor „umetikettierten" Wohnanlagen. Es gab in der Vergangenheit mehrere Objekte, bei denen ganz normale Wohnanlagen wegen ihrer schlechten Vermarktungs- und Verkaufschancen einfach zu Service-Wohnprojekten erklärt wurden.

Ein Hinweis, um „echte" von „umetikettierten" Anlagen unterscheiden zu können, ist die deutsche DIN-Norm 77800 – seit 2012 zudem die europäische Norm CEN/TS 16118 –, die für interessierte Kunden, aber auch für Bauträger und Dienstleistungsanbieter entwickelt wurde, um einen einheitlichen Qualitätsmaßstab zur Verfügung zu haben. Sie ist eine Dienstleistungs- und keine Produktnorm, das heißt, nicht die baulichen Anforderungen bilden den Schwerpunkt, sondern die unter dem Begriff „Betreutes Wohnen" zu fassenden komplexen Dienstleistungen. Die deutsche Norm behandelt deshalb ganz unterschiedliche Aspekte, also die erforderliche Transparenz des Leistungsangebots, zu erbringende Grund- und Wahlleistungen, die Anforderungen an das Wohnangebot (zum Beispiel an Größe und Ausstattung, ob es behindertengerecht ist), aber auch Fragen der Vertragsgestaltung.

Wenn Sie absolut auf Nummer Sicher gehen möchten, sollten Sie sich von einem Sachverständigen bestätigen lassen, dass die Wohnung die DIN-Norm erfüllt.

Die Mehrkosten, die zur Einhaltung der Norm anfallen, sind gar nicht so hoch. Experten meinen, dass sie höchstens um 5 Prozent über den Kosten anderer Wohnungen liegen sollten. Teuer ist das Service-Wohnen vor allem durch die Gemeinschaftsanlagen, die anteilig gezahlt werden müssen. In Großstädten wie München muss teilweise doppelt so viel für eine solche Wohnung gezahlt werden wie für eine herkömmliche. Ungerechtfertigt, meinen Experten.

Eigentlich sollte die Wohnung in einem solchen Objekt nicht mehr als 15 bis 20 Prozent über dem ortsüblichen Verkaufspreis anderer Wohnungen liegen.

Wichtig ist auch, wie hoch die Grundpauschale ist, die alle Bewohner für die Notrufanlage oder Gebäudeinstandhaltung entrichten müssen. Die Pauschale liegt in der Regel zwischen 30 und 100 Euro im Monat.

1.3.2 Verkauf auf Rentenbasis

Eine Alternative ist der Verkauf der eigenen Immobilie auf Rentenbasis. Das bedeutet: Jemand kauft die Immobilie, indem er dem Eigentümer anstelle des Kaufpreises in den nächsten Jahren eine laufende Rente zahlt. Diese Rente steuert zum Lebensunterhalt des Verkäufers bei. Dabei kann das Rentenmodell ganz unterschiedlich gestaltet sein, etwa als gleich hohe monatliche Zahlungen oder als hoher Einmalbetrag, dem geringere Rentenbeiträge folgen. Ein Rentenvertrag muss notariell beurkundet werden.

Man kann sich für eine Leib- oder eine Zeitrente entscheiden. Eine Leibrente wird bis zum Tode des Verkäufers gezahlt und bedeutet aus seiner Sicht Sicherheit bis an sein Lebensende. Dafür sind die monatlichen Raten geringer. Bei einer Zeitrente wird die Höhe und Zahl der Renten genau festgelegt. Lebt der Verkäufer länger, muss er ohne diese Zusatzrente auskommen. Deshalb wird in den meisten Fällen eine Leibrente vereinbart.

Problematisch ist die Höhe der Rentenzahlungen. Zum einen richtet sie sich nach dem Kaufpreis der Immobilie, meistens nach dem Verkehrswert (siehe auch Abschnitt 4.1.2), wobei auch geklärt werden muss, wie hoch dieser Kaufpreis Jahr für Jahr verzinst werden soll. Zum anderen muss die Lebenserwartung des Verkäufers berücksichtigt werden. Daraus ergibt sich die Laufzeit und mit der Vereinbarung über die Verzinsung des Kaufpreises auch die Höhe der zukünftigen Rentenzahlungen.

Für die Rentenzahlungen gelten folgende Grundsätze, die der Bundesfinanzhof aufgestellt hat (Urteil v. 18.5.2010, AZ: X R 32-33/01):

- Der Ertragsanteil, also der Zinsanteil aus den Rentenzahlungen kann nicht als Sonderausgabe abgezogen werden. Er stellt ein Entgelt für die Überlassung von Kapital dar.
- Nur für den Sonderfall der Vermögensübergabe gegen Versorgungsleistungen kommt ein steuerlicher Abzug als dauernde Last in Betracht. Wenn wie im Regelfall die wiederkehrenden Leistungen jedoch als Veräußerungsrente auf einem entgeltlichen gegenseitigen Austauschvertrag beruhen, kommt es nur zu einer zeitlich gestreckten entgeltlichen privaten Vermögensumschichtung.
- Beim Empfänger wird der Ertragsanteil im Rahmen der Renteneinkünfte und nicht im Rahmen der Kapitaleinkünfte versteuert. Damit ist der nur bei Kapitaleinkünften abziehbare Sparerfreibetrag bzw. Sparer-Pauschbetrag nicht anwendbar.

Eine ähnliche Konstruktion mit einer völlig anderen Zielrichtung ist die vorweggenommene Erbfolge: Eltern überlassen ihren Kindern schon zu Lebzeiten eine vermietete Immobilie mit der Maßgabe, dass ihnen aus den Mieteinkünften Versorgungsleistungen zukommen, etwa in Form von Rentenzahlungen. Das kann auch steuerlich sehr interessant sein, denn unter bestimmten Voraussetzungen sind für die Kinder diese Unterhaltszahlungen als Sonderausgaben bei der Einkommensteuer abzugsfähig. Im Gegenzug müssen die Eltern diese

Leistungen zwar versteuern, haben aber unter Umständen einen sehr viel geringeren Steuersatz als ihre Kinder.

Ein solches Modell ist mit vielen Steuerfallstricken verknüpft! Achten Sie deshalb darauf, dass die Verträge absolut wasserdicht sind und dass das Verhältnis von Mieterträgen zu Unterhaltszahlungen eine bestimmte Größenordnung hat. Andernfalls akzeptiert das Finanzamt eine vorweggenommene Erbfolge nicht – mit dem Ergebnis höherer Steuerbelastungen! In jedem Fall sollten Sie sich vorab mit einem Steuerberater abstimmen.

1.3.3 Umkehrdarlehen

Seit einiger Zeit bieten Kreditinstitute in Deutschland sogenannte Umkehrdarlehen an. Eigenheimbesitzer können damit ihr monatliches Einkommen aufbessern, ohne die Immobilie verkaufen zu müssen; am Grundbucheintrag ändert sich nichts. Der Kreditgeber zahlt das Darlehen entweder in einem einmaligen Betrag oder in monatlichen Raten aus. Im Gegenzug belastet er die Immobilie in Höhe des Kredits inklusive Zinsen. Voraussetzung für ein Umkehrdarlehen ist, dass die Immobilie ganz oder wenigstens nahezu schuldenfrei ist.

Der Vertrag endet in der Regel mit dem Tod des Kreditnehmers. Die Erben müssen dann entscheiden, ob sie das Darlehen zurückzahlen und das Haus behalten wollen oder ob sie die Immobilie dem Kreditgeber überlassen, der damit das Kreditkonto ausgleicht. Erzielt das Institut dabei einen Erlös, der über die Darlehenssumme hinausgeht, bekommen die Erben den Restbetrag.

Interessant ist ein Umkehrdarlehen für denjenigen, der keine Kinder hat oder bei dem die Erben kein Interesse daran haben, die Immobilie selbst zu nutzen. Der finanzielle Verlust bei einem frühzeitigen Tod ist – anders als bei einer Leibrente – klein. Sollte der Kreditnehmer nur wenige Monate nach Vertragsabschluss sterben, sind auch seine Schulden gering.

Der Kreditgeber geht aus seiner Sicht bei einem Umkehrdarlehen ein erhöhtes Risiko ein, weiß er doch zum Beispiel nicht, wie sich die Immobilienpreise entwickeln werden, wie viel also die Immobilie am Ende der Laufzeit wert ist, und – eng damit verknüpft – wie alt der Kreditnehmer wird. Der Beleihungswert liegt deswegen manchmal nur bei 30 bis 40 Prozent (siehe auch den Abschnitt *Beleihungswert*), weswegen die monatlichen Auszahlungen auch sehr gering ausfallen können. Alternativ kann die Rente auch über eine vorab festgelegte Zeit vereinbart werden. Das minimiert das Risiko für den Kreditgeber und erhöht die Rente. Leben die Eigentümer nämlich dann länger, wird die Rentenzahlung eingestellt. In jedem Fall gilt: Je älter der Immobilieneigentümer bei Vertragsabschluss ist, umso höher sind die monatlichen Zahlungen.

Es gibt auch Verträge, die nicht nur durch den Tod des Kreditnehmers enden, sondern auch durch einen Umzug, etwa wenn man – und sei es nur übergangsweise – in ein Pflegeheim muss. Wer also auszieht, kann womöglich nicht mehr in sein Haus zurück. Daher sollten Sie sich genau überlegen, ob Sie nicht von vornherein einen solchen Fall vertraglich ausschließen.

1.3.4 Wohnungs- und Nießbrauchrecht

Es besteht außerdem die Möglichkeit, die eigene Immobilie zu verkaufen, sich aber vertraglich das Recht einräumen zu lassen, die Immobilie oder wenigstens einen Teil davon weiter bewohnen zu dürfen (Wohnungsrecht) oder sämtlichen Nutzen aus der Immobilie ziehen zu können (Nießbrauchrecht).

Der Fall des Wohnungsrechts kann dann interessant sein, wenn es sich zum Beispiel um ein Mehrfamilienhaus handelt. Die Immobilie wird verkauft, man lässt sich aber das Recht einräumen, eine der Wohnungen selbst zu nutzen, das heißt, sie auch vermieten zu dürfen, ohne dass der Eigentümer dagegen etwas einwenden kann. Die anderen Wohneinheiten werden vom Eigentümer bewirtschaftet. Häufig wird ein Wohnungsrecht im Familienverbund eingeräumt, wenn zum Beispiel die Eltern den Kindern ein Haus überlassen. Ein Wohnungsrecht muss notariell beurkundet und im Grundbuch eingetragen werden. Es ist weder vererb- noch veräußerbar, es sei denn, dies ist im Vertrag gestattet. Wenn der Rechteinhaber dort ausdrücklich auf die Ausübung seines Rechts verzichtet, kann die Überlassung des Wohnrechts sogar formlos erfolgen beziehungsweise sich stillschweigend vollziehen.

Ähnlich dem Wohnungsrecht, nur viel umfänglicher, ist das Nießbrauchrecht. Sehr weit gefasst kann dieses Recht bedeuten, dass jemand eine Immobilie verkauft, der Nutzen daraus aber bei ihm als Nießbraucher verbleibt. So kann zum Beispiel ein vermietetes Mehrfamilienhaus verkauft werden, sodass der Eigentümer wechselt, doch sämtliche Mieteinnahmen gehen an den Nießbraucher.

Normalerweise muss der Nießbraucher dann auch sämtliche Lasten tragen, die mit der Bewirtschaftung einer Immobilie verknüpft sind. Diese Nutzungsrechte können aber modifiziert werden, beispielsweise so, dass der Eigentümer sämtliche Lasten trägt. Umgekehrt können aber auch die Nutzungsrechte für den Nießbraucher eingeschränkt werden. Ein Nießbrauchrecht muss jedenfalls beurkundet und im Grundbuch eingetragen sein. Das Recht erlischt mit dem Tod des Nießbrauchers.

Nießbrauchrechte werden häufig im Familienverbund angewendet. Die Eltern überlassen ihren Kindern beispielsweise eine Immobilie, verbringen dort aber ihren Lebensabend, und mit ihrem Tod geht der Nutzen aus dieser Immobilie an die Kinder über.

Bei einem Zuwendungsnießbrauch lassen sich Mieteinkünfte auf andere übertragen, etwa auf die eigenen Kinder. Die Eltern bleiben beim Zuwendungsnießbrauch Eigentümer mit allen Rechten und Pflichten, den Ertrag haben aber andere, was im Grundbuch eingetragen wird. Der Vorteil: Kinder, egal welchen Alters, haben einen eigenen Grundfreibetrag beim Finanzamt. Die Nachteile: Zum einen geht die Abschreibung verloren, weil der Immobilieneigentümer keine Einnahmen mehr hat. Der Nutznießer wiederum hat kein Abschreibungsrecht, weil er keine Anschaffungs- und Herstellungskosten hatte.

Der Zuwendungsnießbrauch unterliegt als Schenkung der Steuer, und zwar generell mit dem sogenannten Kapitalwert des Nießbrauchs. Das ist der hochgerechnete Finanzvorteil des Nutznießers. Dafür gibt es wie bei anderen Schenkungen auch alle zehn Jahre wieder neu die steuerlichen Freibeträge.

Beim Vorbehaltsnießbrauch wird der Nutznießer neuer Eigentümer, die Erträge bleiben beim alten Eigentümer. Die verfügen zwar nicht mehr über das Eigentum selbst, können aber weiter über die Erträge Werbungskosten sowie Abschreibungsabzug geltend machen. Eltern können so ihr Vermögen nach und nach auf die Kinder übertragen und die alle zehn Jahre möglichen Freibeträge ausschöpfen. Damit lässt sich oft verhindern, dass beim späteren Erbfall die Kinder Erbschaftsteuer zahlen müssen, weil die Freibeträge überschritten wurden.

Wohnungs- und Nutzungsrechte haben unterm Strich zwei entscheidende Nachteile: Zum einen ist eine mit diesen Rechten belastete Immobilie praktisch unverkäuflich, was ja durchaus im Sinne der Rechte-Inhaber sein mag. Zum anderen sind damit in einigen Fällen – je nach Vertragskonstruktion – erhebliche steuerliche Nachteile verknüpft, sowohl für den Eigentümer als auch für den Rechte-Inhaber. Wer sich also zu einem solchen Schritt entschließt, sollte vorab einen in Immobilienangelegenheiten gewieften Steuerberater zu Rate ziehen.

Fazit: Langfristig rechnet sich Immobilieneigentum gegenüber der Miete. Wer sich eine Immobilie als Kapitalanlage anschafft, sollte zunächst auf zwei Dinge achten:

- auf die Rendite des eingesetzten Kapitals, und zwar vor Steuern,
- auf die Lage der Immobilie, die für die Wertentwicklung entscheidend ist.

Wer seine Immobilie in erster Linie als eine Form der Altersvorsorge betrachtet, der hat im Alter neben der Selbstnutzung vielfältige Möglichkeiten der Verwendung und Verwertung.

2. Kapitel

2 Die passende Immobilie finden

Das passende Haus oder die passende Wohnung zu finden, dürfte wohl die größte Hürde auf dem Weg zum Immobilieneigentümer sein. Hier sollen zunächst einige grundlegende Aspekte beleuchtet werden, die bei der Suche nach der passenden Immobilie wichtig sind: Will ich die Immobilie selbst nutzen oder als Kapitalanlage? Soll ich kaufen oder bauen? Und was gilt es zu beachten, wenn ich die Dienste von Maklern oder Bauträgern in Anspruch nehme?

2.1 Kaufen

Wer sich für den Kauf einer Immobilie entscheidet, muss zwar Einbußen bei der Individualität des neuen Eigenheims hinnehmen, kann aber unter Umständen auf ein günstiges Angebot stoßen und vermeidet den ganzen Ärger, der in der Regel mit dem Bau eines Hauses verbunden ist. Trotzdem birgt natürlich auch der Kauf einige Risiken.

Ein geeignetes Objekt lässt sich über die Zeitung, über einen Makler, über das Internet, bei Zwangsversteigerungen (siehe Abschnitt 2.1.4), bei Bausparkassen und Banken, auch der eigenen Hausbank, finden.

2.1.1 Makler

Wenn ein Makler helfen soll: Woran kann man einen seriösen Anbieter erkennen? Ein Makler macht nichts anderes als dem Immobilieninteressierten die Arbeit abzunehmen, sich selbst nach einem geeigneten Objekt umzuschauen. Er soll als Vermittler den Nachfrager an den Anbieter einer Immobilie heranführen, damit die beiden einen Bau- oder Kaufvertrag abschließen. Für diese Dienstleistung bekommt er eine Provision.

Soweit die Theorie. In der Praxis kommt es jedoch häufig genug vor, dass man als Laie an schwarze Schafe gerät, die einem das Blaue vom Himmel herunter lügen und das Geld kassieren, ohne eine echte Gegenleistung erbracht zu haben. Das Hauptproblem dabei ist: Die Maklertätigkeit ist kein Ausbildungsberuf, es bedarf keiner besonderen Kenntnisse oder Fertigkeiten und keiner speziellen Eignungsprüfung – sieht man davon ab, dass ein Makler nicht vorbestraft sein darf.

Damit man nicht an einen Gelegenheitsmakler gerät, sollte er zumindest Mitglied in einem Berufsverband sein, nämlich beim Immobilienverband Deutschland (IVD), zum dem sich die früheren Berufsverbände, der Ring Deutscher Makler (RDM) und der Verband Deutscher Makler (VDM), zusammengeschlossen haben.

✔ Die bloße Zugehörigkeit zu einem Berufsverband ist aber keine Garantie, dass Sie es mit einem kompetenten Makler zu tun haben. Und umgekehrt ist ein Nichtmitglied auch nicht unbedingt unseriös.

Eine wichtige Rolle spielt der äußere Eindruck eines Maklerbüros. Deshalb sollte man den Makler immer dort besuchen. Ist der Makler zu normalen Geschäftszeiten erreichbar, gibt es einen Festanschluss oder nur eine Handynummer? Beginnt der Makler seine Tätigkeit, ohne sofort Geld zu verlangen? Wenn nicht, sollte man seine Mithilfe sofort ablehnen. Macht er den Eindruck, dass er sich in rechtlichen und steuerlichen Fragen auskennt? Besser noch: Hat er Mitarbeiter zur Hand, die ihn in solchen Fragen unterstützen? Schließlich kann einer auch nicht alles wissen.

✔ Fragen Sie den Makler immer nach Referenzen, nach Adressen ehemaliger Kunden, die mit der Vermittlungstätigkeit dieses Maklers zufrieden sind.

Wichtige Kriterien für die Glaubwürdigkeit eines Maklers sind auch Art und Zeitpunkt von Objektangeboten. Er muss dem Immobilieninteressierten genaue Auskunft über das angebotene Objekt geben können, bei gebrauchten Immobilien also über Alter, Bauzustand, Verkäufer, Gründe für den Verkauf, bei Neubauten über Baupläne, Fertigstellungsdaten und den möglichen Bauträger.

Hat ein Makler angeblich sofort das passende Objekt zur Hand, ohne nach Ihren persönlichen Wünschen oder nach Ihrer finanziellen Situation gefragt zu haben, sollten Sie auf jeden Fall auf seine Dienste verzichten. Denn ohne diese Informationen wird er die passende Immobilie wohl kaum vermitteln können.

Letzter Punkt ist der Maklervertrag. Er darf nicht so formuliert sein, dass man nur mit hohen Kosten aus dem Vertrag herauskommt. Im Gegenteil: Ein Makler darf bei Misserfolg seiner Tätigkeit eigentlich gar kein Geld verlangen. Außerdem muss im Vertrag die Höhe der Courtage genau festgelegt sein.

Vorsicht, wenn der Makler schwarz Provision von Ihnen verlangt. Das ist illegal und macht den Maklervertrag ungültig. Wenn der Bau- oder Kaufvertrag doch nicht zustande kommt, ist das Geld wahrscheinlich für immer verschwunden.

Zum Schluss: Nicht selten steht in Zeitungsanzeigen „courtagefrei für den Käufer". Dieser Hinweis ist in den meisten Fällen schlichtweg Augenwischerei. Denn natürlich hat der Verkäufer die Kosten für den Makler dann auf den Preis der Immobilie aufgeschlagen.

2.1.2 Auswahl des Objekts

Was spielt denn nun bei der Auswahl des Objekts eine wichtige Rolle? Zuerst sollte man sich über die gewünschte Lage des Objektes im Klaren sein. Wie sollte die Infrastruktur sein (Verkehrs- und Nahverkehrsanbindungen, Einkaufsmöglichkeiten, Schulen, Kindergarten und so weiter), welche Art von Wohngebiet will man, wie soll die Lage sein (reines Wohngebiet, Umfeld, Grundstücksausrichtung und so weiter).

Hat man ein vermeintlich geeignetes Objekt gefunden, muss man es einer genauen Prüfung unterziehen. Wichtig ist vor allem das Baujahr, denn daraus lassen sich Rückschlüsse auf die für die jeweilige Zeit typischen Baumängel ziehen. So können bei Nachkriegsbauten oft qualitativ geringwertige Materialen verwendet worden sein. Immobilien aus den 50er und 60er Jahren fehlt es fast immer an ausreichender Wärme- und Schallisolierung. Dies kann bedeuten, dass später teure Modernisierungen zu übernehmen sind.

Sanierungen können auch fällig werden, wenn an verschiedenen Hausteilen bereits Schäden zu verzeichnen sind. Deshalb sollte der

Kaufinteressent besonders die folgenden Elemente auf mögliche Beschädigungen beziehungsweise Mängel hin untersuchen:

- Dach (Sattel- oder Flachdach, Zustand des Dachstuhls, Dämmungen vorhanden?)
- Leitungen (Elektro-, Wasser-, Entwässerungssysteme prüfen)
- Fenster (Material, Schall- und Wärmedämmung?)
- Keller (Feuchtigkeit?)
- Fassade (Risse, Feuchtigkeit, Wärmedämmung?)
- Dachrinnen (Kupfer, Zink, Alter?)
- Innenwände (Massiv- oder Leichtbau, feuchte Stellen?)
- Heizung und Bad (Art, Alter, späterer Umbau erwünscht?)
- Geschossdecken (Holz, Beton?)
- Aufteilung der Räume (entspricht der Grundriss den persönlichen Bedürfnissen?)
- Ausstattung (sollen vorhandene Einbauten übernommen werden?)

All diese und noch sehr viele weitere Punkte bestimmen den Wert und damit auch den Preis eines Gebäudes. Wer sich hier nicht gut auskennt, sollte vor Abschluss eines Kaufvertrages ein Verkehrswertgutachten einholen.

i Entsprechende Sachverständige vermittelt die Industrie- und Handelskammer. Die Kosten für ein solches Gutachten sind relativ gering. Ein solches Verkehrswertgutachten hilft Ihnen außerdem bei der Frage, welcher Preis für die Immobilie zu zahlen ist (siehe Abschnitt 2.1.3). Außerdem akzeptieren Kreditinstitute in vielen Fällen dieses Gutachten, um festzulegen, wie hoch sie das Objekt beleihen wollen (siehe Abschnitt 4.1.1).

Die nach dem Kauf anfallenden Renovierungsaufwendungen sind oft erheblich. Auch darauf macht ein Gutachter aufmerksam. Dieser kann somit in technischer wie auch finanzieller Hinsicht vorsorgen. Bei umfangreicheren Renovierungen sollte man einen Architekten hinzuziehen, mit dem man gemeinsam die Modernisierungsziele und nötigen Baumaßnahmen plant und der die anfallenden Kosten kalkuliert. Dabei gilt: Wirklich notwendige Sanierungen müssen vor Sonderwünschen Vorrang haben!

2.1.3 Preis

Wie teuer darf die Immobilie eigentlich sein? Was ist der richtige Preis? Eine einfache Antwort darauf gibt es nicht. Immerhin dient als Anhaltspunkt der Verkehrswert, also der auf dem Markt erzielbare Preis einer Immobilie (siehe Abschnitt 4.1.2). Doch selbst für versierte Immobilienanleger sind solche Berechnungen häufig kompliziert. Leider gilt deshalb die Grundregel: Den absolut richtigen, den wahren und objektiv messbaren Wert einer Immobilie gibt es nicht. Er kann immer nur geschätzt werden.

Trotzdem wollen Sie natürlich gerne wissen, ob das angebotene Objekt überteuert oder seinen Kaufpreis wert ist. Eine Möglichkeit besteht darin, dass Sie einen Sachverständigen vor dem Kauf der Immobilie zurate ziehen. Der verlangt für seine Dienste allerdings Geld, mindestens 0,2 Prozent des von ihm ermittelten (Verkehrs-) Wertes.

Einige Immobilienexperten empfehlen als Alternative den so genannten Kaufpreis- beziehungsweise Mietpreisfaktor, um Objektwerte zu schätzen. Dieser Faktor lässt sich auch für die selbst genutzte Immobilie anwenden, allerdings nur unter der Bedingung, dass fiktive Mieteinnahmen veranschlagt werden. Für deren Höhe müssen Objekte gleicher Lage und Ausstattung zum Vergleich herangezogen werden.

Eine Wohnung soll selbst genutzt werden, sie kostet 310.000 Euro und ist 110 Quadratmeter groß: Die mögliche (fiktive) Mieteinnahme von 10 Euro kalt pro Quadratmeter ergibt eine Jahresmiete von 13.200 Euro (110 x 10 Euro x 12 Monate). Nun wird der Kaufpreis von 310.000 Euro durch die Jahresmiete (13.200 Euro) geteilt; das ergibt einen Kaufpreis- beziehungsweise Mietpreisfaktor von rund 23,5.

Je niedriger der Kaufpreis- beziehungsweise Mietpreisfaktor ist, umso günstiger das Objekt. Nun sagen Experten, dass der sich daraus ergebende Faktor zwischen 12 (sehr preiswert) und 28 (sehr teuer) liegen sollte. Doch angesichts der aktuell gestiegenen Immobilienpreise ist es in begehrten Lagen von Metropolen wie Hamburg, München oder Berlin inzwischen üblich, dass Wohnungen mit einem Mietpreisfaktor um die 40 angeboten – und gekauft – werden. Allerdings lässt sich das schlecht mit wirtschaftlicher Vernunft erklären, allenfalls mit fehlenden Anlagealternativen im Umfeld des niedrigen Zinsniveaus.

Diese Rechenmethode hat ohnehin eine Schwäche: Sie macht es bei selbst genutzten Immobilien notwendig, vergleichbare Objekte zu finden, die vermietet werden. Wenn man jedoch für diese Recherche einen solchen Aufwand treiben muss, kann man eigentlich auch gleich nach den Preisen vergleichbarer Immobilien fragen.

Sehr viel einfacher, um nicht zu sagen effektiver, ist eine andere Herangehensweise:

Als groben Anhaltspunkt für die Bewertung einer Immobilie können Sie Preisspiegel zurate ziehen, die regional bedeutende Maklerfirmen und vor allem der Immobilien Verband Deutschland (IVD) regelmäßig veröffentlichen.

Solche Preisspiegel sind immerhin so detailliert, dass auch „gute" und „schlechte" Wohnlagen in Regionen oder Stadtteilen berücksichtigt werden.

Aber Vorsicht: Die Betonung liegt hier auf „grober Anhaltspunkt". Natürlich ist es im Interesse der Makler, ein Objekt möglichst hoch zu bewerten. Denn je höher der Preis, umso mehr verdienen Makler, denn ihr Honorar richtet sich (prozentual) nach dem Verkaufspreis.

Mithilfe dieser Listen lässt sich zudem schnell erkennen, wo und wie regional sehr unterschiedlich die Preise ausfallen. Gründe dafür gibt es viele, unter anderem spielt eine Rolle, ob die Immobilie im Einzugsgebiet einer Großstadt liegt, wie die Infrastruktur oder wie stark das Einkommensgefälle unter der Bevölkerung ist.

Im Übrigen sollte man sich bei der Auswahl der Immobilie genügend Zeit lassen:

Lassen Sie sich nicht durch mangelnde Anlagealternativen zum Kauf irgendeiner Immobilie verleiten. Ein solch langfristiges Investment darf nicht von einer Kurzschlusshandlung bestimmt sein. Das bereuen Sie unter Umständen ein Leben lang!

2.1.4 Ersteigern

Bei Versteigerungen kann immer ein Immobilien-Schnäppchen dabei sein. Bei gerichtlichen Zwangsversteigerungen kann man als Selbstnutzer oder Kapitalanleger eine Immobilie deutlich unter ihrem eigentlichen Wert erwerben, denn die so genannten Steigpreise (Ersteigerungspreise) liegen regelmäßig unter dem tatsächlichen Verkehrswert des Objektes. Neben Zwangsversteigerungen gibt es Teilungsversteigerungen, die dann anberaumt werden, wenn sich zerstrittene Erben- oder Eigentümergemeinschaften die Vermögensmasse teilen lassen möchten.

Für Immobilienversteigerungen ist nicht der Gerichtsvollzieher zuständig, sondern der Rechtspfleger beim Amtsgericht, in dessen Bezirk das Grundstück liegt oder im Grundbuch eingetragen ist. In einigen Gemeinden werden Zwangsversteigerungen bei den größeren Amtsgerichten zentral abgehalten. Dies kann man bei dem für die entsprechende Region zuständigen Gericht erfragen. Wann und wo welche Objekte versteigert werden, erfährt man aus der Tageszeitung oder am Aushang des Amtsgerichts.

Der verantwortliche Rechtspfleger handelt als Gerichtsorgan stets unparteiisch. Er erledigt seine Aufgabe selbstständig und ist nicht weisungsgebunden. Das heißt, er ist lediglich der Wahrung der Gesetze und seinem eigenen Gewissen unterworfen. Gegenüber allen am Verfahren Beteiligten hat er eine umfassende Aufklärungs- und Belehrungspflicht. Seine Aufgabe ist es, dafür zu sorgen, dass alle für die Versteigerung notwendigen Informationen vollständig und wahrheitsgemäß vorgetragen werden und kein für die Entscheidung unerlässlicher Gesichtspunkt übersehen wird.

Über das Gericht lassen sich folgende Objektarten ersteigern:

- bebaute und unbebaute Grundstücke, wie zum Beispiel Ein- oder Mehrfamilienhäuser, Industriegrundstücke, Bau- oder Ackerland
- Wohnungseigentumseinheiten, wie zum Beispiel Dreizimmerwohnungen oder Appartements
- Teileigentumseinheiten, wie zum Beispiel Ladenlokale, Büroeinheiten, Gaststätten oder auch Kfz-Stellplätze
- Erbbaurechte

Der Immobilieninteressent sollte sich die Aufklärungs- und Belehrungspflicht des zuständigen Rechtspflegers zunutze machen und bei jeder Unklarheit oder bei auftretenden Verständnisproblemen umgehend nachfragen. Beim Amtsgericht kann man auch ein Gutachten einsehen, das über den baulichen Zustand der Immobilie und über den festgesetzten Wert informiert. Da das Gericht keinen Vorbesitzer, Schuldner oder Mieter dazu zwingen kann, Besichtigungen des betreffenden Objektes zu ermöglichen, kann man sich über den tatsächlichen Zustand, vor allem was den Innenausbau betrifft, keine hundertprozentige Gewissheit verschaffen. Die Interessenten müssen sich auf das Verkehrswertgutachten verlassen, das bei jeder Versteigerung von einem vom Gericht beauftragten Immobiliensachverständigen ausgestellt wird.

✔ Sie sollten es allerdings nicht unversucht lassen, die Immobilie vorab zu besichtigen. Dabei müssen Sie etwas Geduld und Fingerspitzengefühl entwickeln, denn die Eigentümer befinden sich ja nun nicht gerade in einer besonders rosigen Situation.

Falls übrigens der Gutachter selbst auch keine Möglichkeit hatte, die Immobilie von innen zu besichtigen, weil der Eigentümer ihn nicht eingelassen hatte, wird er durch einen so genannten Sicherheitsabschlag den Wert des Objekts mindern. Damit reduziert er das Risiko des Ersteigerers.

Der Erwerb ist nach dem Zwangsversteigerungsgesetz (ZVG) verbindlich durch die so genannten Versteigerungsbedingungen geregelt. Im Versteigerungstermin müssen diese noch vor der Gebotsabgabe erläutert werden.

i Steigern Sie nicht völlig blauäugig und unerfahren mit. Sie sollten zunächst drei- oder viermal zu einem Versteigerungstermin von Objekten gehen, die Sie interessieren könnten. Dabei lernen Sie das Prozedere einer Versteigerung kennen, erfahren etwas über die Taktiken beim Mitsteigern und über Tricks von Mitbietern und können danach Ihre eigene Strategie festlegen.

Am Anfang der Versteigerung gibt der Rechtspfleger bekannt, ob der Ersteher der Immobilie zusätzlich Grundbuchrechte übernehmen muss. Anschließend wird das geringste Gebot bekannt gegeben. Dabei handelt es sich um das Mindestgebot, zu dem – falls nicht höher geboten wird – der Rechtspfleger den Zuschlag erteilen kann. Eine Bieterrunde dauert immer 30 Minuten. Der Zuschlag kann von Amts wegen verweigert werden, wenn beim ersten Versteigerungstermin nicht die Hälfte des Verkehrswertes erreicht wird. Auch der Gläubiger kann das Verfahren abbrechen, werden nicht sieben Zehntel des Verkehrswertes erreicht.

Wer mit realistischen Preisvorstellungen zu einer Versteigerung erscheint, kann bei Kaufabschluss durchaus mit Preisnachlässen von 20 bis 30 Prozent rechnen. Auch dazu ein wichtiger Hinweis:

Setzen Sie sich vorab ein bestimmtes Preis-Limit, bis zu dem Sie bereit sind mitzusteigern. Gehen Sie nicht darüber hinaus! So verhindern Sie, dass Sie im Eifer des Gefechts viel zu hoch bieten.

Bei Abgabe eines Gebotes werden die Personalien festgehalten. Falls man den Zuschlag erhält, müssen sofort 10 Prozent des Kaufpreises als Sicherheit geleistet werden, nicht unbedingt bar, aber mit einem bestätigten Bankscheck oder einer Bankbürgschaft. Das ZVG legt folgende verbindliche Erwerbsbedingungen fest:

- Mit der Erteilung des Zuschlages bei der Versteigerung geht das Objekt an den neuen Eigentümer über, auch wenn er zu dem Zeitpunkt noch nicht als solcher im Grundbuch eingetragen ist.
- Rechte, die im Grundbuch eingetragen sind, die der neue Eigentümer nach den Versteigerungsbedingungen nicht übernehmen muss, erlöschen.
- Mit dem Zuschlag erhält man auch das Recht zur sofortigen Nutzung der Immobilie, sei es durch eigenen Einzug oder durch Mieteinnahmen.
- Man übernimmt natürlich auch alle Lasten wie Grundsteuern oder Zinsen, falls Rechte ausdrücklich bestehen geblieben sind.

Mit der Erteilung des Zuschlages wird man zwar unmittelbar Neueigentümer der betreffenden Immobilie, muss aber den Erlös nicht direkt zahlen. Dies erfolgt in der Regel sechs bis acht Wochen nach der Versteigerung zum so genannten Verteilungstermin. Dabei wird der neue Eigentümer ins Grundbuch eingetragen, aber erst, wenn er die Grunderwerbsteuer gezahlt hat und eine Unbedenklichkeitsbescheinigung des Finanzamts vorliegt. Selbstverständlich wird dann auch die restliche Kaufsumme fällig.

Sie müssen bei einer Versteigerung mit zusätzlichen Kosten von etwa 1,5 Prozent der Kaufsumme rechnen: Bekommen Sie den Zuschlag, werden Zuschlaggebühr und Verfahrenskosten fällig.

Dem großen Vorteil, eine Immobilie vielleicht billiger zu bekommen, stehen auch Nachteile gegenüber. Dazu zählt besonders die fehlende Gewährleistung bei auftretenden Mängeln. Der Ersteher handelt auf eigenes Risiko, da der zuständige Rechtspfleger weder bestimmte Eigenschaften zusichern noch für spätere Mängel oder Schäden haften kann.

2.1.5 Erbbaupacht

Wer hat schon einmal daran gedacht, ein Grundstück im Erbbaurecht, quasi auf Zeit zu erwerben? Das macht angesichts der Tatsache, dass Grund und Boden immer knapper und immer teurer wird, durchaus Sinn.

Erbbaugrundstücke werden von den Kirchen angeboten, vor allem von der Katholischen Kirche, aber auch von Städten und Gemeinden. Insbesondere sozial schwache oder kinderreiche Familien werden bedacht. Informationen gibt es bei den Pfarrgemeinden beziehungsweise beim zuständigen Liegenschaftsamt.

Erbbaupacht funktioniert so: Ein Grundstück wird einem per Erbbaurecht für 99 Jahre überlassen, manchmal auch für kürzere Zeit. Darauf kann man ein Gebäude errichten. Für die Nutzung des Grundstücks zahlt man dem Grundstückseigentümer den Erbbauzins. Allerdings gibt es Auflagen: Man darf nur das darauf bauen, was vertraglich erlaubt ist, etwa ein Eigenheim als Doppelhaus oder Reihenhaus, oder nur ein Mietshaus mit Garage(n). Wichtig ist deshalb:

✔ Achten Sie auf Auflagen im Vertrag, zum Beispiel hinsichtlich Größe oder Bauweise der Immobilie, damit Sie für Ihr Bauvorhaben auch wirklich das „passende“ Grundstück pachten.

Die Erbbauzinsen betragen derzeit etwa so viel wie die Zinsen für einen Hypothekenkredit, müssen allerdings so lange gezahlt werden, wie der Erbbauvertrag läuft und enden nicht mit der Tilgung eines Kredits. Zudem wird der Zinssatz fast immer mit einer Anpassungsklausel verknüpft. Häufig wird die Klausel an einen amtlichen Index gekoppelt, zum Beispiel an den Basiszinssatz der Bundesbank oder den Lebenshaltungskostenindex. Die Anpassung darf nicht über die „allgemeinen wirtschaftlichen Verhältnisse“ hinausgehen und auch nur alle drei Jahre gefordert werden.

Ein Erbbaurecht kann man veräußern, aber auch vererben. Kündigen können weder der Pächter noch der Grundstückseigentümer während der Laufzeit. Das Erbbaurecht gibt dem Rechte-Inhaber eine fast gleichwertige Stellung wie einem „richtigen" Grundstückseigentümer. Der Vertrag muss vor einem Notar abgeschlossen und ins Grundbuch eingetragen werden, in diesem Fall in das so genannte Erbbaugrundbuch. Ein Erbbaugrundstück kann übrigens auch beliehen werden. Die Hypothek wird nicht auf das Grundstück, sondern auf das Erbbaurecht eingetragen. Erschließungskosten müssen vom Erbbauberechtigten übernommen werden.

Im Erbbauvertrag sollten Sie genau festlegen, wofür die Erschließungskosten zu zahlen sind, also für Straßenanschluss, Kanalisation und so weiter. Denn sonst kommen unter Umständen noch Jahre später Zahlungen auf Sie zu, die Sie nicht einkalkuliert haben.

Wer das Grundstück in Erbbaupacht erworben hat und ein Gebäude darauf erstellt, ist Eigentümer der Immobilie. Er selbst oder seine Nachkommen können sie umbauen, sanieren oder abreißen und wieder neu aufbauen. Wird das Erbbaurecht verkauft, geht das Eigentum an dem Gebäude auf den anderen über. Gleiches gilt auch im umgekehrten Fall, also wenn das Gebäude verkauft wird. Das heißt: Grundstück und Gebäude werden immer gemeinsam veräußert. Meistens wird deshalb vorher festgelegt, dass bei einem Hausverkauf die schuldrechtlichen Verpflichtungen aus dem Erbbauvertrag an den Erwerber übergehen. Häufig besteht der Grundstückseigentümer auf seine Zustimmung, soll das Erbbaurecht samt Gebäude weiterverkauft werden. Das kann er aber nur, wenn er nachweist, dass der Käufer die Verpflichtungen aus dem Erbbauvertrag aller Voraussicht nach nicht erfüllen kann, dass also der Erbbauzins in Gefahr ist.

Falls Sie also die Immobilie und damit das Erbbaurecht verkaufen wollen, sollten Sie auf einen solventen Käufer achten. Dann kann Ihnen der Grundstückseigner keine Schwierigkeiten machen.

Ein anderes Problem bei der Erbbaupacht ist der so genannte Heimfall, vor allem, wenn das Grundstück nicht von der Kirche oder Gemeinde erworben wurde. Darunter werden Gründe verstanden, bei deren Eintreten das Grundstück dem Eigentümer wieder „anheim" fällt, zum Beispiel, weil Eigenbedarf angemeldet wird. In einem solchen Fall geht das Grundstück gegen eine Entschädigungszahlung an den Grundstückseigentümer zurück.

Im Vertrag sollten Sie deshalb unbedingt festlegen, dass ein Heimfall nur eintreten kann, wenn das Gebäude nicht fristgerecht errichtet, zweckentfremdet (zum Beispiel als Saunaclub) genutzt wird oder verwahrlost. Damit werden Streitigkeiten verhindert.

Das Grundstück und damit das errichtete Gebäude gehen nach 99 Jahren wieder an den Grundstückseigentümer über. Dann muss er den Erben, sofern diese das Haus noch besitzen und es nicht mit dem gesamten Erbbaurecht schon weiterverkauft haben, eine Entschädigung zahlen. Die muss dem Marktwert des Hauses in 99 Jahren entsprechen. In vielen Fällen wird im Erbbauvertrag eine Kaufoption auf das Grundstück eingebaut. Diese greift, wenn der Grundstückseigentümer vorzeitig verkaufen will.

2.2 Bauen

Für den Bau der eigenen Immobilie stellt sich zunächst die Frage, wie man möglichst günstig an ein passendes Grundstück kommt. Wichtig dabei der gewünschte Standort: Dieser bestimmt mit über Grundstücksgröße, über Haustyp und Größe der Immobilie. Während der Bauinteressent außerhalb von Ballungszentren niedrigere Bodenpreise bei einer größeren Auswahl an Grundstücken findet, kommt in unmittelbarer Stadtnähe oft nur der Kauf eines Reihenhauses von einem Bauträger in Betracht.

2.2.1 Günstige Wege zum Grundstück

Üblicherweise findet sich ein Baugrundstück über Zeitungsannoncen oder über Immobilienmakler. Genauso erfolgreich kann aber auch eine Anfrage bei der jeweiligen Gemeinde sein, die häufig Informationen über Baugrund hat, der veräußert werden soll. Der Kaufinteressent kann beim Bauamt der Gemeindeverwaltung Einsicht in die örtlichen Bebauungspläne nehmen.

Auskünfte über Bodenrichtwerte von Grundstücken, aus denen sich grob die Kaufpreise herleiten lassen, erhält man bei der Geschäftsstelle des Gutachterausschusses und den Katasterämtern. Durch die Kartenübersicht kann der zukünftige Bauherr dort die jeweils aktuellen Bodenrichtwerte in Erfahrung bringen, die ihm einen ersten Anhaltspunkt für den jeweiligen Grundstückspreis geben.

Um verschiedene Angebote einzuholen und gegeneinander abwägen zu können, muss man zwar nicht gleich einen Makler beauftragen, kann ihn aber nach geeignetem Grund fragen. Auch ein Immobiliengesuch in der Zeitung kann hilfreich sein. Hat man einen bestimmten Standort schon ins Auge gefasst, kann man versuchen, Kontakt herzustellen, zum Beispiel über das Rathaus oder über Aushänge in Supermärkten.

Egal, wo und wie man Kontakte knüpft: Vor dem Kauf sollte man in jedem Fall klären, ob es sich bei dem infrage kommenden Grundstück tatsächlich um Bauland handelt. Das ist dann der Fall, wenn

- die Erschließung gesichert ist und das Vorhaben im Einklang mit dem Bebauungsplan steht,
- das Grundstück nicht unbedingt im Geltungsbereich eines Bebauungsplanes, aber innerhalb eines im Zusammenhang bebauten Ortsteiles liegt, sich in die Umgebung einfügt, das Ortsbild nicht beeinträchtigt und die Erschließung gesichert ist,
- es nicht einem land- oder forstwirtschaftlichen Betrieb oder anderen privilegierten Zwecken dient und sonstige Vorhaben öffentlicher Belange nicht beeinträchtigt.

Neben den eigentlichen Baukosten kommt es in den späteren Jahren zu weiteren finanziellen Belastungen, weil der Grundstückseigentümer regelmäßig Gebühren für die verschiedenen Ent- und Versorgungswege an die Behörden zu zahlen hat. Jedes Grundstück, auf dem gebaut werden soll, muss erschlossen sein. Dadurch wird die Zu- und Abfuhr von Wasser (Wasserwerke), die Versorgung mit Strom (Elektrizitätswerke), eventuell mit Gas (Gaswerke), durch Fernheizung (Gemeinde), mit Telefon (Telekom), die Abwasser- und Abfall-Entsorgung (Gemeinde) garantiert.

Bereits vollständig erschlossene Grundstücke sind in der Regel teurer, denn der Voreigentümer wird seine Erschließungskosten in den Verkaufspreis einkalkulieren. Entscheidet man sich für Bauland, das noch aufgeschlossen wird, sollte man sich vorab auf jeden Fall über die Höhe der Zusatzkosten informieren. Es gibt da keine festen Größen, aber mit mehreren tausend Euro sollte man rechnen. Gebühren werden anfallen für:

- die Kanalerschließung, um Abwässer abzuleiten. Die Höhe der Gebühren variiert von Gemeinde zu Gemeinde und richtet sich nach der Grundstücksgröße und dem Gebäudevolumen;
- die Gehsteigherstellung, wobei die zuständige Behörde Breite, Höhenlage und Bauart vorschreibt. Ist bereits ein Bürgersteig vorhanden, müssen die Kosten anteilig ersetzt werden;

- die Kosten zur Herstellung von Verkehrsflächen. Die Gemeinde kann beim erstmaligen Anbau an Verkehrsflächen (zum Beispiel Parkplätze oder Straßen) vom Bauherrn einen Beitrag zu den Herstellungskosten erheben. Über die jeweiligen Gebühren und Berechnungsgrundlagen gibt die Gemeinde Auskunft;
- die Wasseranschlussgebühr, damit Gebäude mit Aufenthalts- und Wohnräumen mit Trinkwasser versorgt sind. Darüber hinaus fallen laufend Gebühren an, wie die Wasserbezugsgebühr für das verbrauchte Wasser oder die Wasserzählergebühr für die Bereitstellung und Wartung des Wasserzählers. Wie die Kanalgebühren richten sich die Kosten auch hier nach der Grundstücksgröße und dem Gebäudevolumen;
- generelle Straßenkosten, die sich nach den tatsächlich entstehenden Kosten richten. Einen kleinen Teil übernimmt die Stadt, der Rest entfällt auf die Grundstückseigentümer. Breitere Gehwege, verkehrsberuhigende Maßnahmen, Grünflächen mit Bäumen oder auch Parkplätze lassen die Straßenkosten steigen.

Die jeweils aktuell geltenden Berechnungswerte für die Gebühren bekommt man vom Bauamt der zuständigen Gemeinde oder bei der Stadtverwaltung.

2.2.2 Auswahl des Bauträgers

Beim Neubau eines Hauses kann man entweder selbst bauen oder einen Bauträger beauftragen. Entscheidet man sich für Letzteres, ist ein Bauträger der Geschäfts- und Vertragspartner. In diesem Fall kommt man als Auftraggeber weder mit Architekten noch mit Handwerkern in Berührung. Das bedeutet aber auch: Eventuelle Konflikte muss und kann man nur mit dem Bauträger austragen. Dieser baut in eigenem Namen und auf eigene Rechnung. Er stellt das Grundstück, ist zusätzlich für dessen Erschließung verantwortlich und zieht das Gebäude hoch.

Demzufolge ist er dann auch der eigentliche Bauherr des Bauvorhabens, das heißt, ihm obliegen die nach öffentlich-rechtlichen Vorschriften erforderlichen Anträge, Vorlagen und Anzeigen an die Bauaufsichtsbehörde.

Da dem Bauträger also beinahe alle Verantwortung übertragen wird, ist die Wahl des richtigen Vertragspartners für die Qualität der Ausführung von entscheidender Bedeutung. In der Regel werden Schäden am Bau wegen Schlamperei und schlechter Arbeit erst nach Jahren festgestellt – und dann existiert unter Umständen das beauftragte Unternehmen nicht mehr, zumal Gewährleistungsansprüche nach einiger Zeit verjähren. Vor allem deshalb sollte man über die wirtschaftliche Lage des Partners Erkundigungen einziehen – schließlich stehen auch Bauunternehmen häufig genug vor der Pleite. Wichtig ist, wie lange das Unternehmen bereits existiert. Dabei gilt: Je länger, desto besser, denn schlechte Bauträger werden nicht allzu häufig Aufträge bekommen. Qualifikationen muss ein Bauträger übrigens nicht nachweisen, als einzig nötiger Nachweis gilt eine Zulassung vom Ordnungsamt.

Woran erkennt man nun einen guten Bauträger? Am besten besorgt man sich Referenzen von Kunden, die mit diesem Bauträger bereits zu tun hatten. Handelt es sich um einen guten Anbieter, wird er kaum Probleme damit haben, an die entsprechenden Adressen zu verweisen.

i

Seriöse Bauträger geben Ihnen nicht nur Auskunft über bisherige Projekte und manchmal sogar über die Bilanzen des Unternehmens, sie nennen Ihnen auch Referenzobjekte, die zur Besichtigung freistehen. Sehr hilfreich können auch Gespräche mit früheren Kunden sein, so lassen sich Fragen nach der Zuverlässigkeit und Fachkundigkeit aus erster Hand beantworten.

Eine weitere Informationsquelle sind die mit der Finanzierung von Bauvorhaben betrauten Kreditinstitute. Die kennen nämlich ihre „Pappenheimer“. Allerdings sollte das Institut nicht der einzige Informant bleiben, weil es in der Vergangenheit schon Fälle gegeben hat, dass Kreditgeber und (unseriöse) Bauträger unter einer Decke stecken. Falls ein Finanzierer aber von schlechten Erfahrungen berichtet, sollte man in jedem Fall die Finger von dem Bauträger lassen!

✔

Wenn Sie ganz sicher gehen möchten, können Sie Mitglied in einem Verein oder Verband werden, der Schutz vor schlechten Bauträgern verspricht.

Gegen einen monatlichen Beitrag bietet eine solche Einrichtung fachliche Beratung beim Bauen, organisiert gegen zusätzliches Entgelt einen unabhängigen Sachverständigen, der bei Bauprojekten nicht nur das Vertragswerk, sondern auch den Fortgang und die Ausführung der Bauabschnitte begutachtet. Zudem wird man juristisch beraten, falls trotz aller Vorsorge etwas schief läuft. Als größere Institutionen sind derzeit bekannt:

- Bauherren-Schutzbund, Kleine Alexanderstr. 9/10, 10178 Berlin, Tel.: 030/3128001, www.bsb-ev.de;
- Verband privater Bauherren, Chausseestr. 8, 10115 Berlin, Tel.: 030/2789010, www.vpb.de;
- Verbraucherberatung für Wohnungs- und Hauskäufer, Wilbrechtstr. 46, 81477 München, Tel.: 089/78078000, www.verbraucherberatung-immobilien.de;
- Haus & Grund Deutschland, Mohrenstr. 33, 10117 Berlin, Tel.: 030/202160, www.hausundgrund.de.

Beim schlüsselfertigen Bauen – wie dies der Fall ist, wenn ein Bauträger den Auftrag erhält – wird ein Gebäude nach einer genau definierten Baubeschreibung zu einem Festpreis erstellt. Indem er die Rolle des Bauherrn übernimmt, ist der Bauträger dafür verantwortlich, dass folgende Leistungen erbracht werden:

- sämtliche Architekten- und Ingenieurleistungen,
- das Einholen der Baugenehmigung und aller sonstigen Genehmigungen,
- sämtliche Bauleistungen gemäß der Baubeschreibung,
- technische und wirtschaftliche Beratung.

Da der Bauträger als Verkäufer seiner Leistung natürlich nicht uneigennützig auftritt, sollte man dessen Beratungsleistung auf deren Wirtschaftlichkeit genau prüfen. Einen günstigen Gesamtpreis kann man erkennen, wenn man die verschiedenen Baubeschreibungen und die Preise pro Quadratmeter Wohnfläche miteinander vergleicht.

Der Vertrag mit einem Bauträger muss detaillierte Bau- und Leistungsbeschreibungen enthalten. Diese sollten Informationen zu Form, Größe und Ausstattung des Hauses sowieso zu allen anderen Leistungen enthalten. Jedes Gewerk und jeder Ausstattungsbereich sind aufzuführen und die einzelnen Baustoffe präzise, mit eindeutigen Material-, Mengen- und Qualitätsangaben zu listen.

i

Bauträger machen bei ihrer Auftragserfüllung oft an vielen Stellen Abstriche. Deshalb müssen Sie als Auftraggeber selbst auf Qualität, gutes Material und eine qualifizierte Ausführung am Bau achten. Hinzu kommt, dass die Ausstattungen oft nur von mittlerer Qualität sind und Sie bei Sonderwünschen mit zum Teil erheblichen Preissteigerungen rechnen müssen.

Im Vertrag sollte man eine so genannte Vertragserfüllungsbürgschaft vereinbaren. Das sichert gegen alle Arten von Schäden ab, die durch Bauverzögerungen entstehen können, beziehungsweise gegen Mehrkosten, die mit der Fertigstellung des Bauwerks durch ein anderes Unternehmen entstehen. Die Bürgschaft sollte etwa 10 Prozent der Bausumme betragen. Sie ist gleichzeitig ein Indiz für die Bonität des Unternehmers, denn seriöse Betriebe dürften damit eigentlich kein Problem haben. Falls doch:

Sie können dem Unternehmen im Gegenzug ebenfalls eine Bürgschaft in gleicher Höhe anbieten. Das dürfte kein Problem sein, weil Sie die Immobilie sicherlich ohnehin über ein Darlehen finanzieren.

Ein Bauträger wird in den allerwenigsten Fällen die Arbeiten selbst ausführen. Bauträger treten heute als Generalunternehmer auf, die als Dienstleister alles anbieten, von der Ausschreibung der Arbeiten bis zur schlüsselfertigen Übergabe. Das bedeutet wiederum, dass die Arbeiten selbst von Unternehmen durchgeführt werden, mit denen man direkt gar nichts zu tun hat.

Leider hat es inzwischen überhandgenommen, dass dabei Billiganbieter tätig werden – und der Bauherr hinterher den Ärger hat, die Mängel am Bau beseitigen zu lassen. Häufig genug kommt es zu Pfusch am Bau. Empfehlenswert ist es deshalb, im Vertrag festzuhalten, dass nur solche Subunternehmen zum Zuge kommen, die im Unternehmer- und Lieferantenverzeichnis (ULV) eingetragen sind oder ersatzweise Unbedenklichkeitsbescheinigungen von Finanzamt, Sozialversicherungsträger und Berufsgenossenschaft vorlegen können. Das gibt eine gewisse Sicherheit, dass die Arbeit auch vom Subunternehmen vertragsgemäß ausgeführt wird. Im Übrigen haftet für dessen Arbeit der Bauunternehmer, mit dem der Vertrag abgeschlossen wurde.

Die Gesamtkosten, die beim Bau durch einen Bauträger entstehen, lassen sich nach Fertigstellung der Immobilie nur noch schwer durchschauen. Erfahrungsgemäß verdient das durchführende Unternehmen rund 15 Prozent vom Gesamtbetrag.

Abschließend noch einmal kurz beleuchtet das Pro und Kontra, falls man einen Bauträger einschalten will:

Vorteile:

- geringer Aufwand
- große Kalkulationssicherheit bei Terminen und Kosten

Nachteile:

- geringe Einflussmöglichkeit auf Planung, Bauleistung und Kosten
- keine objektive Beratung, deshalb zusätzlicher Expertenrat bezüglich Vertragsabschluss, Controlling, Bautenstandskontrolle und Abnahme nötig
- Preis-Leistungs-Vergleiche schwer möglich (mehr zum Bauvertrag siehe im Abschnitt 8.3)

Entscheidet man sich dafür, die Rolle des Bauherrn selbst wahrzunehmen und sie nicht einem Bauträger zu übertragen, hat man für das Vorhaben die volle Verantwortung. Dies bedeutet unter anderem, dass man selbst nach einem geeigneten Architekten suchen und die verschiedenen Unternehmen für diverse Bauleistungen beauftragen muss.

2.2.3 Eigenleistung

Wer seine Immobilie bauen lässt, für den bietet sich die Möglichkeit, durch Eigenleistungen zu senken. Es gibt Bauträger, die von vornherein die Möglichkeit anbieten, durch diese so genannte Muskelhypothek die finanzielle Belastung zu reduzieren, indem man zum Beispiel selbst tapeziert oder den Teppichboden verlegt. Auf so etwas sollte man sich allerdings nur einlassen, wenn man handwerklich einigermaßen geschickt ist.

Außerdem machen Eigenleistungen nur da Sinn, wo sie sich wirklich rechnen, zum Beispiel beim Fliesenlegen, Tapezieren und bei Sanitärinstallationen. Wer hingegen wochenlang mit Schaufel und Pickel eine Baugrube aushebt, wofür ein Bagger ein paar Tage braucht, hat sich nicht nur umsonst Blasen geholt. Es hat sich auch schlichtweg nicht bezahlt gemacht. Außerdem kann es passieren, dass man am Schluss Schuld daran hat, dass sich der Einzug verzögert, und das kann ganz schön ins Geld gehen.

Bau einer Immobilie, Kosten samt Grundstück 225.000 Euro. Als Eigenleistung wird das Haus selbst tapeziert, der Gesamtwert dieser Arbeiten liegt bei etwa 7.000 Euro, also rund 3 Prozent der gesamten Baukosten. Davon entfallen allerdings auf das Material wie Tapeten, Kleister und Farbe Kosten in Höhe von 1.500 Euro. Den Rest von 5.500 Euro kann man hingegen als Eigenleistung verbuchen.

Als Laie sollte man sich nicht überschätzen, was die Höhe solcher möglichen Eigenleistungen betrifft:

Wenn Sie nicht vom Fach sind, sollten Sie davon ausgehen, dass Sie höchstens 10 Prozent aller Kosten – in absoluten Beträgen zwischen 10.000 und 25.000 Euro – als Muskelhypothek einbringen können. Alles andere sollten Sie den Profis überlassen – die sind einfach schneller, sparen Nerven, Zeit und damit Geld!

Etwas anderes ist es, wenn man sich nach einem Mit- oder Ausbauhaus umschaut. Dabei übernimmt der Bauherr den Innenausbau eines Hauses ganz oder teilweise selbst. Zuvor muss er eine Kellerdecke einziehen lassen.

Zu den Leistungen, die der Hersteller erbringt, zählen die Wände, das eingedeckte Dach einschließlich fertig gestellter Dachunterschicht, der Schornstein, die Wärmedämmung der Außenwände, die Verkleidung der Fassade, die einmontierten Fenster samt Roll- oder Schlagläden, die Haustür mit Schließanlage, die Terrassentür, eine Treppe in das obere Geschoss mit begehbarer Geschossdecke, die Anlage der Leerrohre für die elektrischen Leitungen sowie die Vormontage der Rohre für Wasser-, Abwasser- und Gasanschlüsse. Was man also vom Hersteller erhält, ist demnach ein regendichtes und wärmegedämmtes Haus, dessen Innenausbau der Eigentümer nun so weit wie gewünscht in Eigenregie ausführen kann.

Welche Ausbaustufen standardmäßig angeboten werden, ist von Hersteller zu Hersteller verschieden. Manche Leistungen beinhalten die Verlegung der Fußbodenheizung samt Einbringung des Estrichs und den Einbau der kompletten Heizungsanlage. Andere Ausbaustufen betreffen die sanitäre Installation oder auch die Wärmedämmung des Daches. Der Bauherr muss selbst entscheiden, welche Arbeiten er in Eigenregie ausführen will.

Der Hersteller eines Ausbauhauses bietet verschiedene Ausbaupakete an. Diese Pakete enthalten für die Weiterverarbeitung aufeinander abgestimmte Komponenten, und zwar nur in der Menge, wie sie für den jeweiligen Bauabschnitt auch wirklich benötigt werden. Dies hat den Vorteil, dass man sich bei der Bedarfsberechnung nicht verrechnen kann und keine unnötigen Kosten entstehen. Zum Lieferumfang dieser Ausbaupakete gehört aber nicht nur das genau berechnete Material, sondern auch ein Handbuch beziehungsweise eine Verarbeitungsanleitung für die gelieferten Materialien und den jeweils anstehenden Bauabschnitt.

Vor der Bestätigung der Lieferung muss das Ausbaupaket unbedingt auf Vollständigkeit überprüft werden. Sollten bei der eigenständigen Arbeit dennoch Fragen auftreten, bieten die Hersteller in der Regel Hotlines an, an die man sich bei Problemen wenden kann.

✔ Überschätzen Sie nicht das eigene Können bei der verlockenden Aussicht, durch Eigenarbeit eventuell Kosten zu sparen. In der Regel sind Schäden bei Ausbauhäusern auf Fehler des Bauherrn zurückzuführen. Wenn Sie also während des Innenausbaus feststellen, dass Sie Ihre handwerklichen Fähigkeiten überschätzt haben, rufen Sie besser den Hersteller an und greifen Sie auf den Montageservice zurück, den fast alle Hersteller für solche Fälle anbieten.

Mehr und mehr nachgefragt werden inzwischen Komplett-Systemhäuser. Die Hersteller solcher Häuser bieten normalerweise Anleitungen und Beratung auf der Baustelle, wenn man nicht mehr weiter weiß. Davon sollte man auch Gebrauch machen.

Beim Selbstbauen muss man mindestens 1.000 Stunden für Eigenleistungen einkalkulieren, also je nach Freizeitstunden bis zu einem Jahr Dauer. Dafür versprechen die Anbieter von solchen Systemhäusern Einsparungen von bis zu 50.000 Euro. Für bestimmte Arbeiten sollte man allerdings einen Fachmann hinzuziehen, etwa beim Erstellen des Dachstuhls oder bei Estrich- und Putzarbeiten. Ohnehin sind zwei Dinge Voraussetzung, wenn man sich zum Selbstbauen entschließt: Man muss über handwerkliches Know-how verfügen und, so banal es sich anhört, über einen Grundstock an hochwertigem Werkzeug.

Selbstbauen kann man übrigens auch in Seminaren erlernen, die zum Beispiel der Verband Europäischer Selbstbau e.V. regelmäßig anbietet. Informationen dazu und auch sonst rund ums Selbstbauen finden sich auf der Internetseite des Verbandes (www.selbstbauverband.de).

2.2.4 Versicherungen

Vor erheblichen finanziellen Belastungen durch unvorhergesehene Schäden, zum Beispiel durch Diebstahl und Unfälle auf der Baustelle oder am Haus selbst, schützen eine Reihe verschiedener Versicherungen. Versicherungsnehmer kann sowohl das Bauunternehmen als auch der Bauherr sein, beide tragen bei der Ausführung von Bauvorhaben zum Teil erhebliche Risiken. Im Folgenden werden nur die Versicherungsarten beschrieben, die den Bauherrn selbst betreffen, und darunter auch nur solche, die in der Bauphase wichtig sind.

Der Bauherr ist letztlich mitverantwortlich für die Vorgänge auf der Baustelle, selbst wenn er einen Architekten als Bauleiter beziehungsweise Bauunternehmer und Handwerker mit der Bauausführung beauftragt hat. Zwar sind die in erster Linie für die Sicherheit am Bau zuständig, doch in einigen Punkten haftet der Bauherr selbst mit. Er muss zum Beispiel darauf achten, dass ausreichend qualifizierte Unternehmen mit den einzelnen Gewerken betraut sind, dass die Baustelle gesichert ist und Baumaterialien ordnungsgemäß gelagert werden. Bei drohender Gefahr muss er eingreifen. Selbst wenn die Hauptschuld einen Architekten oder einen Handwerker trifft, kann der Bauherr belangt werden.

i

Bei einem Unglücksfall können Sie als Bauherr voll in Regress genommen werden, weil ein Geschädigter seine Ansprüche gegen jeden am Bau Beteiligten, also auch gegen Sie als Bauherrn, in voller Höhe geltend machen kann. Ist beim Architekten oder beim Handwerker nichts mehr zu holen, sind Sie dran. Und Sie müssen dann zusehen, wie Sie sich das Geld von den eigentlichen Verursachern wieder zurückholen.

Liegt zwischen dem Kauf des Grundstücks und dem Bau einer Immobilie ein längerer Zeitraum, empfiehlt sich eine Grundstückshaftpflichtversicherung. Ist das Grundstück, aus welchen Gründen auch immer, nicht richtig abgesichert, springt diese Versicherung zum Beispiel dafür ein, wenn spielende Kinder zu Schaden kommen. Wird die Immobilie innerhalb von zwei Jahren fertig gestellt, reicht eine Bauherrenhaftpflichtversicherung.

Eine Bauherrenhaftpflichtversicherung sollte man schon vor Baubeginn abschließen. Sie besitzt für die gesamte Baudauer Gültigkeit, endet aber spätestens zwei Jahre nach Vertragsabschluss. Die Kosten betragen in der Regel ein Promille der Baukosten. Damit werden

Schäden in unbegrenzter Haftung abgedeckt, die Dritten widerfahren, zum Beispiel falls ein fremdes Auto beim Abladen eines Lastwagens beschädigt wird. Unberechtigte Ansprüche gegen den Bauherrn werden von der Versicherungsgesellschaft abgewehrt, wobei sie auch eventuelle Kosten einer gerichtlichen Auseinandersetzung trägt.

i Sie sollten auf eine möglichst hohe Deckungssumme achten. Das heißt konkret: mindestens 1 Million Euro pauschal für Personen- und Sachschäden oder 1,5 Millionen für Personen- und eine halbe Million für Sachschäden.

Aber Vorsicht: Nicht versichert sind Schäden an gemieteten oder geliehenen Sachen wie Maschinen. Wer nicht ohnehin längst eine abgeschlossen hat, sollte an eine Privathaftpflichtversicherung denken. Darin sind Bauvorhaben bis zu einer bestimmten Bausumme mit versichert. Bei der Privathaftpflichtversicherung ist eine Deckungssumme von 1,5 bis 2,5 Millionen Euro empfehlenswert.

Selbst wenn alle Personen, die auf der Baustelle arbeiten, privat über eine Unfallversicherung verfügen, ist der Bauherr bei Eigenbauleistungen für Helfer am Bau vom Gesetzgeber verpflichtet, eine gesetzliche Unfallversicherung abzuschließen. Dies gilt auch dann, wenn die beschäftigten Personen nicht für ihre Tätigkeit bezahlt werden. Das muss man besonders beachten, wenn man einen Teil der Bauarbeiten (als Selbstbauer) mit Angehörigen, Freunden oder Nachbarn in Eigenregie erledigt. Zuständig ist die Bau- und Berufsgenossenschaft des jeweiligen Bundeslandes. Dieser sind binnen Wochenfrist der Name, die ausgeführte Tätigkeit und der Lohn der versicherten Personen zu melden.

Die Leistungen dieser Versicherung sind unbeschränkt, Schadensersatz- oder Schmerzensgeldforderungen sind aber ausgeschlossen. Die Schuldfrage bleibt unberücksichtigt, es sei denn, der Unfall wurde vorsätzlich oder grob fahrlässig herbeigeführt. Die Beitragshöhe richtet sich nach den gezahlten Löhnen und nach der Art der Arbeit, die verrichtet wird.

Bauhelfer sind also automatisch in der gesetzlichen Unfallversicherung pflichtversichert, allerdings mit Ausnahme des Bauherrn und seines Ehepartners. Sie haben aber die Möglichkeit, sich freiwillig einen Unfallversicherungsschutz bei der Bau-Berufsgenossenschaft zu besorgen, mit einem schriftlichen Antrag und gegen Bezahlung.

Falls für das Eigenheim öffentliche Mittel geflossen sind und die Selbsthilfearbeiten mindestens 1,5 Prozent der gesamten Herstellungskosten betragen, besteht beitragsfreier Unfallversicherungsschutz beim zuständigen gemeindlichen Versicherungsträger, und zwar für alle Selbsthilfearbeiten. Dazu zählen alle Arbeitsleistungen, die der Bauherr, sein Ehegatte, Angehörige, Freunde oder Nachbarn erbracht haben, entweder unentgeltlich oder auf Gegenseitigkeit („Hilfst du mir beim Dach, helfe ich dir beim Fensterbau").

✔ Sind Sie als Bauherr zu leichtsinnig, zu risikobereit oder haben sich schlichtweg in Ihrem Können überschätzt, kann das dazu führen, dass Sie den Versicherungsschutz verlieren.

Mit einer Bauleistungsversicherung sind Schäden abgedeckt, die am Roh- oder Neubau durch höhere Gewalten wie Hochwasser oder Sturm entstehen, aber auch durch Konstruktions-, Material- und Ausführungsfehler sowie durch Diebstahl bereits eingebauter Sachen oder durch Vandalismus. Eine solche Versicherung ist nicht vorgeschrieben, ist jedoch empfehlenswert. Die einmalige Prämie für eine solche Versicherung liegt bei 1 bis 2 Promille der Bausumme.

✔ Gegen Pfusch am Bau gewährleistet diese Versicherung allerdings keinen Schutz. Auch wenn Material noch nicht eingebaut ist, hilft diese Versicherung nicht. Das Gleiche gilt für Schäden, die durch normalen Witterungseinfluss entstehen können, zum Beispiel durch Frost im Winter.

Außerdem wichtig: Wenn Baufirmen oder der Bauherr selbst gegen anerkannte Regeln der Technik verstoßen oder Sicherungsmaßnahmen vernachlässigen, geht der Versicherungsschutz verloren.

Ausgeschlossen bei einer Bauleistungsversicherung sind auch Schäden durch Feuer, das durch Brand, Blitzschlag oder Explosion entstanden ist. Eine Feuerversicherung ist für die Zeit der Bauarbeiten daher besonders empfehlenswert. In den meisten Fällen ist sie zudem Voraussetzung dafür, dass ein Kreditgeber Geld gibt.

Hat man keine Feuerversicherung abgeschlossen, kann man sich diesen Schutz auch über die Wohngebäudeversicherung holen. Feuerschäden am Rohbau sind dann bis zu zwölf Monate mitversichert.

2.2.5 Umweltaspekte

Wichtig geworden beim Erwerb einer Immobilie ist der Umweltaspekt, egal, ob man eine Immobilie baut, kauft oder ersteigert. Um international vereinbarten Klimaziele zu erreichen, soll in Deutschland die Energieeffizienz von Gebäuden drastisch erhöht werden. Die energetischen Anforderungen werden dabei in der so genannten Energieeinsparverordnung (EnEV) festgelegt. Die derzeitig gültige Fassung ist im Mai 2014 in Kraft getreten.

Bei Neubauten zielt die Verordnung darauf ab, den Primärenergiebedarf zur Gebäudebeheizung und Warmwasserbereitung zu reduzieren. Dabei wird nicht nur die Energiemenge betrachtet, die ins Haus geliefert wird, sondern auch, welcher Energieträger verwendet wird und welche Auswirkungen auf die Umwelt damit verbunden sind. Seit diesem Jahr, also seit 2016, gelten für Neubauten um 25 Prozent höhere energetische Anforderungen als bisher. Diese können etwa durch die Nutzung erneuerbarer Energien erfüllt werden. Gleichzeitig steigt der Dämmstandard um durchschnittlich 20 Prozent. Die erhöhten Anforderungen sind ein Schritt hin zum so genannten „Niedrigstenergiegebäude", das ab dem Jahr 2021 europaweit als Neubaustandard gelten soll. Es benötigt nur noch sehr wenig Energie, die zudem möglichst regenerativ erzeugt wird.

Für bestehende Gebäude gibt es Austausch- und Nachrüstpflichten. Zum Beispiel müssen Öl- und Gas-Standardheizkessel, die vor dem 1.10.1978 eingebaut worden sind, ausgetauscht werden. Seit 2015 gilt dies darüber hinaus für Kessel, die älter als 30 Jahre sind. Heizungs- und Warmwasserrohre in unbeheizten Räumen müssen gedämmt werden. Diese Vorgaben gelten für alle Mehrfamilienhäuser unabhängig von einer Sanierung. Ein- und Zweifamilienhäuser sind davon ausgenommen, wenn der Eigentümer bereits seit Anfang 2002 selbst im Gebäude wohnt. Wurde das Gebäude allerdings in der Zwischenzeit verkauft, muss der neue Eigentümer die Pflichten innerhalb von zwei Jahren erfüllen.

Bei umfassenden Modernisierungen wird – vergleichbar mit einem Neubau – eine energetische Gesamtbilanzierung durchgeführt. Der Primärenergiebedarf des sanierten Gebäudes darf dabei bis zu einer bestimmten Prozentzahl höher sein als der eines entsprechenden Neubaus, seit 2016 um bis zu 65 Prozent. Werden nur einzelne Gebäudeteile saniert, zum Beispiel die Fassade gedämmt, oder werden lediglich Bauteile erneuert, etwa beim Austausch der Fenster, gibt die EnEV bestimmte Anforderungswerte an das Bauteil vor.

Speziell im Wärmebereich soll der Anteil erneuerbarer Energien über ein „Erneuerbare-Energien-Wärmegesetz“ ausgebaut werden, das regelmäßig aktualisiert wird. Seit 2009 wird deshalb der Bauherr verpflichtet, beim Wärmebedarf für Neubauten erneuerbare Energien einzusetzen. Er muss dann die Nutzung von Öko-Wärme gleich mit einplanen. Soll Solarwärme genutzt werden, müssen je Quadratmeter Wohnfläche mindestens 0,04 Quadratmeter Sonnenkollektoren installiert werden. Bei anderen Arten von Öko-Wärme soll die Quote bei über 50 Prozent liegen. Möglich ist auch eine Kombination von Wärmequellen. Ersatzweise kann man auch Kraft-Wärme-Kopplung in Verbindung mit Energiesparmaßnahmen nutzen.

Hauseigentümer müssen gegenüber Behörden der einzelnen Bundesländer den Nachweis erbringen, dass sie die geforderten Auflagen erfüllen, zum Beispiel indem sie Abrechnungen des Brennstofflieferanten vorlegen. Unter Umständen fallen Bußgelder an, wer den Nachweis gar nicht oder nicht korrekt erbringt.

Der Bund stellt für die Nutzung von erneuerbaren Energien außerdem mehrere Millionen Euro jährlich als Fördermittel bereit. Auch Hauseigentümer, die verpflichtet sind, erneuerbare Energien einzusetzen, können Fördergelder erhalten. Allerdings nur, wenn sie die Anforderungen der EnEV übererfüllen, also freiwillig mehr in alternative Energien investieren. Wer nur seinen Pflichten nachkommt, geht leer aus. Einzelheiten dazu regeln die Richtlinien zum so genannten Marktanreizprogramm (MAP), über das man sich auf der Internetseite des Bundesamtes für Wirtschaft und Ausfuhrkontrolle informieren kann (www.bafa.de).

Diese Förderung ist nicht zu verwechseln mit der des CO2-Gebäudesanierungsprogramms. Hier schießt der Staat über die Kreditanstalt für Wiederaufbau (KfW) bei „energetischer Sanierung“ – also auch bei Dämmung oder Einbau von neuen Fenstern – in Altbauten Geld zu, das direkt oder zum Abzahlen von Krediten verwendet werden kann (siehe Abschnitt 7.1.8).

Der Energieverbrauch wird also immer wichtiger bei der Entscheidung für oder gegen eine Immobilie. Das betrifft nicht nur die laufenden Kosten. Der Erwerber einer Immobilie muss sich künftig die Frage stellen: Ist der Verbrauch in Ordnung oder muss Geld in eine neue Heizanlage beziehungsweise in die Gebäude-Isolierung gesteckt werden? Je nachdem, wie die Antwort ausfällt, kann sich eine auf den ersten Blick günstige Immobilie erheblich verteuern. Entscheidungshilfe soll dabei der Energieausweis geben: Ähnlich wie bei Waschmaschinen oder Kühlschränken erleichtern die im Ausweis aufgeführten Energieeffizienzklassen von A+ bis H den Vergleich von Immobilien.

Der Energieausweis gilt als verbindlicher Nachweis über die energetische Güte einer Wohnimmobilie. Nur denkmalgeschützte Gebäude sind von der Ausweispflicht ausgenommen. Die künftigen Nutzer einer Immobilie sollen mit einem Blick feststellen können, mit welchen Energiekosten, also Heiz- und Warmwasserkosten, sie rechnen müssen. Den Energieausweis können Architekten, Ingenieure, Schornsteinfeger oder Energieberater ausstellen. Für Energieausweise gibt es seit 2014 eine Registrierungspflicht. Bedeutet: Wer einen Ausweis ausstellt, muss beim Deutschen Institut eine neue Registriernummer beantragen.

Seit 2013 müssen Immobilienanbieter Mietern oder Käufern eine Kopie des Energieausweises vorlegen und bei Vertragsabschluss aushändigen. Kommerzielle Anzeigen müssen bei Vermietung oder Verkauf die Energiewerte ausweisen. Wer einen nicht vollständigen Ausweis vorlegt, kann mit einem Bußgeld von bis zu 15.000 Euro belegt werden.

Es gibt zwei Varianten: einen verbrauchsorientierten Ausweis, mit dem der Energieverbrauch der bisherigen Bewohner dokumentiert wird, und den bedarfsorientierten Ausweis, bei dem die baulichen Gegebenheiten der Immobilie ermittelt und bewertet werden.

Für den Verbrauchsausweis werden mindestens drei aufeinander folgende Abrechnungsperioden zu Grunde gelegt, aus denen ein Durchschnittswert zu ermitteln ist. Dafür reicht es wenn die Eigentümer den Experten Unterlagen vorlegen, die Auskunft geben über Baujahr sowie Strom- und Wärmeverbrauch der vergangenen Jahre. Den Verbrauchsausweis gibt es schon ab 30 Euro.

Für den Bedarfsausweis untersuchen die Fachleute bei einer Objektbegehung zum Beispiel die Wärmedämmung, den Heizkessel oder die Warmwasseraufbereitung. In dem ausführlicheren Bedarfsausweis stehen deshalb nicht nur Angaben zum Energiebedarf, sondern auch zu Wasserverbrauch, zur Lüftung und zum CO2-Ausstoß; außerdem erfährt man, welche Heizung das Gebäude hat und wie hoch der Energieverbrauch mit einer anderen Heizung wäre – ein vergleichsweise aufwändiges Verfahren. Deswegen ist der Bedarfsausweis auch deutlich teurer als der Verbrauchsausweis und kann je nach Größe der Immobilie zwischen 100 und 500 Euro kosten. Für Neubauten wird nach deren Fertigstellung grundsätzlich ein Bedarfsausweis ausgestellt. Der Eigentümer hat dafür Sorge zu tragen, dass ihm der Energieausweis mit Fertigstellung übergeben wird.

Eigentümer von Wohngebäuden mit mehr als vier Wohneinheiten können zwischen beiden Ausweisarten wählen. Bei Wohngebäuden mit bis zu vier Wohneinheiten ist das Baualter beziehungsweise der energetische Gebäudezustand entscheidend, ob ebenfalls Wahlfreiheit besteht. Dies ist der Fall, wenn der Bauantrag für das Gebäude nach dem 1.11.1977 gestellt wurde oder – bei einem älteren Gebäude – schon bei der Baufertigstellung der energetische Standard der ersten Wärmeschutzverordnung 1977 eingehalten wurde, beziehungsweise wenn es nachträglich durch Modernisierungsmaßnahmen auf diesen Stand gebracht wurde.

Für Wohngebäude mit bis zu vier Wohneinheiten, die nicht den energetischen Standard der ersten Wärmeschutzverordnung erfüllen, ist nur der Bedarfsausweis zulässig. Eine Ausnahme gibt es nur, wenn die Heizkosten- beziehungsweise Verbrauchsabrechnungen der letzten drei Jahre nicht vorliegen, beispielsweise weil die Beheizung dezentral über Gasetagenheizungen erfolgt oder das Gebäude gerade erst umfassend modernisiert wurde.

Interessante Anregungen rund um das Thema energetische Modernisierung und Sanierung finden sich unter einem Online-Ratgeber auf der Internetseite www.klima-sucht-schutz.de. Anbieter ist die co2online gemeinnützige GmbH, deren Klimaschutzkampagne vom Bundesumweltministerium gefördert wird.

Fazit: Wer eine Immobilie kauft oder baut, sollte/kann sich Expertenrat hinzuziehen, ob Makler, Bauträger oder Sachverständigen, der die Qualität einer Immobilie begutachtet.

Beim Kauf einer Immobilie gibt es über Versteigerungen und Erbbaurechte günstige Alternativen zu den üblichen Angeboten auf dem Markt.

Erster Schritt für den Bau einer Immobilie ist die Suche nach dem passenden Grundstück. Zu den eigentlichen Baukosten müssen Kosten für Erschließung und Versicherungen einkalkuliert werden. Für die Wahl des Bauträgers sollte man sich Zeit lassen und Referenzen einholen. Durch Eigenleistungen lässt sich etwas Geld sparen. Wer selbst baut, muss auch an den Versicherungsschutz möglicher Helfer denken.

Umweltaspekte gewinnen bei Immobilien zunehmend an Bedeutung – und schlagen unter Umständen als deutliche Mehrkosten zu Buche.

3. Kapitel

3

Kassensturz

Wer sich für eine Immobilie interessiert, sollte zunächst klären, wie hoch die finanzielle Belastung aus den eigenen vier Wänden eigentlich sein darf. Bei einem Kassensturz müssen die (monatlichen) Einnahmen den (monatlichen) Ausgaben gegenübergestellt werden. Daraus ergibt sich der maximale Kreditbetrag. In den allermeisten Fällen wird der Kreditgeber außerdem verlangen, dass der zukünftige Immobilieneigentümer zusätzlich über Eigenkapital verfügt. Diese beiden Faktoren – Kreditbetrag und Eigenkapital – bestimmen schließlich die maximalen Objektkosten, auf die zum Schluss dieses Kapitels eingegangen wird.

3.1 Ermittlung der monatlichen Belastbarkeit

In einem ersten Schritt geht es zunächst einmal darum, die monatlichen Einnahmen den monatlichen Ausgaben gegenüberzustellen und so die eigene finanzielle Belastbarkeit zu errechnen.

3.1.1 Monatliche Einnahmen

Vergleichsweise schnell auszurechnen ist das Einkommen, also die Einnahmen-Seite. Wichtig dabei ist, das monatliche Nettoeinkommen anzusetzen. Nur dauerhafte Einnahmen dürfen mit einbezogen werden, also zum Beispiel keine unregelmäßigen Überstundenzahlungen.

Das 13. Monatsgehalt sowie Weihnachts- oder Urlaubsgeld sollten Sie ebenfalls nicht mit in die Rechnung einbeziehen. Diese zusätzlichen Einnahmen sind vielmehr ein schönes und auch äußerst wichtiges Polster, falls in der Finanzierungsphase – und die kann bis zu 30 Jahre dauern – irgendwann einmal unvorhergesehene Ausgaben entstehen.

Kindergeldzahlungen oder regelmäßige andere Einnahmen aus Miete oder Rente können dagegen eingerechnet werden. Beträge, die nur einmal im Jahr zufließen, müssen auf zwölf Monate verteilt werden. Alle diese Einnahmeposten aufaddiert ergeben schließlich das verfügbare Einkommen.

3.1.2 Monatliche Ausgaben (Lebenshaltungskosten)

Leider allzu häufig unterschätzt werden die monatlichen Ausgaben. Bei der Rechnung wird zum Beispiel das Zeitungsabonnement vergessen oder man denkt nicht an die Mitgliedsbeiträge für den Sportverein. Das sind kleine Beträge, die aber in der Summe ganz schön ins Geld gehen.

Die meisten Kreditinstitute können oder wollen sich nicht die Mühe machen, die monatlichen Ausgaben detailliert zu berechnen. Sie orientieren sich deshalb an einigen Faustregeln, die ein erster Anhaltspunkt dafür sind, wie es um die finanzielle Situation des Kreditinteressierten steht.

Faustregel 1

Der Kreditgeber stellt fest, wie viel nach Abzug der Zins- und Tilgungsraten für die Lebenshaltungskosten übrig bleiben sollte. Die Erfahrungswerte lauten:

- für Alleinstehende: 750 Euro
- für ein Ehepaar: 1.000 Euro
- pro Kind zuzüglich: 250 Euro

Das würde bedeuten, dass eine Familie mit zwei Kindern mit rund 1.500 Euro im Monat auskommen kann. Wohlgemerkt handelt es sich hier um eine grobe Faustregel, die viele Dinge gar nicht berücksichtigen kann, zum Beispiel dass man zwei Autos braucht, wenn das Häuschen im Umland steht. Einige Kreditgeber veranschlagen den

Betrag für die monatlichen Ausgaben übrigens auch niedriger – bei der erwähnten Familie zum Beispiel mit 1.300 Euro. Das ist jedoch ein Betrag, bei dem die meisten Familien wohl darüber liegen dürften. Andere unterscheiden außerdem bei Prüfung der Ausgabenseite danach, zu wie viel Prozent die Immobilie aus Eigenkapital beziehungsweise aus Fremdmitteln finanziert wird. Je niedriger der Eigenkapitalanteil, umso vorsichtiger wird gerechnet.

Faustregel 2

Hier werden die monatlichen Ausgaben von der Kreditseite her betrachtet. Danach dürfen die Ausgaben für Zins und Tilgung mittelfristig nicht mehr als 50 Prozent des Nettoeinkommens übersteigen. Sehr vorsichtige Rechner rechnen sogar nur mit 30 Prozent. Dabei muss man allerdings berücksichtigen: Je höher das Einkommen steigt, umso geringer wird der Anteil für die monatlichen Ausgaben. Bei einer Familie mit zwei Kindern, die ein Nettoeinkommen von insgesamt 1.750 Euro hat, wird es schon bei einer finanziellen Belastung von 30 Prozent eng, eine andere mit 3.000 Euro netto könnte sogar 40 Prozent verkraften.

Faustregel 3

Dabei betrachtet man die monatliche Belastbarkeit des Kreditkunden für den Kapitaldienst (Zins und Tilgung) unter extremen, das heißt unter ungünstigen Bedingungen. Um das finanzielle Polster auszuloten, legen viele Institute bei den Darlehenskonditionen bewusst nicht das aktuelle Zinsniveau zugrunde. Gerade in Zeiten niedriger Zinsen schlägt ein (seriöses) Kreditinstitut ein paar Prozentpunkte auf, um zu sehen, ob der Darlehensnehmer auch dann noch kreditwürdig wäre. Bei dem günstigen Zinsniveau seit 1998 haben zum Beispiel einige Institute bei der Berechnung des Zinses 4 Prozentpunkte aufgeschlagen.

Es handelt sich hier um drei Faustregeln, die nur Richtwerte liefern können. Wer die eigenen monatlichen Ausgaben hingegen genauer wissen möchte, der muss selbst rechnen. Dazu mehr in den folgenden Abschnitten.

✔ Wenn Sie genügend Zeit haben bis zur Wahl einer Immobilie, sollten Sie vorab eine Zeit lang ein Haushaltsbuch führen, und zwar über Wochen oder am besten sogar über Monate hinweg. Darin können Sie alle anfallenden Ausgaben eintragen. Wichtig: Sie müssen alle Ausgaben im Anschluss daran auf den Monat umrechnen.

Haushaltskosten

Den größten Betrag machen die Kosten für die Haushaltsführung aus: für Lebensmittel, Kleidung, Hausrat, Körperpflegemittel und Arzneien. Besonders schwierig ist hier die monatliche Umrechnung für neue Kleidung oder neue Haushaltsgeräte. Im Zweifel muss dafür eine Pauschale angesetzt werden.

Wohnnebenkosten

Miete ist das Einzige, was Immobilieneigentümer in Zukunft nicht mehr zahlen müssen. Doch die Nebenkosten fürs Wohnen, wie Heizung und Strom, Abwasser, Steuern, Müllbeseitigung oder Straßenreinigung fallen auch weiterhin an. Es gibt Erfahrungswerte, wonach die Betriebskosten für ein Haus pauschal mit mindestens 2,50 Euro pro Monat und Quadratmeter (nur das Gebäude) anzusetzen sind, für eine Wohnung mit 3 Euro, weil unter anderem zusätzlich eine Hausverwaltung bezahlt werden muss.

Hinzu kommen noch einige Ausgaben, zum Beispiel Instandhaltungskosten, für die eine Rücklage einzukalkulieren ist. Dafür sollte man von Anfang an 0,50 Euro pro Quadratmeter berücksichtigen. Denn später tut es sehr viel mehr weh, wenn bei einem Schaden im oder am Gebäude zu wenig Rücklagen bestehen und größere Summen auf einmal aufzubringen sind.

✔ Sie können bei den zuständigen Behörden Informationen über Nebenkosten wie Müllabfuhr und Wasser einholen, die von Gemeinde zu Gemeinde unterschiedlich sind.

Schließlich dürfen Sie Kabel-, Rundfunkgebühren und Telefonkosten bei der Errechnung der Wohnnebenkosten nicht vergessen.

Grundsteuer

Haus- und Wohnungseigentümer müssen für ihre selbst genutzte Immobilie Grundsteuer zahlen. Da half auch eine Verfassungsbeschwerde von Immobilieneigentümern nichts, die vom Bundesverfassungsgericht nicht zur Entscheidung angenommen wurde (Beschluss v. 21.6.2004, AZ: 1 BvR 1644/05). Die Beschwerdeführer hatten damit argumentiert, dass die Grundsteuer die Substanz, also das Vermögen des Eigentümers besteuert, da bei selbst genutztem Wohnraum keine Einkünfte erzielt würden. Dem wollte sich das oberste Gericht nicht anschließen.

Paradoxerweise kann das Finanzamt bei vermieteten Immobilien die Grundsteuer erlassen, häufig allerdings nur zum Teil und auch nur auf Antrag des Eigentümers. Voraussetzung ist, dass bei einem bebauten Grundstück eine Ertragsminderung von mindestens 20 Prozent eingetreten ist und der Vermieter die Mietausfälle nicht zu vertreten hat. Er muss bei Leerstandszeiten belegen können, dass er nach Mietern ernsthaft gesucht hat (Urteil des Verwaltungsgerichts Gießen, AZ: 8 K 2439/10), oder dass sie auf ein außergewöhnliches Ereignis (zum Beispiel Hochwasser) zurückzuführen sind.

Doch selbst wenn der Leerstand strukturell bedingt sein sollte, also wenn die Mietausfälle auf fehlende Nachfrage zurückgehen, akzeptieren die Finanzämter inzwischen einen teilweisen Erlass. Dies geht auf ein Urteil des Bundesfinanzhofs zurück (Urteil v. 24.10.2007, AZ: II R 5/05). Für die Berechnung der Ertragsminderung kommt es auf die tatsächliche beziehungsweise die übliche Miete zu Beginn des Erlasszeitraums an. Dabei gibt es zwei Fallgruppen:

1. Räume, die zu Beginn des Erlasszeitraums nicht vermietet sind. Dann ist auf die zu diesem Zeitpunkt übliche Miete abzustellen. Diese ist anhand der Miete zu schätzen, die vor Ort für Räume gleicher Lage, Art und Ausstattung gezahlt wird.

Die „übliche" Miete muss sowohl aus Objekten abgeleitet werden, die schon länger vermietet sind, als auch aus solchen, die gerade auf den Markt gekommen sind. Sie kann deshalb höher liegen als die Miete für ein Objekt, das unmittelbar zu Beginn des Erlasszeitraums am Markt angeboten wird.

Stehen Räume während des Erlasszeitraums durchgehend leer, wird die Grundsteuer in Höhe von 80 Prozent erlassen. Wird eine zunächst leer stehende Wohnung später vermietet, ist die tatsächliche Miete mit der zu Beginn des Zeitraums geltenden üblichen Miete zu vergleichen.

2. Bei Räumen, die zu Beginn des Erlasszeitraums vermietet sind, wird nochmals unterschieden:

- Die Miete liegt zu Beginn des Erlasszeitraums nicht mehr als 20 Prozent unter der üblichen Miete. Dann ist die später im Erlasszeitraum vereinbarte Miete mit der zunächst vereinbarten Miete zu vergleichen und nicht mit der üblichen Miete. Gehen die Räume im Verlauf des Erlasszeitraums in einen Leerstand über, ist ebenfalls die zunächst vereinbarte Miete Vergleichsmaßstab.

- Die Miete liegt zu Beginn des Erlasszeitraums um mehr als 20 Prozent unter der üblichen Miete. Dann ist auf die übliche Miete zu Beginn des Erlasszeitraums abzustellen.

Die übliche Miete für eine Wohnung in einem Vier-Parteien-Haus beträgt 800 Euro im Januar.

Grundsteuer

	Wohnung 1	Wohnung 2	Wohnung 3	Wohnung 4
Vermietung	ganzjähriger Leerstand	Januar bis Juni Leerstand, Juli bis Dezember 600 Euro	ganzjährig 600 Euro	Januar bis Juni 700 Euro, Juli bis Dezember Leerstand
Vergleichsmiete	800 Euro	800 Euro	800 Euro	700 Euro
jährlich	9.600 Euro	9.600 Euro	9.600 Euro	8.400 Euro
Mietertrag	0 Euro	3.600 Euro	7.200 Euro	4.200 Euro
Ertragsminderung	100 %	62,5 %	25 %	50 %
Grundsteuererlass	80 % (= 80 % x 100 %)	50 % (= 80 % x 62,5 %)	20 % (= 80 % x 25 %)	40 % (= 80 % x 50 %)

Auto

Bei den Kosten für das Auto reicht es leider nicht, nur Benzin, Steuern und Versicherung einzurechnen. Reparaturen müssen ebenso berücksichtigt werden wie die Tatsache, dass das Fahrzeug irgendwann einmal ersetzt werden muss. Der jährliche Wertverlust für Autos ist enorm hoch, vor allem in den ersten Jahren.

Listen über diesen Wertverlust gibt es für wenig Geld im Buchhandel und inzwischen auch im Internet (www.eurotax.de). Alle Zahlen werden regelmäßig aktualisiert. Damit können Sie umrechnen, was Sie monatlich zurücklegen müssen, wenn alle paar Jahre ein Neuer vor der Tür stehen soll.

Nicht zu vergessen: die Kosten für die Nahverkehrsmittel oder für die Anschaffung von Fahrrädern.

Versicherungen

Noch relativ einfach zu überblicken sind die Ausgaben bei Versicherungen für die Haftpflicht, den Rechtschutz und andere private Policen. Beiträge für die Kapitallebensversicherung können normalerweise gestrichen werden, weil diese sich bei der Eigenheimfinanzierung in der Regel nicht lohnt. Es gibt viele Ausnahmen, aber ob und wie, entscheidet letztlich die konkrete Ausgestaltung des Versicherungsvertrages. Später dazu mehr (siehe Abschnitt 5.2).

Zahlungsverpflichtungen

Es kann sein, dass ein länger laufender Kredit noch abgezahlt werden muss, etwa für das Auto oder die Möbel. Diese Raten sollten möglichst vor dem Kauf einer Immobilie getilgt werden, denn gerade in den ersten Jahren wird die Belastung durch die Immobilie sehr hoch sein. Viele Haushalte in Deutschland sind heillos überschuldet, weil sie irgendwelche Ratenkredite abstottern müssen. Mit so etwas sollte man sich nicht noch zusätzlich belasten, nur weil Zahlungsverpflichtungen bei der Rechnung „vergessen" wurden.

Freizeit/Unterhaltung

Alles, was das Leben – außer der neuen Immobilie natürlich – angenehm macht, gehört unter diesen Posten, also etwa das Bier um die Ecke oder der Besuch im Theater. Dazu kommen auch Vereinsbeiträge oder der Urlaub. Hier können außerdem die Kindergartenbeiträge oder die Kosten für die Tagesmutter verbucht werden. Und auch Zeitungsabonnements dürfen nicht vergessen werden!

Sonstige Ausgaben

Dieser Posten ist einfach eine Vorsichtsmaßnahme: Wenn trotz aller genauen Pläne etwas vergessen wurde, ist ein finanzielles Polster hilfreich. Ein Betrag von 25 Euro pro Monat ergibt sich schnell, und sei es nur, weil irgendwelche Vereins- oder Kindergartenbeiträge plötzlich steigen.

Familie mit zwei Kindern, monatliche Posten in Euro, geplante Größe des Wohnobjekts: 110 Quadratmeter

Finanzielle Belastbarkeit

Nettoeinkommen	2.522
+ Kindergeld (2x)	368
+ Sonstige Einnahmen	–
= **Verfügbares Einkommen**	**2.850**
– Lebensmittel	275
– Kleidung	180
– Körperpflege/Gesundheit	50
– Hausrat	100
– Strom/Heizung	200
– Sonstige Wohnnebenkosten	100
– Instandhaltungsrücklage	55
– Telefon	40
– Auto/Verkehrsmittel	280
– Versicherungsbeiträge	75
– Zahlungsverpflichtungen	40
– Freizeit/Unterhaltung	110
– Urlaub	200
– Sonstige Ausgaben	25
= **Finanzielle Belastbarkeit**	**1.120**

3.2 Maximaler Darlehensbetrag

Im nächsten Schritt gilt es nun zu ermitteln, wie hoch das Darlehen sein darf. Zunächst ging es nur darum, wie viel Geld monatlich erübrigt werden kann, jetzt berechnet sich daraus der maximale Kreditbetrag. Dessen Höhe hängt neben der finanziellen Belastbarkeit zusätzlich von zwei weiteren Faktoren ab:

- Erstens vom aktuellen Nominalzinssatz für den Kredit: Das ist der Zinssatz, den man für das Darlehen zahlen muss – nicht zu verwechseln mit dem höheren Effektivzins, der weitere, aber auch nicht alle Kreditkosten mit berücksichtigt (siehe Abschnitt 4.2.1). Der Nominalzins soll an dieser Stelle verwendet werden, um die Rechnung möglichst anschaulich zu gestalten. Alle weiteren Finanzierungskosten, die beim Bau oder Kauf einer Immobilie entstehen, werden dann bei der Ermittlung des effektiven Zinses gesondert betrachtet.

- Zweitens vom Tilgungssatz: Das ist der Anteil des Darlehens, den man monatlich zurückzahlt, um die Schulden zu verringern. Zu Beginn der Rückzahlung beträgt der Tilgungsanteil meist 1 bis 2 Prozent.

Um den Kreditrahmen auszuloten, gibt es eine einfache Formel:

$$\text{Maximaler Darlehensbetrag} = \frac{\text{Finanzielle Belastbarkeit} \times 12 \text{ Monate} \times 100}{\text{Zinssatz} + \text{Tilgungssatz (in Prozent)}}$$

Finanzielle Belastbarkeit monatlich 1.120 Euro bei einem Nominalzins von 5 Prozent, die Tilgung beträgt 1 Prozent:

$$\text{Maximaler Darlehensbetrag} = \frac{1.120 \text{ Euro} \times 12 \times 100}{4 + 2}$$

Das ergibt in diesem Fall einen maximalen Darlehensbetrag von immerhin 224.000 Euro. Hier zeigt sich schnell, wie sehr der Kreditbetrag von Zins und Tilgung abhängt. Steigt der Zins bei gleich bleibender finanzieller Belastbarkeit zum Beispiel nur um 1 Prozentpunkt, verringert sich der maximale Darlehensbetrag um fast 32.000 Euro. Sinkt der Zins dagegen um einen halben Prozentpunkt, erhöht sich der maximale Darlehensbetrag auf über 244.000 Euro. Das Gleiche gilt für die Tilgungsrate.

Noch einmal der Hinweis: Bei dieser sehr vereinfachten Berechnung des maximalen Darlehensbetrages wird zunächst von einem einzigen Zinssatz ausgegangen. Tatsächlich wird ein Kreditnehmer ziemlich sicher mehrere verschiedene Darlehensarten beziehungsweise Darlehen mit unterschiedlich langen Zinsbindungen neben- oder nacheinander einsetzen. Das hat zur Folge, dass es nur in ganz wenigen Fällen zu einer dauerhaft gleichmäßigen Belastung kommt, bis ein Immobilienfinanzierer schuldenfrei ist. Wie die genaue monatliche Belastung letztlich aussehen wird, lässt sich nur mithilfe eines detaillierten Finanzierungsplans berechnen (siehe Abschnitt 5.4). Außerdem wird sich später noch zeigen, ob es tatsächlich sinnvoll ist, zu Beginn der Finanzierungsphase nur mit einer Tilgung von 1 Prozent zu rechnen (siehe Abschnitt 4.2).

3.3 Verfügbares Eigenkapital

Die Schritte 1 und 2 waren notwendig, um den Kreditrahmen auszuloten. Die nächste wichtige Frage lautet: Ist der Kreditgeber auch tatsächlich bereit, ein entsprechend hohes Darlehen zur Verfügung zu stellen?

3.3.1 Regeln der Kreditgeber

Das hängt in erster Linie davon ab, wie viel Eigenkapital der Immobilieninteressierte zur Verfügung hat, wie viel Geld er also selbst erübrigen kann. Denn ebenso wie bei der Frage nach der monatlichen Belastbarkeit setzen Kreditinstitute bei der Finanzierung einer Immobilie einen bestimmten Eigenanteil voraus.

i Mit Anzeigen, die Ihnen vorgaukeln, Sie könnten den Bau oder Kauf einer Immobilie ohne einen Cent Eigenkapital finanzieren, sollten Sie nur eins machen: wegschmeißen!

Ein seriöser Kreditgeber würde sich auf so etwas nur einlassen, wenn er es mit jemandem zu tun hat, der ein sehr hohes regelmäßiges Einkommen nachweisen kann. Nur dann nämlich ist ein Kreditnehmer in der Lage, eine Immobilie ausschließlich über den monatlichen Verdienst zu finanzieren. Ausnahmen machen Banken nur dann, wenn der Kreditnehmer anstelle des Eigenkapitals zinsverbilligte öffentliche Darlehen oder zinslose Zuschüsse bezieht (siehe 7. Kapitel).

Im Allgemeinen haben Banken und Sparkassen eine Art goldene Regel, wonach mindestens 20 Prozent der Gesamtkosten durch Eigenkapital finanziert werden sollten. Das heißt aber auch: Je höher die Quote ist, umso besser für den Kreditnehmer. Denn die Institute honorieren es in der Regel mit ein paar Zehntelprozentpunkten weniger bei den Zinsen, je mehr Kapital eingebracht wird.

3.3.2 Guthaben

Die erste und wichtigste Regel lautet hier: Der Kreditnehmer sollte so viel Eigenkapital wie möglich flüssig machen. Wer mehr als eine eiserne Reserve zurückbehält, muss nur einen unnötig hohen Kredit für die Finanzierung aufnehmen.

Die Erklärung ist ganz einfach: Sollzinsen – und dazu zählen die Zinsen für ein Hypothekendarlehen – sind in aller Regel höher als die Habenzinsen beziehungsweise die Rendite, die eine Geldanlage bringt. Das gilt vor allem für Sparkonten, aber auch für Termingelder. Dabei sollte man übrigens rechtzeitig an die Kündigung denken, sonst werden „Strafzinsen" fällig!

Selbst bei Rentenpapieren lohnt sich der Verkauf. Angenommen, das Papier wurde zu einem früheren Zeitpunkt in einer Hochzinsphase zu nominal 5 Prozent Zinsen gekauft. Der aktuelle Hypothekenzins liegt bei 4 Prozent. Dann kann das Rentenpapier jetzt an der Börse zu einem deutlich höheren Kurs verkauft werden, als ursprünglich dafür bezahlt wurde. Denn der Kurswert eines festverzinslichen Wertpapiers richtet sich immer nach dem aktuellen Zins. Sinkt der Zins, steigt der Kurs eines nominal hochverzinsten Rentenpapiers. Eine Ausnahme sind hier die nicht an der Börse gehandelten Bundesschatzbriefe, die je nach Typ bei Fälligkeit zum Nennwert oder Rückzahlungswert gutgeschrieben werden.

Die Regel, möglichst alles zu versilbern, gilt auch für Aktien oder Investmentfonds. Zwar kann durch Kursgewinne unter Umständen langfristig mehr Rendite erzielt werden als ein Hypothekendarlehen an Zinsen kostet, aber das ist reine Spekulation! Wer auf Nummer Sicher gehen möchte, sollte verkaufen, wenn nicht gerade ein absoluter Tiefpunkt an der Börse ist.

Bausparguthaben sollte man nur einbringen, wenn der Vertrag bereits zuteilungsreif ist. Ist dies nicht der Fall, gibt es eine Möglichkeit, über die es sich nachzudenken lohnt:

> Bei einem laufenden Bausparvertrag könnten Sie auch einen Teil des Eigenkapitals für eine Soforteinzahlung in den Bausparvertrag nutzen. Vorab sollten Sie aber mit dem Bausparberater abklären, wie viel eingesetzt werden muss, um die Wartezeit zu verkürzen, damit der Vertrag sofort zuteilungsreif wird.

Eine weitere Variante besteht darin, die Bausparsumme herabzusetzen oder zu teilen. Das kostet allerdings einen Teil der Abschlussgebühr, nämlich den, der auf den reduzierten Teilbetrag entfällt. Hier muss verglichen werden, was unterm Strich günstiger ist (mehr zum Thema Bausparvertrag im Abschnitt 5.3).

Das Weitersparen an einem Bausparvertrag, der nicht zuteilungsreif ist, lohnt sich nur unter ganz bestimmten Bedingungen. Ausnahmen kann es zum Beispiel dann geben, wenn Sie das Mindestsparguthaben fast erreicht haben. In einem solchen Fall haben Sie aber die Doppelbelastung aus Hypothekendarlehen und Bausparvertrag.

Ähnliche Überlegungen muss der Darlehensnehmer auch bei Lebensversicherungen anstellen. Laufende Verträge weiter zu bedienen, zahlt sich nicht unbedingt aus – es sei denn, die Lebensversicherung wird für die Immobilienfinanzierung (siehe Abschnitt 5.2) genutzt. Dabei müssen allerdings vorab zwei wichtige Aspekte berücksichtigt werden: Zum einen gilt es die steuerliche Seite zu beachten – Erträge aus Kapitallebensversicherungen müssen versteuert werden, wenn sie vor Ablauf von zwölf Jahren zurückgekauft werden. Zum anderen sollte vor einer Kündigung geklärt werden, wie hoch der Rückkaufwert der Versicherung ist. Je nach Vertragsdauer ist er unter Umständen am Ende niedriger als die Summe dessen, was in den vergangenen Jahren eingezahlt wurde.

3.3.3 Familiendarlehen

Der Eigenkapitalersatz durch ein Familiendarlehen, also das von einem Familienangehörigen geschenkte oder geborgte Geld, wird für die jetzige Generation von potenziellen Immobilieneigentümern immer relevanter: Es gibt viel zu erben. Man sollte sich demnach nicht davor scheuen, Eltern oder andere Verwandte nach einem Familiendarlehen zu fragen.

Aufgepasst, wenn das Ihnen zur Verfügung gestellte Geld aus schwarzen Kanälen kommt. Denn das Finanzamt fragt nach, woher und von wem das Familiendarlehen stammt. Hat das Familienmitglied Zinseinkünfte oder andere Einkünfte verschwiegen und nicht versteuert, gibt es Ärger mit dem Fiskus!

Viele Kreditinstitute akzeptieren ein solches Darlehen allein schon deshalb, weil damit der für die Kreditzusage notwendige Eigenkapitalanteil erreicht wird.

Das Beste, was einem passieren kann, ist natürlich ein Geldgeschenk, eine so genannte Schenkung.

Beachten Sie bei Schenkungen mögliche Freibetragsgrenzen! Bei zu hohen Summen bedient sich der Staat in Form der Schenkungsteuer. Die Freibetragsgrenzen richten sich nach dem Verwandtschaftsgrad und nach der Steuerklasse des Beschenkten.

Aber selbst wer das Darlehen an den Verwandten zurückzahlen muss – ob mit oder ohne Zinsen –, kommt noch immer billiger weg, als wenn er größere Schulden bei einem Kreditinstitut macht. Eine Bank oder Sparkasse wird in jedem Fall höhere Zinsen verlangen.

Als „echtes" Eigenkapital darf jedoch nur das Geld eingesetzt werden, was später nicht wieder zurückgezahlt werden muss, also ein Geldgeschenk. Und unabhängig davon, wie die Konditionen des Familiendarlehens sind – ob nun mit oder ohne Rückzahlung, ob mit oder ohne Verzinsung –, gilt:

Schließen Sie auch mit einem Geldgeber aus der Familie einen Darlehensvertrag. Das geht ohne Notar und Grundbucheintragung und erspart Ihnen unter Umständen spätere Familienstreitigkeiten. Ein solcher formloser Vertrag sollte die Höhe des Darlehens, die Höchstdauer, monatliche (Mindest-)Raten, eventuelle Zinstermine und Sicherheiten berücksichtigen.

3.3.4 Eigenleistungen

Im Abschnitt 2.2.3 *Eigenleistung* wurde bereits alles zu dem Thema gesagt. An dieser Stelle sei noch einmal an das Wichtigste erinnert: Eigenleistungen sollte man nur da übernehmen, wo sie wirklich sinnvoll sind – zum Beispiel beim Fliesenlegen, Tapezieren und bei Sanitärinstallationen. Also gar nicht erst anfangen, die Baugrube selbst auszuheben!

Wenn Sie als Laie selbst Hand anlegen, sollten Sie davon ausgehen, dass Sie maximal 25.000 Euro als Muskelhypothek einbringen können. Alles andere sollten Sie den Profis überlassen.

Wer nun Punkt für Punkt durchgegangen ist, kann sich nach dem Muster des untenstehenden Beispiels eine Checkliste für das verfügbare Eigenkapital anfertigen.

Verfügbares Eigenkapital

Girokonto	4.000
+ Sparguthaben und Termingelder	9.000
+ Festverzinsliche Wertpapiere	13.000
+ Aktien/Investmentfonds	–
+ Zuteilungsreifes Bausparguthaben	25.000
+ Rückkaufwert Lebensversicherung	–
+ Sonstige Werte (Gold, Immobilien)	–
+ Schenkung	35.000
+ Wert der Eigenleistungen	–
= **Verfügbares Eigenkapital**	86.000

3.4 Maximale Finanzierungsmöglichkeit

Spätestens an diesem Punkt sollte klar sein, wie hoch der maximal mögliche Kreditbetrag ist und wie viel Eigenkapital zur Verfügung steht. Aus der Summe beider Beträge ergibt sich schließlich die maximale Finanzierungsmöglichkeit.

Maximaler Darlehensbetrag + Eigenkapital = Maximale Finanzierungsmöglichkeit

Anhand der in den vorherigen Kapiteln errechneten Zahlen ergibt das folgende Rechenbeispiel:

224.000 Euro + 86.000 Euro = 310.000 Euro

3.5 Maximale Objektkosten

Nun ist das, was als maximaler Betrag finanziert werden kann, keineswegs identisch mit dem, was das Objekt selbst maximal kosten darf. Denn zusätzlich den eigentlichen Objektkosten müssen viele Nebenkosten berücksichtigt werden.

Unseriöse Berater unterschlagen gerne Kauf- und Baunebenkosten wie Erschließungskosten, Notargebühren oder die Maklercourtage.

Umgekehrt werden die Möglichkeiten an Eigenleistungen (Muskelhypothek) gerne übertrieben, ebenso die steuerlichen Tricks, die aber Selbstnutzer häufig gar nicht ausschöpfen können oder von denen man tunlichst abraten sollte (zum Beispiel ein Disagio einzusetzen, siehe Abschnitt 4.2). Daher gilt entgegen allen möglichen falschen Versprechungen: Wer eine Immobilie baut oder kauft, muss immer mit einer Reihe von zusätzlichen Kosten und Gebühren rechnen.

Um grob zu überschlagen, was an zusätzlichen Kosten entsteht, können Sie sich an folgende Faustregel halten: Beim Bau oder Kauf einer Immobilie können bis zu 17 Prozent an Nebenkosten zusätzlich zum reinen Objektpreis auf Sie zukommen.

Im Einzelfall mag das zwar weniger sein, da die Höhe der Nebenkosten schon allein davon abhängen, ob eine Immobilie gebaut oder gekauft wird, ob sie neu oder gebraucht ist oder ob man einen Makler eingeschaltet hat. Doch im Zweifel sollte man bei der Finanzierungsplanung etwas großzügiger sein und immer darauf vorbereitet sein, dass in der Bau- oder Finanzierungsphase plötzlich Kosten entstehen, die nicht einkalkuliert waren.

Es gibt Kostenfaktoren, die man immer berücksichtigen muss, egal ob man kauft oder baut. Und es gibt solche Kosten, die nur beim Kauf oder nur beim Bau entstehen.

3.5.1 Kaufpreis

Der Kaufpreis muss natürlich in jedem Fall entrichtet werden.

3.5.2 Maklercourtage

Wurde ein Makler eingeschaltet, verlangt dieser für seine Dienste ein Honorar, auch Courtage genannt. Es ist regional unterschiedlich hoch, liegt aber mindestens bei 3,57 Prozent des Kaufpreises.

3.5.3 Grunderwerbsteuer

Seit dem 1.1.2007 dürfen die Bundesländer den Steuersatz bei der Grunderwerbsteuer selbst bestimmen. Der Käufer muss sich also – genauso wie der Bauherr – in Zukunft zunächst erkundigen, wie hoch der aktuelle Satz in einem Bundesland ist, um richtig kalkulieren zu können. Bis auf Bayern und Sachsen haben alle Bundesländer den Steuersatz auf bis zu 6,5 Prozent erhöht. Dennoch wird im Buch der Einfachheit halber bei Rechenbeispielen zunächst weiter von einem einheitlichen Satz von 5,0 Prozent ausgegangen. Bemessungsgrundlage ist in den meisten Fällen der Gesamtkaufpreis, also sowohl der Kaufpreis für das Grundstück als auch für das Gebäude beziehungsweise für die Wohnung.

✔ Übrigens: Falls Sie für eine Immobilie weniger zahlen als der Wert, den ein Sachverständigengutachten ausweist, können Sie den niedrigeren Verkaufspreis bei der Grundsteuer ansetzen. Das geht auf eine Entscheidung der OFD Münster zurück (Verfügung v. 14.12.2011, Kurzinfo Grundbesitzbewertung 4/2011). Sie müssen aber dem Finanzamt gegenüber begründen, warum Sie weniger gezahlt haben.

Auf die Grunderwerbsteuer beim Bau einer Immobilie wird weiter unten noch einmal gesondert eingegangen.

3.5.4 Notar-/Grundbuchgebühren

Es fallen Gebühren an, für den Notar, der den Kauf abwickelt (etwa 1 Prozent vom Objektpreis) und Gebühren für die Eintragung beziehungsweise bei gebrauchten Immobilien für die Umschreibung im Grundbuch (rund 0,5 Prozent).

3.5.5 Finanzierungsnebenkosten

Sowohl beim Kauf als auch beim Bau einer Immobilie fallen Finanzierungskosten an. Diese Kosten werden bei der Betrachtung des effektiven Zinses detailliert beschrieben (siehe Abschnitt 4.2 *Zinsberechnung*).

Doch es gibt noch weitere Kosten, die bei der Kreditaufnahme anfallen: die so genannten Finanzierungsnebenkosten. Die meisten Kreditgeber erheben vor der Kreditvergabe zunächst Wertermittlungsgebühren, auch Schätzkosten genannt. Diese Kosten muss derjenige zahlen, der von seinem Kreditinstitut prüfen lässt, wie hoch der Objektwert einer Immobilie ist, also was an Sicherheiten da ist, wenn ein Kredit aufgenommen wird. Die Gebühr richtet sich entweder nach der Höhe des voraussichtlichen Schätzwertes oder nach der – niedrigeren – Darlehenssumme und macht je nach Kreditgeber zwischen 0,2 und 0,5 Prozent einer dieser beiden Größen aus. Der Einfachheit halber sollte man sich bei seinen Planungen nach der Höhe der Darlehenssumme richten.

Zinsbelastungen können schon während der Bau- beziehungsweise Fertigstellungsphase oder beim Kauf entstehen. In diesem Fall spricht man von Bauzeitzinsen (Bau) oder Bereitstellungszinsen (Kauf).

Bauzeitzinsen können anfallen, wenn das Darlehen nicht in einer Summe, sondern in mehreren Raten abgerufen wird, was bei Bauvorhaben eher die Regel ist. Sobald Kreditinstitute das Darlehen zugesagt haben, verlangen einige von ihnen sofort, andere nach einem vorher festgelegten Zeitraum diese Zinsen auf den Teil der Darlehenssumme, der noch nicht ausgezahlt wurde. Der Kreditgeber fordert quasi eine Gebühr dafür, dass er das Geld auf Vorrat hält.

In Darlehensverträgen findet sich häufig die Formulierung „Auszahlung nach Baufortschritt“ – damit fallen automatisch Bauzeitzinsen an. Das Darlehen wird Ihnen in diesem Fall nur Schritt für Schritt mit dem Fortgang der Bauarbeiten ausgezahlt.

Mit Bereitstellungszinsen muss rechnen, wer für den Immobilienkauf ein Darlehen braucht und – gewollt oder ungewollt – eine gewisse Frist verstreichen lässt, ohne dass er den Betrag abruft.

Beide Zinsarten betragen in der Regel 0,25 Prozent pro Monat für das Darlehen beziehungsweise für den Restbetrag.

3.5.6 Geldbeschaffungskosten

Durch die Eintragung einer Hypothek oder Grundschuld in das Grundbuch sichern die Institute die Finanzierung dieses Bau- oder Kaufvorhabens ab. Für diese so genannte Grundschuldbestellung werden noch einmal Notar- und Grundbuchkosten fällig. Die Gebühren richten sich – ebenso wie eine Wertermittlungsgebühr – nach der Darlehenssumme und betragen 0,5 Prozent.

Bei einer gebrauchten Immobilie besteht unter Umständen neben der Eintragung im Grundbuch eine Briefschuld. Dieser Brief wurde früher den Kreditgebern ausgestellt, damit sie ein beglaubigtes Papier in Händen hielten und somit über eine entsprechende Sicherheit verfügten. Mit der Veränderung der Grundbuchordnung im Jahr 1978 ist dieses Papier überflüssig geworden. Ausnahme: Ist der Kreditgeber eine Versicherungsgesellschaft, verlangt diese häufig als zusätzliche Sicherheit eine Briefschuld.

i Sie sollten von Ihrem Kreditgeber verlangen, dass er auf ein Briefrecht verzichtet. Denn Ihnen entstehen sonst nur unnötige zusätzliche Gebühren.

3.5.7 Sonstige Kosten

Unter dieser Position werden alle Posten eingetragen, die zwangsläufig mit einer neuen Immobilie verknüpft sind. Schließlich sollte man nicht vergessen, dass der Umzug etwas kostet und dass unter Umständen Neuanschaffungen notwendig sind, zum Beispiel der Kauf einer neuen Einbauküche.

3.5.8 Spezielle Kosten beim Kauf

Wie bereits beschrieben, können Kosten anfallen, die nur beim Kauf oder Bau einer Immobilie entstehen können.

Instandsetzungs- und Modernisierungskosten

Zusätzliche Instandsetzungs- und Modernisierungskosten können bei einer gebrauchten Immobilie entstehen, zum Beispiel wegen einer veralteten Heizungsanlage oder weil das Dach undicht ist. Sinnvoll ist dafür der Blick in den Energieausweis, aus dem hervorgeht, wie es um den energetischen Zustand der Immobilie steht (mehr dazu im Abschnitt 2.2.5). Solche Kosten sollte man nicht unterschätzen und deshalb am besten vor dem Kauf einen Sachverständigen zurate ziehen!

3.5.9 Spezielle Kosten beim Bau

Bei den Baukosten muss zwischen den Aufwendungen für das Grundstück und denen für das Gebäude selbst unterschieden werden.

Grundstückskosten

Auch hier ist zunächst der Kaufpreis zu entrichten. Wurde das Grundstück über einen Makler erworben, wird Maklercourtage (mindestens 3,57 Prozent) fällig.

Grunderwerbsteuer

Auf den Grundstückspreis wird die Grunderwerbsteuer erhoben, deren Satz – wie bereits erwähnt – jetzt von Bundesland zu Bundesland unterschiedlich hoch sein kann. Bemessungsgrundlage ist normalerweise das Grundstück, häufig wird jedoch der Kaufpreis des Gebäudes beziehungsweise der Wohnung mit in die Bemessungsgrundlage einbezogen. Das wird schon allein deshalb gemacht, weil es in den vergangenen Jahren üblich war, beim Bau einer Immobilie alles aus einer Hand zu machen. Der Verkäufer des Grundstücks war nicht selten gleichzeitig der Bauträger.

Das lässt sich nur umgehen, wenn man dem Fiskus glaubhaft nachweisen kann, dass der Kauf des Grundstücks mit dem Bau des Gebäudes nichts zu tun hat. Das setzt voraus, dass der Kaufvertrag für das Grundstück und der Bauvertrag über das Haus getrennt voneinander abgeschlossen werden.

✔ Wenn der Verkäufer des Grundstücks und der Bauträger nicht dieselbe Rechtsperson sind oder nicht in irgendeinem rechtlichen Zusammenhang stehen, können Sie vom Fiskus verlangen, die Grunderwerbsteuer nur für das Grundstück zu zahlen.

Es kommt nämlich darauf an, dass der Bauherr bei der Unterzeichnung des Bauvertrags unabhängig in seiner Entscheidung war, wen er mit dem Bau beauftragt; nur in einem solchen Fall muss das Finanzamt von zwei verschiedenen Rechtsvorgängen ausgehen.

Diese Ansicht untermauert ein Urteil des Bundesfinanzhofs (Urteil v. 27.10.1999, AZ II R 17/99). Wer ein unbebautes Grundstück kauft, gleichzeitig mit dem Veräußerer oder ihm nahe stehenden Unternehmen Verträge abschließt, die die künftige Bebauung des Grundstücks betreffen, der muss von einem einheitlichen Vertragswerk ausgehen. Das bedeutet: Der Käufer muss sowohl auf die Grundstücks- als auch auf die Gebäudekosten Grunderwerbsteuer zahlen.

Ein einheitliches Vertragswerk liegt allerdings nur vor, wenn das Zusammenwirken von Grundstücksverkäufer und Bauträger für den Erwerber der Immobilie objektiv erkennbar ist. Das hat das FG Düsseldorf entschieden und im konkreten Fall Grunderwerbsteuer nur auf den Grund und Boden festgesetzt (Urteil v. 23.11.2011, AZ 7/K 417/10). Hintergrund in dem Fall war, dass der Verkäufer des Grundstücks mit dem Bauträger einen Vermittlungsvertrag geschlossen hatte, ohne dass der Erwerber davon wusste.

Wer ein Grundstück kauft, das zur Erschließung ansteht, sollte darauf achten, dass ausdrücklich das unerschlossene Grundstück Kaufgegenstand ist. Dann braucht er für die später anfallenden Erschließungskosten keine Grunderwerbsteuer zu zahlen. Das gilt selbst dann, wenn er sich im Kaufvertrag verpflichtet hat, die Erschließungskosten zu übernehmen (BFH-Urteil v. 15.3.2001, AZ: II R 39/99).

Verkauft ein Bauherr während der Bauphase das Grundstück und verlangt vom Erwerber, in den Bauvertrag einzutreten und von allen vertraglichen Verpflichtungen freigestellt zu werden, liegt kein einheitliches Vertragswerk vor. Das bedeutet: Das Finanzamt darf nur die zum Verkaufszeitpunkt vorhandene Bausubstanz, selbstverständlich zuzüglich Grundstückswert, für die Berechnung der Grunderwerbsteuer zugrunde legen, also nicht den später komplett fertigen Bau. Etwas anderes gilt, wenn dem Verkäufer und dem mit dem Bau beauftragten Unternehmen ein abgestimmtes Verhalten nachgewiesen werden kann (BFH-Urteil v. 22.5.2002, AZ: II R 1/00).

Wer ein Grundstück kauft, das mit Altlasten kontaminiert ist und sich im Kaufvertrag zur Bodensanierung verpflichtet, zahlt nur auf den vereinbarten Grundstückspreis Grunderwerbsteuer. Die Kosten der späteren Sanierung müssen nicht berücksichtigt werden, solange bei Abschluss des Kaufvertrags noch keine Sanierungsverfügung der Behörden an den Verkäufer des Grundstücks ergangen ist (BFH-Urteil v. 30.3.2009, AZ: II R 62/06).

Erschließungskosten

In der Regel müssen außerdem Erschließungskosten einkalkuliert werden. Dazu muss vorab geklärt sein, ob und wie viel Gebühren für den Bau von Straßen, für Wasser-, Abwasser-, Strom-, Gas-, Telefon- und Kabelanschluss zu zahlen sind. Dafür gibt es keine allgemeine Richtgröße, aber es können durchaus einige tausend Euro anfallen.

Gebäudekosten

Anteilig am höchsten sind natürlich die Baukosten eines Hauses. Nur unter der Voraussetzung, dass ein Bauunternehmen das Gebäude zu einem Festpreis erstellt, weiß man genau, was das Objekt kosten wird.

Wer die Bauleitung jedoch selbst in die Hand nimmt beziehungsweise sich das Haus von einem Architekten bauen lässt, für den wird es deutlich schwieriger, die Kosten im Voraus zu schätzen. Um sie wenigstens ungefähr vorhersagen zu können, haben Fachleute nach Ausstattung, Geschosszahl und -ausbau sowie abhängig davon, ob es sich um Ein- oder Mehrfamilienhäuser handelt, DIN-Normen für den Rauminhalt und den umbauten Raum entwickelt. Diese können aber allenfalls eine ungefähre Richtgröße sein, denn in der Praxis sind solche Kosten nach oben hin offen. Letztlich wird nur der Architekt sagen können, welche Material- und Handwerkerkosten einzukalkulieren sind. Dazu muss es natürlich einen endgültigen Entwurf des Hauses geben.

i

Wichtig ist deshalb, dass Sie alle Gebäude- und Ausstattungsmerkmale von vornherein in ihrer endgültigen Größenordnung planen. Schon kleinere Veränderungen an der Ausstattung können die Immobilie unter Umständen um bis zu 50 Prozent teurer werden lassen.

Gebäude-Nebenkosten

Zu den eigentlichen Gebäudekosten kommen die Kosten der Außenanlage hinzu. Dazu zählen beispielsweise Anschlüsse der Versorgungsleitungen von der Hauptleitung in das Gebäude, Entwässerungs- und Gartenanlagen, Wege, Parkplätze oder Grundstücksmauern.

Baunebenkosten

Honorare für den Architekten sowie für Ingenieur- und Statiker-Leistungen sind ebenfalls einzurechnen. Diese Positionen können als Baunebenkosten zusammengefasst werden. Dabei müssen auch die Gebühren für die behördliche Prüfung und Genehmigung berücksichtigt werden.

Versicherungen

Ein weiterer wichtiger Punkt sind die Versicherungen. Der Bauherr ist für die Sicherheit an seiner Baustelle verantwortlich. Daher ist es dringend geboten, beim Bau einer Immobilie entsprechende Versicherungen abzuschließen. In einigen Fällen kommt man gar nicht daran vorbei: Ohne eine Feuerversicherung zum Beispiel würde man keinen Kreditgeber für das Bauvorhaben finden. Aber selbst wenn man eine Immobilie kauft, wird man um eine Versicherung nicht herumkommen. So muss zum Beispiel eine Gebäudeversicherung nachgewiesen werden, und auch eine private Haftpflichtversicherung ist in jedem Fall sinnvoll (mehr zum Thema im Abschnitt 2.2.4 *Versicherungen*).

Wichtig außerdem: Der Bauherr allein hat die Verantwortung für die Sicherheit am Bau. Die entsprechende Baustellenverordnung ist so eng gefasst, dass sie unter Umständen schon für den Bau eines einfachen Einfamilienhauses gilt. Allerdings kann sich der Bauherr einen „Sicherheitskoordinator" bestellen, der schon während der Planung eines Gebäudes einen Sicherheits- und Gesundheitsschutzplan erstellt und dessen Einhaltung später überwacht.

✔ In diesem Fall ist es wichtig, dass Sie abklären, wer letztlich im Schadensfall gerade stehen und damit haften muss: der Bauherr oder sein Sicherheitskoordinator.

✔ **Kauf einer Immobilie**

Kaufpreis	–
Maklercourtage	*mind. 3,57 % vom Kaufpreis*
Grunderwerbsteuer	*5,0 % vom Kaufpreis*
Notar-Gebühren für Kaufabwicklung	*1 % vom Kaufpreis*
Gebühren für Grundbucheintragung	*0,5 % vom Kaufpreis*
Evtl. Instandsetzung-/Modernisierungskosten	
Finanzierungsnebenkosten	
Wertermittlungsgebühren	*0,2–0,5 % der Darlehenssumme*
Bereitstellungszinsen	*0,25 % der Darlehenssumme*
Geldbeschaffungskosten	
Kosten für Notar und Grundschuldbestellung	*0,5 % der Darlehenssumme*
Sonstige Kosten *(Umzug, Neuanschaffungen)*	

Bau einer Immobilie

Grundstückskosten	
Kaufpreis	–
Maklercourtage	*mind. 3,57 % vom Kaufpreis*
Grunderwerbsteuer	*5,0 % vom Kaufpreis*
Notar-Gebühren für Kaufabwicklung	*1 % vom Kaufpreis*
Gebühren für Grundbucheintragung	*0,5 % vom Kaufpreis*
Evtl. Erschließungskosten	
Gebäudekosten	
Baukosten der Immobilie	–
Gebäude-Nebenkosten	–
Honorar Architekt/Ingenieur	–
Prüfung und Genehmigung durch Behörde	–
Versicherungen	*nach Bedarf*
Finanzierungsnebenkosten	
Wertermittlungsgebühren	*0,2–0,5 % der Darlehenssumme*
Bauzeitzinsen	*0,25 % der Darlehenssumme*
Geldbeschaffungskosten	
Kosten für Notar und Grundschuldbestellung	*0,5 % der Darlehenssumme*
Sonstige Kosten *(Umzug, Neuanschaffungen)*	

3.5.10 Berechnung der maximalen Objektkosten

Zum Schluss müssen alle Kosten zur Ermittlung der maximalen Objektkosten Punkt für Punkt zusammengetragen werden. Nun zeigt sich, wie viel Haus oder Wohnung der Immobilieninteressierte sich eigentlich leisten kann.

Wer irgendwo ein Bau- oder Kaufangebot sieht, bekommt zunächst Informationen über die Objektkosten oder darüber, ob zum Beispiel eine Maklercourtage anfallen wird. In den beiden folgenden Rechenbeispielen nähert man sich den maximalen Objektkosten auf dem umgekehrten Weg, also von den Finanzierungsmöglichkeiten her. Zunächst werden alle Kosten abgezogen, die unabhängig vom Kaufpreis oder von der Darlehenssumme sind. Anschließend werden alle Gebühren, die sich nach der Darlehenshöhe richten, berechnet. Das

Ergebnis ist sozusagen der Bruttopreis eines Objekts. Mithilfe einer Formel werden dann die Nebenkosten eingesetzt, die vom Objektpreis selbst abhängen. Das Ergebnis zeigt, wie hoch die maximalen Objektkosten sind, also wo die Grenze für die maximalen Baukosten oder für den maximalen Kaufpreis liegt. Dazu die beiden folgenden Checklisten und Rechenbeispiele – getrennt nach Kauf und Bau –, die auf das Beispiel abgestimmt sind.

Kauf einer Immobilie

Maximale Finanzierungsmöglichkeit: 310.000 Euro

Maximaler Darlehensbetrag: 224.000 Euro

Finanzierungsmöglichkeit	310 000
– Modernisierungs-/Instandsetzungskosten	–
Finanzierungsnebenkosten	
– Wertschätzungsgebühren (0,4 % des Darlehens)	rund 896
– Bereitstellungszinsen (0,25 % des Darlehens)	–
Geldbeschaffungskosten	
– Notar- und Grundbuchgebühren (0,5 % des Darlehens)	rund 1 120
Sonstige Kosten	
– Umzug, Neuanschaffungen	7 000
= **Bruttopreis**	300 984

Der maximale Kaufpreis wird anhand folgender Formel errechnet:

$$\text{Maximaler Kaufpreis} = \frac{\text{Bruttopreis} \times 100}{100 + \text{Maklerprovision} + \text{Grunderwerbsteuer} + \text{Notar-/Grundbuchgebühren}}$$

Daraus errechnet sich der maximale Kaufpreis:

$$\text{Maximaler Kaufpreis} = \frac{300.984 \times 100}{100 + 3{,}57 + 5{,}0 + 1{,}5}$$

Das ergibt einen maximalen Kaufpreis von knapp 273.448, also rund 275.000 Euro. Die Maklerprovision liegt bei etwa 10.745 Euro, die Grunderwerbsteuer bei 15.049 Euro und die Notar-/Grundbuchgebühren für die Kaufabwicklung bei rund 4.515 Euro.

Zusätzliche Instandsetzungs- und Modernisierungskosten reduzieren natürlich den maximalen Kaufpreis noch. Von solchen Kosten erfahren Sie aber meist erst, wenn Sie (mithilfe eines Sachverständigen) die Wunsch-Immobilie begutachtet haben. Das muss bei der Berechnung des maximalen Kaufpreises dann nachträglich berücksichtigt werden.

Bau einer Immobilie

Leider lassen sich die Kosten für den Bau einer Immobilie und damit der maximale Kaufpreis nicht so einfach berechnen. In einer Checkliste, die mit der obigen vergleichbar ist, wären einige Positionen enthalten, die man vor dem Kauf eines Grundstücks gar nicht richtig beurteilen kann. So sind zum Beispiel die Ausmaße des Hauses beziehungsweise der Betrag, den man für die Immobilie selbst noch erübrigen kann, abhängig von der Größe und von den Kosten des Grundstücks. Das wiederum beeinflusst die Kosten der Außenanlage und vor allem natürlich die Honorare für Architekten- und Ingenieurleistungen.

Wer sich also zum Bau einer Immobilie entschließt, kann sich nur sehr grob an die Checkliste halten. Sind dort alle ermittelten Positionen aufaddiert, muss dieser Betrag mit den ermittelten maximalen Finanzierungsmöglichkeiten verglichen werden. Das geht nur auf einem etwas mühsameren Weg, wobei sich (finanzielle) Überraschungen leider nicht ganz vermeiden lassen.

Wer sich jedoch entscheidet, ein Haus zum Festpreis oder ein Fertighaus zu bauen, für den ist diese Checkliste genauso einfach zu handhaben wie für den Kauf einer Immobilie. Sie ist Grundlage für die Suche nach einem Grundstück. Der errechnete Betrag ist das, was nach Abzug aller übrigen Kosten für ein passendes Grundstück finanziell übrig bleibt.

Kosten des Hauses zum Festpreis: 165.000 Euro

Maximale Finanzierungsmöglichkeit: 310.000 Euro

Maximaler Darlehensbetrag: 224.000 Euro

Checkliste Maximale Grundstückskosten

Finanzierungsmöglichkeit	*310.000*
Gebäude	
Baukosten des Hauses	*165.000*
– *Kosten der Außenanlagen*	*7.000*
– *behördliche Prüfung und Genehmigung*	*1.250*
– *Baunebenkosten*	*7.000*
– *Versicherungen*	*1.000*
Finanzierungsnebenkosten	
– *Wertschätzungsgebühren (0,4 % des Darlehens)*	*rund 896*
– *Bauzeitzinsen (0,25 % des Restdarlehens)**	
Geldbeschaffungskosten	
– *Notar- und Grundbuchgebühren (0,5 % des Darlehens)*	*rund 1.120*
Sonstige Kosten	
– *Umzug, Neuanschaffungen*	*7.000*
Grundstück	
– *Erschließungskosten*	*7.000*
= **Bruttopreis des Grundstücks**	*112.734*

* Es handelt sich nur um einen Näherungswert, da die Zinsen immer auf den verbleibenden Restbetrag des Darlehens berechnet werden.

$$\text{Maximale Grundstückskosten} = \frac{\text{Bruttopreis} \times 100}{100 + \text{Maklerprovision} + \text{Grunderwerbsteuer} + \text{Notar-/Grundbuchgebühren}}$$

Für dieses Beispiel:

$$\text{Maximale Grundstückskosten} = \frac{112.734 \times 100}{100 + 3{,}57 + 5{,}0 + 1{,}5}$$

Das sind maximale Grundstückskosten von 102.420, also knapp 103.000 Euro. Die Maklerprovision liegt bei etwa 4.025 Euro, die Grunderwerbsteuer bei 5.637 Euro und die Notar-/Grundbuchgebühren für die Kaufabwicklung bei rund 1.691 Euro.

Achtung: Bei dieser Rechnung wird davon ausgegangen, dass die Grunderwerbsteuer nur auf das Grundstück erhoben wird. Meistens wird aber der Wert des Gebäudes als Bemessungsgrundlage für die Steuer mit berücksichtigt (siehe Abschnitt 3.5.3). Ist dies der Fall, muss ein höherer Betrag für die Grunderwerbsteuer veranschlagt werden.

Achten Sie bei der Kostenberechnung vor allem auf die Nebenkosten. Gerade bei diesen Posten versuchen unseriöse Kreditanbieter, Makler und Bauträger die angebotene Immobilie besser darzustellen, als sie ist. Die Bau- und Finanzierungsnebenkosten werden dementsprechend zu niedrig angesetzt, und am Schluss müssen Sie ein Finanzierungsloch stopfen. Deshalb sollten Sie vorsichtshalber bei der Behörde, bei zukünftigen Nachbarn und beim Kreditgeber die Aussagen des Anbieters prüfen.

Zur Ermittlung der monatlichen finanziellen Belastbarkeit werden alle laufenden Ausgaben berücksichtigt. Wie teuer schließlich die Immobilie sein darf, hängt vom Eigenkapital und vom Kredit ab, den man finanzieren kann. Dabei müssen diverse Nebenkosten – bis zu 17 Prozent der eigentlichen Kosten für die Immobilie – berücksichtigt werden.

4. Kapitel

4

Finanzierungskosten

Auf dem Immobilienmarkt tummeln sich Banken, Sparkassen, Hypothekenbanken, Bausparkassen, Versicherungen, unabhängige Finanzberater oder Finanzvermittler. Wer sich heute in den Zeitungen oder im Fernsehen umschaut, wird schier erschlagen von der Fülle an Finanzierungsmöglichkeiten und -varianten. Je nach Anbieter geht der Immobilieninvestor dabei unterschiedliche Verpflichtungen, Chancen und Risiken ein und wird mit den verschiedensten Abwicklungsformen des Finanzierungsgeschäfts konfrontiert. Allen gemeinsam ist allerdings, dass es dieses Geld nicht umsonst gibt. Bevor die verschiedenen Finanzierungsformen vorgestellt werden, sollen an dieser Stelle zunächst einmal die Kosten beleuchtet werden, die für ein Immobiliendarlehen aufzubringen sind. Sie ergeben sich aus dem Immobilienwert und dem Zinsniveau. Darüber hinaus entstehen Finanzierungsnebenkosten.

4.1 Der Immobilienwert für den Finanzierer

Kreditgeber verlangen für ein Darlehen zur Finanzierung einer Immobilie gewisse Sicherheiten. Bei Grundstücken und Wohneigentum sichern sie sich dadurch ab, dass sie ihre Forderung gegenüber dem Kreditnehmer als so genanntes Grundpfandrecht eintragen lassen. Das bedeutet: Sie pfänden die Immobilie und lassen dies im Grundbuch eintragen, entweder in Form einer Hypothek oder einer Grundschuld.

Bei einer Hypothek hat der Kreditgeber eine konkrete Forderung gegenüber dem Darlehensnehmer. Eine Hypothek geht deswegen im Laufe der Tilgung im gleichen Maße zurück wie die Darlehensschuld. Das bedeutet: Hat der Darlehensnehmer den Kredit zurückgezahlt, erlischt die Hypothek.

Da mehrere Grundpfandrechte auf einer Immobilie lasten können, wird die Eintragung im Grundbuch in einer bestimmten Reihenfolge festgelegt. Falls der Kreditnehmer das Darlehen aus irgendeinem Grund nicht mehr weiter zurückzahlen kann, ist diese Reihenfolge sehr wichtig für den Kreditgeber. Denn wer an erster Stelle im Grundbuch eingetragen ist, wird auch als Erster bedient, wenn es zu einer Zwangsversteigerung oder einem Notverkauf kommt. Die größte Sicherheit für einen Kreditgeber bietet also eine Eintragung an erster Stelle, eine so genannte erstrangige Hypothek (siehe dazu auch den Abschnitt *Beleihungsgrenze*, Abschnitt 4.1.3).

Baukredite werden heute allerdings nur noch selten über eine Hypothek abgesichert, selbst wenn bei bestimmten Finanzierungsgeschäften immer noch von „Hypotheken"-Darlehen die Rede ist. Sehr viel häufiger wird die Immobilie heutzutage über eine Grundschuld gepfändet. Der Unterschied zur Hypothek: Wer den Kredit tilgt, reduziert zwar seine Darlehensschuld, die Grundschuld bleibt aber in voller Höhe bestehen. Das hat Vorteile für Kreditnehmer und -geber gleichermaßen, denn auch bei mehreren Kreditgebern reicht eine einzige Eintragung im Grundbuch. Ändert sich der Darlehensgeber, weil man zum Beispiel umfinanzieren will, braucht der Kreditnehmer keine Löschung zu beantragen und jemanden neu eintragen zu lassen. Vielmehr reicht eine Abtretungserklärung von einem Kreditgeber an den nächsten. Das spart Zeit und Geld, weil viele Institute lediglich eine Pauschale von 100 Euro dafür verlangen. Die Abtretung muss anschließend vom Notar beglaubigt und im Grundbuch eingetragen werden. Noch einfacher geht es bei Sparkassen und Landesbanken. Dort fallen nur Bearbeitungsgebühren und Amtsgerichtskosten an, weil diese siegelführenden Institute keine Beglaubigung und damit keinen Notar brauchen.

Viele Eigentümer lassen die Grundschuldeintragung löschen, wenn sie den Kredit für ihre Immobilie abgezahlt haben. Doch das ist nicht unbedingt sinnvoll. Besser ist es, die Grundschuld im Grundbuch lediglich stilllegen zu lassen. Vorteil: Wer später ein neues Darlehen aufnimmt, etwa für Reparaturen oder bei einem Verkauf der Immobilie, kann die Grundschuld reaktivieren lassen.

Häufig steckt hinter dem Wunsch, den Eintrag löschen zu lassen, die Angst, dass der Kreditgeber mit der Grundschuld auch nach Rückzahlung des Kredits noch Zugriff auf die Immobilie hat. Doch das Gesetz (§ 1193 Abs. 1 BGB) verbietet das. Danach kann ein Kreditinstitut die Immobilie nur dann zwangsversteigern lassen, wenn es nachweist, dass der Schuldner seinen Zahlungsverpflichtungen nicht nachgekommen ist. Das ist bei einem abgezahlten Kredit nicht möglich (siehe auch den Abschnitt 8.1.4 *Bestandteile des Kreditvertrags*).

Trotzdem sollten sich Eigentümer zur Sicherheit vom Kreditgeber eine Verzichtserklärung samt Löschungsbewilligung ausstellen lassen. Damit bestätigt das Kreditinstitut, dass ein Darlehen getilgt ist. Nach einem Urteil des Bundesgerichtshofs (Urteil v. 7.5.1991, AZ: XI ZR 244/90) darf das Kreditinstitut dafür keine Gebühr erheben. In der Praxis fallen aber doch Gebühren an, und zwar durch einen Notar: Denn die (amtliche) Verzichtserklärung gilt nur, wenn sie von entscheidungsbefugten Vertretern des Kreditgebers abgegeben wurde. Also muss der Notar häufig hochoffiziell bestätigen, dass die richtigen Verantwortlichen die Erklärung abgegeben haben.

4.1.1 Beleihungswert

Ein Kreditinstitut prüft zunächst, wie kreditwürdig jemand ist, der ein Darlehen anfragt (siehe das 8. Kapitel *Rechtliche Grundlagen*). Außerdem will es wissen, wie wertvoll die Immobilie ist, für den Fall, dass der Kreditnehmer in Schwierigkeiten gerät, also die Finanzierung im schlimmsten Fall gestoppt werden muss.

Dabei geht der Baufinanzierer vom so genannten Beleihungswert einer Immobilie aus. Darunter ist jener Wert zu verstehen, den der Kreditgeber abzüglich eines Sicherheitsabschlags jederzeit für das Objekt erzielen kann. Der Beleihungswert ist in jedem Fall niedriger als der aktuelle Wert der Immobilie oder der Preis, den der Darlehensnehmer dafür bezahlt hat, weil es um den langfristig erzielbaren Wert der Immobilie geht. Das Kreditinstitut schätzt entweder selbst oder schickt einen Gutachter. Dafür fallen beim Darlehensnehmer Gebühren an, die zwischen 0,2 bis 0,5 Prozent der Darlehenssumme beziehungsweise des Schätzwertes liegen.

Beim Beleihungswert wird zwischen selbst genutzten und vermieteten Objekten unterschieden:

Sachwertverfahren

Bei selbst genutztem Wohneigentum wird der Beleihungswert nach dem Sachwertverfahren berechnet. Dabei werden der Boden- und der Bauwert addiert. Der Bodenwert ist relativ einfach zu kalkulieren: Die Zahl der Quadratmeter wird mit einem Quadratmeterpreis multipliziert, der langfristig zu erzielen ist. Die Ermittlung des Bauwerts ist sehr viel schwieriger. Entweder wird dabei ein Indexverfahren angewandt, bei dem die Baukosten hochgerechnet werden. Oder der Schätzer rechnet die seiner Ansicht nach „angemessenen“, also nicht die tatsächlichen Herstellungskosten zusammen und zieht davon je nach Alter des Hauses oder der Wohnung zwischen 10 und 30 Prozent als Risikoabschlag ab. Die Ermittlung des Bauwerts zielt also entweder auf den Substanzwert einer Immobilie oder auf deren Herstellungskosten.

Ertragswertverfahren

Bei einem vermieteten Objekt wird nach dem Ertragswertverfahren geschätzt. Man orientiert sich also an der erzielbaren Miete oder genauer an dem „nachhaltig erzielbaren Nettoertrag“, der sich aus den jährlichen Mieteinnahmen abzüglich sämtlicher Kosten ergibt. Wie hoch das Kreditinstitut die Immobilie beleiht, errechnet sich anschließend nach dem so genannten Kapitalisierungsfaktor, der bei einem Mehrfachen der krisenfesten Jahresmiete liegt und zugleich Alter, Bauzustand, Nutzung und Größe des Objekts berücksichtigt. Einige Kreditgeber berechnen auch einen gewichteten Wert oder schlicht den Mittelwert aus Sach- und Ertragswert.

4.1.2 Verkehrswert

Der aktuelle Verkehrswert ist die Obergrenze für jeden Beleihungswert. Er ist der Wert beziehungsweise der Preis, mit dem man mindestens rechnen muss, wenn eine Immobilie angeboten wird. Der Verkehrswert ergibt sich auf Basis des Sach- oder Ertragswerts, berücksichtigt aber außerdem die Lage des Objekts und natürlich auch die momentane Situation am Wohnungsmarkt. Der Beleihungswert liegt rund 20 bis 30 Prozent unter dem Verkehrswert.

✔ Mit dem Kreditgeber sollten Sie durchaus verhandeln, wenn es um die Festsetzung des Beleihungswertes geht. Wichtig ist vor allem die Berechnungsmethode. Sollten Sie als Kreditnehmer feststellen, dass Sie für die Immobilie einen Kaufpreis gezahlt haben, der unter dem Verkehrswert liegt, so können Sie für die Absicherung Ihrer Finanzierung fordern, dass der Kaufpreis möglichst ganz berücksichtigt wird.

4.1.3 Beleihungsgrenze

Der Beleihungswert ist für den Kreditgeber nur eine erste Bewertungsgrundlage, denn er beleiht die Immobilie nur bis zu einer Grenze, die jedes Institut für sich selbst festlegt. Erfahrungsgemäß liegen diese Beleihungsgrenzen bei Geschäftsbanken, Volks- und Raiffeisenbanken sowie bei Sparkassen bei 80 Prozent des Beleihungswertes; bei Hypothekenbanken sind es immerhin bis zu 60 Prozent, manchmal auch bis zu 65 Prozent. Lebensversicherer sind deutlich zurückhaltender: Ihre Beleihungsgrenzen sind nur bei 40 bis 60 Prozent des Beleihungswertes festgelegt.

Bewegt sich die Höhe eines Darlehens jeweils in diesem Bereich, also bis zur Beleihungsgrenze, wird es als erstrangige oder auch 1a-Hypothek bezeichnet. Ein solcher Kredit wird durch ein erstrangiges Grundpfandrecht abgesichert. Das heißt: Falls der Kreditnehmer nicht mehr in der Lage ist, das Darlehen abzuzahlen, und es zum Verkauf oder zu einer Zwangsvollstreckung kommt, wird die Forderung dieses Baufinanzierers als erste bedient.

Eine Immobilie hat einen Kaufpreis von 275.000 Euro. Der Beleihungswert beträgt 80 Prozent des tatsächlichen Kaufpreises, umgerechnet also 220.000 Euro. Das Rechenbeispiel aus dem Kapitel Kassensturz zugrunde gelegt (Abschnitt 3.2 *Maximaler Darlehensbetrag*), beträgt der ermittelte Finanzbedarf 224.000 Euro. Für die Finanzierung ergibt sich damit

- bei Banken und Sparkassen: Die Beleihungsgrenze für eine erstrangige Hypothek liegt in der Regel bei 80 Prozent des Beleihungswerts, umgerechnet also 176.000 Euro. Das bedeutet, dass lediglich knapp zwei Drittel des Kaufpreises über eine 1a-Hypothek finanzierbar sind. Von dem notwendigen Gesamtdarlehen von 224.000 Euro fehlen 48.000 Euro.
- bei einer Hypothekenbank: Die Beleihungsgrenze beträgt hier meist 60 Prozent, macht umgerechnet 132.000 Euro aus. Der Kaufpreis ist in diesem Fall nur noch zu knapp 50 Prozent über eine 1a-Hypothek finanzierbar. Vom notwendigen Kreditbetrag fehlen 92.000 Euro.
- bei den Lebensversicherungsgesellschaften: Diese rechnen entweder bestenfalls wie die Hypothekenbanken oder setzen ihre Beleihungsgrenze bei gerade mal 40 Prozent an. Auf das Beispiel bezogen, wären im schlechtesten Fall 88.000 Euro an Finanzie-

rung über eine 1a-Hypothek abgedeckt, also umgerechnet nur ein Drittel des Kaufpreises. Vom nötigen Darlehensbetrag fehlen hier knapp 136.000 Euro.

Aber natürlich haben Kreditgeber auch die Möglichkeit, ein Darlehen zu geben, das über ihrer eigentlichen Beleihungsgrenze liegt. Dieses nennt man eine zweitrangige oder sinnigerweise 1b-Hypothek. Es wird durch ein zweitrangiges Grundpfandrecht und zusätzlich durch eine öffentliche Bürgschaft abgesichert, die ein Bundesland oder ein öffentlich-rechtliches Kreditinstitut eingeht. Allerdings gibt es das nicht frei Haus: Die Institute verlangen dafür in der Regel einen um 0,5 Prozentpunkte höheren Nominalzins oder eine Bürgschaftsgebühr von bis zu 1 Prozent des verbürgten Darlehens pro Jahr. 1a- und 1b-Hypotheken heißen übrigens beide Realkredite, da die Sicherheiten durch das Objekt selbst abgedeckt sind.

Falls der Finanzierungsrahmen immer noch zu eng ist, kann der Kreditnehmer unter Umständen einen so genannten gedeckten Personalkredit bekommen. Dabei kommt es dann auf die Bonität des Kunden an: Er muss dem Institut als besonders kreditwürdig erscheinen. Auch hier wird ein Grundpfandrecht eingetragen.

Bausparkassen begnügen sich übrigens meist mit einer nachrangigen Besicherung. Wer also einen Finanzierungsbedarf hat, der über eine 1a-Hypothek hinausgeht, dem wird über Bausparkassen die Möglichkeit geboten, ein Bauspardarlehen einzusetzen oder eines aufzunehmen (siehe dazu auch den Abschnitt 5.3 *Bauspardarlehen*).

✔ Jede Finanzierung, die über eine 1a-Hypothek hinausgeht, ist vergleichsweise teuer. Deshalb ist es wichtig, dass Sie einen möglichst hohen Beleihungswert und eine entsprechende Beleihungsgrenze erzielen. Verhandeln Sie mit dem Kreditgeber und lassen Sie sich die Beleihungswertberechnung von ihm vorlegen. Wenn Sie mit einigen Positionen nicht einverstanden sind, sollten Sie sich an den Sachbearbeiter wenden.

Außerdem sollte der Darlehensnehmer immer auch die Beleihungsgrenzen verschiedener Kreditgeber vergleichen. Möglicherweise ist ein höherer Zins immer noch günstiger als ein niedriger, wenn dafür die Beleihungsgrenze für eine 1a-Hypothek deutlich höher liegt. Dieser Punkt spielt vor allem bei den Versicherungsdarlehen eine wichtige Rolle, wie in dem oben angeführten Beispiel veranschaulicht (siehe dazu auch Abschnitt 5.2 *Versicherungsdarlehen*).

4.2 Zinsberechnung

Banken und Sparkassen geben Wertpapiere – so genannte Sparbriefe – heraus oder nutzen die Spareinlagen ihrer Kunden, um ein Immobiliendarlehen anbieten zu können. Hypothekenbanken verkaufen Pfandbriefe an Anleger. Mit den Einnahmen aus dem Verkauf besorgen sie sich das Kapital für die Darlehen. Ähnlich verfahren Versicherungen mit den eingenommenen Prämien ihrer Versicherten.

Alle Refinanzierungsarten – wie das unter Banken, Sparkassen und Versicherungen bezeichnet wird – ergeben sich also aus Geschäften mit Anlegern. Von denen leihen sich die Institute Geld und zahlen dafür Zinsen (Habenzins). Das eingenommene Geld wird an einen Darlehensnehmer weitergereicht und dafür ein Zins verlangt (Sollzins), der höher ist als der Habenzins. Denn die Differenz aus beiden Zinsen ist nach Abzug aller Kosten der Gewinn des Instituts. Habenzinsen für die Anleger und Sollzinsen für die Kreditnehmer stehen also in enger Beziehung zueinander. Mit dem Steigen oder Fallen der Zinsen auf dem Markt für langfristige Geldanlagen (Kapitalmarkt) ändert sich auch die Richtung für Bauzinsen.

Die Art der Refinanzierung hat auch Einfluss darauf, wie lange ein Kreditinstitut das Darlehen zur Verfügung stellen kann, wie lange also die Laufzeit eines Darlehens ist. Banken und Sparkassen bieten meist nur Darlehen mit variablen Zinssätzen an, die sich an die jeweilige Marktlage anpassen, oder mit festen Zinssätzen für Laufzeiten von zunächst fünf bis maximal zehn Jahren. Anders bei den Hypothekenbanken: Dort bekommt man Darlehen, die über 15 Jahre mit festen Zinsen laufen, teilweise sogar über die gesamte Finanzierungszeit.

Aber auch eine Sparkasse bietet möglicherweise ein Festzinsdarlehen über mehr als zehn Jahre an, indem sie sich den Teil des Darlehens, der über ihre eigenen Möglichkeiten hinausgeht, von einer mit ihr „freundschaftlich“ verbundenen Hypothekenbank besorgt. Der Fachbegriff dafür lautet „Verbundfinanzierung“ oder „Finanzierung aus einer Hand“. Der Kreditnehmer weiß oft gar nicht, dass er es eigentlich mit zwei Kreditgebern zu tun hat. Das kann ein Nachteil sein: Oftmals sind diese Gesellschaften rechtlich miteinander verwoben, und die eine muss bei ihrer Geschäftspolitik Rücksicht auf die andere nehmen.

i Eine Verbundfinanzierung sollten Sie sehr genau prüfen, denn nicht immer ist gewährleistet, dass die Finanzierung mit der längeren Laufzeit gleichermaßen günstig ist wie die mit der kürzeren Laufzeit. Bevor Sie sich also bei einer Sparkasse oder Bank auf eine „Finanzierung aus einer Hand" einlassen, sollten Sie die Zinsbedingungen anderer Hypothekenbanken vergleichen.

Unter Umständen stellt sich dann heraus, dass man besser zweigleisig fährt: hier den langfristigen Kredit, dort – bei der Sparkasse – den mit der kurzen Laufzeit.

Es gibt aber auch die umgekehrte Situation: Wenn jemand ein Darlehen bei einer Hypothekenbank aufgenommen hat und vorfinanzieren muss, braucht er kurzfristiges Geld. Eine Vorfinanzierung ist den Hypothekenbanken nicht erlaubt, sodass sie andere Institute einschalten müssen. In diesem Fall sollte sich der Kreditsuchende lieber selbst das günstige Darlehen zur Vorfinanzierung suchen (mehr zum Thema *Vorfinanzierung* im Abschnitt 5.3.4).

4.2.1 Effektivzins

Nominalzins

Wenn bisher vom Zins die Rede war, so ging es immer um den Nominalzins. Nun könnte man meinen, dass man sich nur nach dem niedrigsten Nominalzins umsehen muss, um das billigste Angebot zu ergattern. Leider weit gefehlt! Oft genug ist das Gegenteil der Fall, denn beim Nominalzins und den damit verbundenen Nebenkosten hat ein Kreditinstitut sehr viele Gestaltungsmöglichkeiten, sodass man leicht danebengreifen kann. Da wirbt ein Institut mit einem angeblich geringeren Nominalzins, und trotzdem ist die Finanzierung am Ende teurer als mit dem höheren Nominalzins eines Konkurrenzinstituts.

Einen etwas verlässlicheren Vergleich von Darlehensverträgen lässt daher nur der so genannte Effektivzins zu. Anders als beim Nominalzins werden hier die wichtigsten Finanzierungsnebenkosten mit berücksichtigt. Der Gesetzgeber hat den Kreditinstituten in der so genannten Preisangabenverordnung (PAngV) genau vorgegeben, was sie beim effektiven Zins einrechnen müssen. Mit Hilfe des effektiven Zinses lässt sich berechnen, wie stark den Kreditnehmer ein bestimmtes Darlehen jährlich beziehungsweise monatlich belasten würde.

Tilgungssatz

Neben dem Nominalzins beeinflusst vor allem der Tilgungssatz die monatlich zu zahlenden Beträge. Die meisten Darlehen sehen standardmäßig eine Anfangstilgung von 1 oder 2 Prozent vor.

Wenn Sie es sich finanziell leisten können, sollten Sie schon bei der ersten Zinsbindungsfrist einen höheren Tilgungssatz im Darlehensvertrag festlegen. Das hat gleich mehrere Vorteile: Geld, das Sie für die Tilgung einsetzen, beschleunigt den Schuldenabbau, reduziert also die Kreditlaufzeit und hilft dabei Zinsen zu sparen. Außerdem erhöht es die Planungssicherheit bei der Finanzierung.

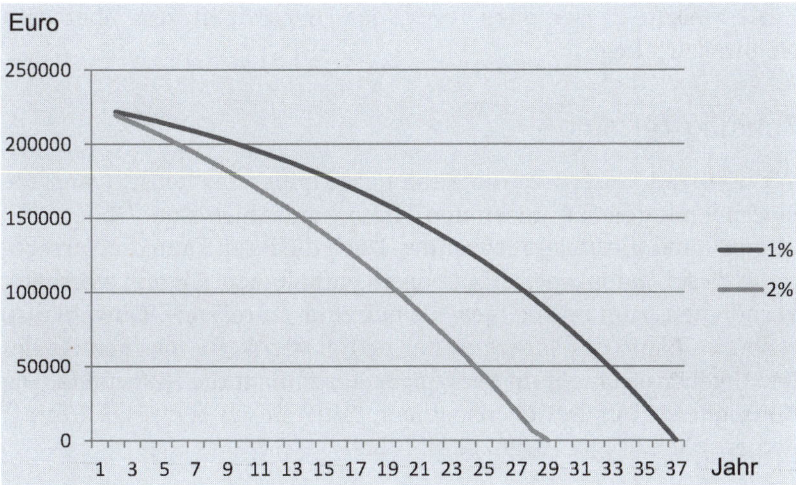

Abbildung 1: Darlehensbetrag 224.000 Euro, monatliche Belastung 1.120 Euro, Restschuld bei 1 % und 2 % Tilgung

Wie aus Abbildung 1 ersichtlich ist, hat der Kreditnehmer bei der 2-prozentigen Tilgung nach zehn Jahren immerhin schon knapp ein Viertel des Darlehens zurückgezahlt, bei der 1-prozentigen Tilgung hingegen gerade mal gut 12 Prozent. Da man nie genau weiß, wie hoch die Zinsen in späteren Jahren sein werden, ist es natürlich von Vorteil, möglichst schnell so viele Schulden wie möglich abzubauen. Auch der Kreditgeber profitiert letztlich vom schnelleren Schuldenabbau, weil er das zur Verfügung gestellte Geld wegen der kürzeren Laufzeit selbst billiger refinanzieren kann. Ist das Institut fair, gibt es diesen Zinsvorteil an den Kreditnehmer weiter. Daraus ergibt sich, dass Darlehen mit höheren Tilgungssätzen (relativ) günstiger sind. Einziger Schönheitsfehler: Gerade am Anfang hat der Kreditnehmer oft einen so engen finanziellen Spielraum, dass er sich eine höhere Tilgung kaum leisten kann.

Zins- und Tilgungsverrechnung

Auch die Zins- und Tilgungsverrechnung hat Einfluss auf die Höhe des Effektivzinses. Dabei kommen mehrere Aspekte gleichzeitig zum Tragen. Zum einen geht es um die Frage, wann die Zinsen das Kreditkonto belasten. Üblicherweise ist das nicht jeweils zum Ende des Jahres, sondern sehr viel früher: zum Quartalsende oder möglicherweise sogar jeden Monat. Das Kreditinstitut verdient an der Verkürzung dieser Intervalle, ergibt sich doch damit eine Art Zinseszinseffekt, der dazu führt, dass der Effektivzins über dem Nominalzins liegt.

Zahlungstermine

Wichtig sind außerdem die Zahlungstermine, das heißt, wann die laufenden Raten für Zinsen und Tilgung zu zahlen sind. Üblich sind Monats- und Vierteljahrestermine. Doch die Bank kann die Verrechnung dieser Raten, speziell der darin enthaltenen Tilgung, verspätet vornehmen, zum Beispiel jeweils nur zum Jahresende. Obwohl also schon im Laufe des Jahres weiter getilgt wurde, berücksichtigt der Kreditgeber das nicht und verringert auch nicht die Restschuld. Die Konsequenz: Der Darlehensnehmer zahlt Zinsen für einen Betrag, den er schon längst zurückgezahlt hat.

Bearbeitungsgebühren

Viele Kreditinstitute verlangen bei Abschluss des Kreditvertrags einmalige Bearbeitungsgebühren von bis zu 2 Prozent der Darlehenssumme – zusätzlich zu den Nominalzinsen. Verzichtet ein Kreditgeber darauf, fordert er stattdessen in der Regel einen höheren Nominalzins. Der Kreditnehmer muss dann entscheiden, was für ihn vorteilhafter ist: ein günstigeres Darlehen mit Bearbeitungsgebühren oder eines mit höheren Zinsen, aber ohne die Gebühren. Unter Umständen lässt sich beides miteinander verknüpfen.

Nach einem Urteil des Bundesgerichtshofes ist es aktuell immer noch umstritten, ob Kreditgeber für Immobiliendarlehen überhaupt Bearbeitungsgebühren verlangen dürfen. Zwar ging es bei dem Urteilsspruch des BGH um Konsumentenkredite, jedoch sind einige Verbraucherschützer der Ansicht, dass die Entscheidung Immobilienkredite gleichermaßen betrifft. In jedem Fall gehören die Bearbeitungsgebühren zu den möglichen Verhandlungspunkten mit dem Kreditgeber. Wenn Sie ein günstiges Darlehen in Aussicht haben, die Gebühren aber für zu hoch halten, sollten Sie sich nicht davor scheuen, sie herunterzuhandeln. Ähnlich verhält es sich natürlich mit den Provisionen von Finanzvermittlern.

Kreditvermittlungsprovisionen

Kreditvermittlungsprovisionen müssen als weitere Position im effektiven Zins enthalten sein. Außerdem können die Beiträge für eine Restschuldversicherung eingeschlossen sein – vorausgesetzt, sie sind Bestandteil des Darlehensvertrages (siehe Abschnitt 8.1).

Disagio

Das Disagio ist ein Abschlag vom Darlehensbetrag, den der Kreditgeber vor der Auszahlung zurückbehält. Mit anderen Worten: Der Kreditnehmer bekommt weniger Geld ausgezahlt, als er eigentlich als Darlehen aufgenommen hat. Oder er nimmt ein Darlehen in der Höhe des von ihm benötigten Finanzierungsbetrags auf – und zusätzlich einen weiteren, kleineren Darlehensbetrag, mit dem er gleich zu Anfang eine Zinsvorauszahlung leistet, um später die laufenden monatlichen Belastungen zu drücken. Insgesamt muss er also in jedem Fall ein höheres Darlehen aufnehmen, als er für die Finanzierung seiner Immobilie tatsächlich braucht. Ein Disagio wird immer in Prozent, als Anteil der Darlehenssumme, ausgedrückt.

Gewünschter Finanzierungsbetrag: 224.000 Euro. Der Kreditgeber bietet einen Kredit mit einem Disagio von 5 Prozent an. Der Kreditnehmer bekommt also nur 95 Prozent des Darlehens ausgezahlt. Somit muss er einen höheren Darlehensbetrag vereinbaren, der nach dem Abzug durch das Disagio seinem Finanzierungswunsch entspricht. Bei einem 5-prozentigen Disagio wäre das ein tatsächlicher Darlehensbetrag von 235.200 Euro. Die Differenz von 11.200 Euro ist der Darlehensanteil für seine Zinsvorauszahlung.

Für Kreditinstitute ist ein Disagio eine vorweggenommene Zinsvorauszahlung in einer Summe. Deshalb sind Kreditinstitute in solchen Fällen bereit, niedrigere Nominalzinsen für den Vertrag zu vereinbaren.

Weshalb ist ein Disagio nun für Immobilieninteressierte relevant? Bis Ende 1995 war mit einem Disagio immerhin eine Steuerersparnis möglich. Bis dahin akzeptierte der Fiskus nämlich das Disagio als Sonderausgabe, was sich steuermindernd bemerkbar machte. Damit ist es aber seit 1996 vorbei – zumindest für selbst genutzte Immobilien.

Trotzdem schummeln dubiose Finanzvermittler bei Selbstnutzern immer noch gerne mit dem Disagio. Denn durch ein hohes Disagio wird in der ersten Zinsbindungsphase die monatliche Belastung deutlich gedrückt und damit der Eindruck erweckt, dass es mit den Monatsraten gar nicht so schlimm ist. Doch das dicke Ende kommt, wenn der Darlehensnehmer danach weiter abzahlen muss.

Gewünschte Darlehenssumme: 224.000 Euro, Anfangstilgung 2 Prozent

Variante 1:

100 Prozent Auszahlung, ausgezahlter Darlehensbetrag 224.000 Euro, Nominalzins 4 Prozent, Tilgung 2 Prozent, macht eine monatliche Belastung von 1.120 Euro.

Variante 2:

5 Prozent Disagio, ausgezahlter Darlehensbetrag: 224.000 Euro, Nominalzins 3,5 Prozent auf das tatsächlich vereinbarte Darlehen über 235.790 Euro, macht eine monatliche Belastung von rund 1.078 Euro, also 42 Euro pro Monat weniger.

Auf den ersten Blick erscheint das als ein billigeres Angebot für den gleichen ausgezahlten Darlehensbetrag. Unangenehm wird es aber dann, wenn nach der ersten Zinsbindungsfrist die Anschlussfinanzierung kommt: Da in Variante 2 eine höhere Darlehenssumme vereinbart wurde – nämlich 235.200 Euro –, verbleibt trotz niedrigerem Nominalzins, aber bei gleichen Tilgungssätzen nach Ende der Zinsbindungsfrist eine deutlich höhere Restschuld. Es kann sogar noch extremer kommen: Wenn in Variante 2 ein noch höheres Disagio gewählt wurde, ist es möglich, dass die Restschuld zum Beispiel nach fünf Jahren Zinsbindung höher ist als der zu Anfang effektiv ausgezahlte Darlehensbetrag.

Zweites Problem: Zum Zeitpunkt der Anschlussfinanzierung passt der Kreditgeber seine monatlichen Forderungen automatisch an den höheren Nominalzins an, der in Variante 2 nur deswegen zunächst niedriger war, weil das Disagio quasi als Zinsvorschuss an die Bank gezahlt wurde. Also steigen schon allein deshalb die Monatsraten.

Außerdem hat der Kreditnehmer ein höheres Zinsänderungsrisiko, vor allem dann, wenn das Zinsniveau vom Zeitpunkt des Immobilienkaufs bis zur Phase der Anschlussfinanzierung deutlich gestiegen ist. Dann wird er für die höhere Restschuld noch mehr Zinsen zahlen, als er jetzt wegen der automatischen Zinsanpassung ohnehin aufbringen muss. Viele Darlehensnehmer stellen zu diesem Zeitpunkt dann mit Entsetzen fest, dass sie sich finanziell überhoben haben.

Eine Finanzierung mit einem Disagio bedeutet letztlich nichts anderes, als dass sich das Darlehen insgesamt verteuert und die Finanzierungskosten mit allen damit verbundenen Zinsunsicherheiten in die Zukunft verlagert werden.

So ganz nebenbei hat der Darlehensnehmer dem Finanzvermittler außerdem noch eine höhere Provision in den Rachen geworfen – höher als unbedingt notwendig, weil er ja eine größere nominale Darlehenssumme abschließen musste.

i

Sie sollten von einem Disagio grundsätzlich die Finger lassen, wenn Sie eine Immobilie selbst nutzen wollen. Finanzvermittler, die Selbstnutzern mit irgendwelchen Disagio-Rechenkunststücken kommen, sollten Sie einfach stehen lassen: Sie können nur unseriös sein.

Für Finanzierer, die ihre Immobilie vermieten wollen, gilt das jedoch nicht. Für sie kann ein Disagio unter steuerlichen Aspekten interessant sein, weil es als Sonderausgabe die steuerlichen Belastungen senkt (siehe dazu Abschnitt 7.2.4).

4.2.2 Anfänglich effektiver Jahreszins

Wer einmal den Vertrag über ein Hypothekendarlehen in den Händen hält, dem wird bei genauerer Betrachtung auffallen, dass darin von einem „anfänglich effektiven Jahreszins" die Rede ist. Das besagt, dass sich die Angabe dieses effektiven Zinses auf den Zeitraum beschränkt, für den der Vertrag seine Gültigkeit hat. Er gilt also nur für die Zinsbindungsfrist bei Festzinsverträgen und für eine mittlere Laufzeit bei Verträgen mit variablen Zinsen.

Daraus ergibt sich: Hypothekendarlehen lassen sich mithilfe des anfänglich effektiven Jahreszinses nur dann miteinander vergleichen, wenn die angebotenen Verträge eine gleiche Zinsbindungsfrist beziehungsweise gleich lange Laufzeiten haben.

4.2.3 Finanzierungsnebenkosten

Bei der Berechnung des effektiven Jahreszinses müssen alle oben aufgeführten Positionen berücksichtigt werden (siehe dazu zusammenfassend die folgende Tabelle Effektivzins). So sieht es die Preisangabenverordnung vor. Aber findige – oder eher windige? – Kreditinstitute haben natürlich längst herausgefunden, dass man durch die Einführung immer neuer Neben- und Zusatzkosten den Kunden zur Kasse bitten kann, ohne dass er das so richtig merkt. Nach dem Gesetz hat alles seine Ordnung – doch tatsächlich zahlt der Kreditnehmer unter Umständen viel mehr, als der effektive Zins ausweist.

Für den Kreditnehmer ist es zum Beispiel finanziell völlig egal, ob er 1 Prozent der Darlehenssumme als Bearbeitungsgebühren oder als so genannte Schätzkosten (siehe unten) zu zahlen hat. Aber: Die einen müssen beim effektiven Zins berücksichtigt werden, die anderen nicht. Was macht also das Kreditinstitut? Es verlangt Schätzkosten und kann damit den ausgewiesenen effektiven Zins künstlich niedrig halten. Deswegen muss man leider festhalten, dass der (anfänglich) effektive Zins als Vergleichsmaßstab nur bedingt taugt. Die wichtigsten Nebenkosten in dieser reichhaltigen Palette an zusätzlichen Kosten sind in den folgenden Abschnitten aufgeführt.

Schätzkosten

Schätzkosten beziehungsweise Wertschätzungsgebühren verlangen die Institute, um den Beleihungswert einer Immobilie zu ermitteln. Sie machen etwa 0,2 Prozent bis 1 Prozent der Darlehenssumme aus, manchmal werden sie aber auch auf den gesamten Immobilienwert angerechnet.

✔ Schätzkosten zählen ebenfalls zur Verhandlungsmasse bei der Vertragsgestaltung. Gerade wenn kein externer Sachverständiger eingeschaltet wird, sondern ein Mitarbeiter des Kreditinstituts die Immobilie schätzt, können Sie verhandeln, dass der Kreditgeber auf solche Gebühren verzichtet oder sie zumindest deutlich reduziert.

Bauzeit-/Bereitstellungszinsen

Sobald das Kreditinstitut ein Darlehen zugesagt hat, können Bauzeit- beziehungsweise Bereitstellungszinsen anfallen. Wenn das Darlehen – wie häufig beim Bauen – nicht in einer Summe, sondern in mehreren Raten abgerufen wird, verlangen einige Kreditinstitute sofort, andere auch nach einem vorher festgelegten Zeitraum Zinsen für die Darlehenssumme, die noch nicht ausgezahlt wurde. Das sind die so genannten Bauzeitzinsen.

Mit Bereitstellungszinsen muss man rechnen, wenn beim Kauf einer Immobilie eine gewisse Frist verstreicht, ohne dass das Darlehen abgerufen wird. Grund dafür können zum Beispiel Verzögerungen beim Notar oder bei der Abnahme sein.

Aus Sicht des Kreditgebers erklären sich solche Gebührenforderungen damit, dass er Geld bereithalten muss, mit dem er andernfalls zusätzliche Zinsen erwirtschaften würde. Beide Zinsarten betragen in der Regel 0,25 Prozent pro Monat für das Darlehen beziehungsweise für den Restbetrag.

Wie viel Zinsen letztlich zu zahlen sind, hängt sehr stark davon ab, wann die Zinsberechnung beginnt. Einige Kreditinstitute verlangen diese Gebühren nämlich schon nach einem Monat, andere erst bis zu einem Jahr nach der Darlehenszusage.

✔ Wenn Sie nicht verhindern können, dass das Kreditinstitut Bauzeit- oder Bereitstellungszinsen verlangt, können Sie zumindest versuchen, die Frist zu verlängern, ab der diese Zinsen anfallen. Auf diese Weise können Sie immerhin einige tausend Euro sparen. Wenn der Kreditgeber partout auf diese Zinsen besteht, haben Sie als Darlehensnehmer immer noch die Möglichkeit, das Darlehen in einem Betrag rechtzeitig vor Fristende abzurufen und als Tagesgeld bei einer anderen Bank anzulegen.

Teilauszahlungszuschläge

Sind Bauzeit- und Bereitstellungszinsen wirtschaftlich noch nachvollziehbar, so gilt das für gesonderte Teilauszahlungszuschläge ganz sicher nicht. Trotzdem erheben einige Darlehensgeber diese Extra-Gebühren, wenn das Darlehen in mehreren Teilbeträgen abgerufen wird. Meist zahlt der Kreditnehmer dann 1 Prozent, manchmal sogar 1,5 Prozent Zinsen auf die Teilbeträge bis zur vollständigen Auszahlung – und zwar oftmals sogar noch zusätzlich zu den Bauzeitzinsen.

Teilauszahlungszuschläge müssen Sie nicht einfach hinnehmen. Besteht der Kreditgeber trotzdem darauf, sollten Sie sich einen neuen suchen!

Kontoführungsgebühren

Wer ein Darlehen aufnimmt, muss automatisch ein Kreditkonto einrichten. Es gibt Institute, die dafür zusätzlich Kontoführungsgebühren verlangen. Diese werden dem Darlehensnehmer jährlich berechnet. Der Bundesgerichtshof (BGH) hat allerdings entschieden, dass die Klausel über die Zahlung einer monatlichen Gebühr für die Führung des Darlehenskontos in den Allgemeinen Geschäftsbedingungen einer Bank unwirksam ist (BGH-Urteil v. 7.6.2011, AZ: XI ZR 388/10). Die Richter begründeten dies mit dem fehlenden Mehrwert: Mit der Führung eines Darlehenskontos werde keine Leistung gewährt, die der Darlehensnehmer nicht ohnehin hätte.

Weisen Sie Ihren Kreditgeber darauf hin, dass Kontoführungsgebühren nicht erhoben werden dürfen!

Auszahlungsweise bei Teilzahlungen

Durch die Auszahlungsweise bei Teilzahlungen können weitere Nebenkosten entstehen. Dies ist vor allem beim Bau einer Immobilie wichtig.

Sie sollten vertraglich vereinbaren, dass Sie das Geld jederzeit dann abrufen können, wenn in einzelnen Bauabschnitten Rechnungen zu begleichen sind. Gibt es nämlich nur eine begrenzte Zahl solcher Auszahlungstermine, sind Sie unter Umständen gezwungen, teuer zwischenzufinanzieren.

Effektivzins

berücksichtigt:	**berücksichtigt nicht:**
Nominalzins	*Schätzkosten*
Tilgungssatz	*Bauzeitzinsen/Bereitstellungszinsen*
Auszahlungsbetrag	*Teilauszahlungszuschläge*
Tilgungszahlungs- und -verrechnungstermine	*Kontoführungsgebühren*
Zinszahlungs- und -verrechnungstermine	*Auszahlungsweise bei Teilzahlungen*
Ratenhöhe pro Termin	
Bearbeitungsgebühren	
Disagio	
Vermittlungsprovision	

4.3 Zinsniveau

Die nächste für den Darlehensnehmer wichtige Entscheidung ist, für wie lange er den Zins zunächst festschreiben soll. Denn häufig wird dieser nicht von vornherein über die gesamte Finanzierungszeit festgelegt (es gibt allerdings auch Ausnahmen).

4.3.1 Zinsänderungsrisiko

Mit dem Umstand, dass man den Zins nicht gleich für die gesamte Laufzeit festlegt, ist ein Zinsänderungsrisiko verbunden. Denn man kann nie exakt wissen, in welche Richtung sich die Zinsen bis zur Anschlussfinanzierung verändern werden. Es spricht zwar vieles dafür, dass sich ein Darlehen, das in einem Zinstal abgeschlossen wurde, bei der Anschlussfinanzierung verteuern wird – aber das muss nicht so sein. Eine Garantie gibt es dafür ebenso wenig wie für die umgekehrte Entwicklung. Immerhin ist es aber recht wahrscheinlich, dass ein Zins, der sich seit Jahren auf niedrigstem Niveau bewegt, eher wieder nach oben weist.

Sie sollten deshalb von Anfang an so viel in die Rückzahlung des Darlehens stecken, wie Sie monatlich entbehren können. Das gilt gerade auch dann, wenn Ihre monatlichen Zinsbelastungen durch ein günstiges Zinsniveau relativ niedrig sind. Den verbleibenden Rest sollten Sie für eine entsprechend höhere Tilgung nutzen.

Diese Regel macht für vorsichtige Immobilienfinanzierer Sinn, wie folgendes Beispiel zeigt:

Hypothekendarlehen: 224.000 Euro, Jahre Laufzeit. Bei einem aktuellen Zinsniveau von 4 Prozent und einer Tilgung von 1 Prozent sind monatlich gut 933 Euro zu zahlen. Die monatliche Belastbarkeit des Kreditnehmers liegt aber bei 1.120 Euro. Den finanziellen Spielraum von 187 Euro nutzt er voll für eine höhere Tilgung von 2 Prozent. Nach zehn Jahren hat er eine Restschuld von etwa 169.026 Euro.

Angenommen, in dieser Zeit hat sich der Zinssatz auf 6 Prozent erhöht. Die monatliche Belastung soll weiter bei maximal 1.120 Euro liegen. Wie die folgende Rechnung zeigt, kann die Tilgung praktisch unverändert bei 1,95 Prozent bleiben:

$$\frac{\text{Finanzielle Belastung}}{\text{(pro Jahr)}} = \frac{\text{Darlehensbetrag} \times (\text{Zins} + \text{Tilgung})}{100}$$

$$\frac{\text{Finanzielle Belastung}}{\text{(pro Jahr)}} = \frac{169.026 \times (6 + 1{,}95) = 13.437{,}67 \text{ Euro}}{100}$$

Auf zwölf Monate umgerechnet, ergibt sich so eine Belastung von knapp 1.120 Euro.

Nun die gleiche Rechnung für den Fall, dass der Darlehensnehmer den finanziellen Spielraum nicht genutzt, die Tilgung also mit 1 Prozent vereinbart hat. Die Restschuld liegt nach zehn Jahren bei rund 196.513 Euro, gleiches Szenario wie oben vorausgesetzt:

$$\frac{\text{Finanzielle Belastung}}{\text{(pro Jahr)}} = \frac{196.513 \times (6 + 1) = 13.755{,}91 \text{ Euro}}{100}$$

Die monatliche Belastung steigt auf gut 1.146 Euro, und dies, obwohl die Tilgung nur bei 1 Prozent liegt. Selbst wenn der Kreditnehmer den finanziellen Spielraum von 187 Euro in den ersten zehn Jahren anderweitig genutzt haben sollte – zum Beispiel in Rentenpapiere verzinst angelegt hat –, stellt er sich bedeutend schlechter. Besonders deutlich wird dies, wenn man sich die Restschuld nach 20 Jahren anschaut: Im ersten Fall liegt sie bei etwa 123.980 Euro, im zweiten bei rund 169.676 Euro.

An dieser Stelle sei auf ein weiteres Phänomen aufmerksam gemacht, das auf den ersten Blick paradox erscheinen mag: Je niedriger das aktuelle Zinsniveau ist, umso größer ist das Zinsänderungsrisiko. Auch das lässt sich am einfachsten anhand eines Rechenbeispiels erläutern:

Monatliche maximale Belastbarkeit: 1.120 Euro, anfängliche Tilgung 1 Prozent, zehn Jahre Laufzeit.

Variante 1: Das aktuelle Zinsniveau liegt bei 4 Prozent. Daraus ergibt sich ein maximaler Darlehensbetrag von 268.800. Wird dieser finanzielle Spielraum voll ausgeschöpft, liegt die Restschuld nach 10 Jahren bei gut 236.800 Euro. Hat sich der Zinssatz um 2 Prozentpunkte auf 6 Prozent erhöht, beträgt die Belastung nun trotz gleichbleibender Tilgung von 1 Prozent monatlich knapp 1.376 Euro.

Variante 2: Das aktuelle Zinsniveau liegt bei 6 Prozent. Daraus ergibt sich ein maximaler Darlehensbetrag von 192.000. Wird auch hier der finanzielle Spielraum voll ausgeschöpft, liegt die Restschuld nach 10 Jahren bei gut 165.779 Euro. Hat sich der Zinssatz wieder um 2 Prozentpunkte auf diesmal 8 Prozent erhöht, beträgt die Belastung bei gleichbleibender Tilgung von 1 Prozent monatlich knapp über 1.243 Euro.

Hat das erste Darlehen eine Laufzeit von 15 Jahren, ist der Unterschied sogar noch deutlicher: Während die monatliche Belastung für ein Anschlussdarlehen bei Variante 1 nach 15 Jahren Zinsbindung immer noch steigt, sinkt sie bei Variante 2 sogar.

Vorsicht ist also geboten, wenn sich Immobilieninteressierte von den günstigen Zinsen locken lassen:

Lassen Sie sich durch niedrige Zinsen nicht dazu verleiten, den Kreditrahmen voll auszuschöpfen. Nutzen Sie das niedrige Zinsniveau vielmehr dazu, die anfängliche Tilgung höher anzusetzen, um die Schulden schneller zu reduzieren.

4.4 Zinsbindung und Zinsniveau

Mit der Entscheidung für eine bestimmte Zinsbindungsfrist bindet sich der Darlehensnehmer an den Zins, der bei Vertragsabschluss aktuell ist. Die Zinsbindungsfrist ist ein ganz wichtiger Faktor, um Darlehen miteinander vergleichen zu können. Im Abschnitt 4.2.1 wurde der effektive Zins als Maßstab genannt, der – mit Einschränkungen – Kreditvergleiche ermöglicht. Dieser Vergleich ist aber nur zulässig, wenn Darlehen mit gleich langen Laufzeiten und damit mit gleich langen Zinsbindungsfristen nebeneinander betrachtet werden.

Beachten Sie dabei: Ohne gleich lange Zinsbindungsfristen lassen sich Darlehen nicht vergleichen!

Schon bei Betrachtung der Laufzeiten von Darlehen wurde kurz dargestellt, dass Kreditinstitute in der Regel Zinsbindungsfristen von zwei, fünf oder zehn Jahren anbieten, Hypothekenbanken darüber hinaus über 15 oder in einigen Fällen bis zu 30 Jahre. Andererseits bieten Kreditinstitute auch die Möglichkeit, ganz auf eine Zinsbindung zu verzichten. Das bedeutet: Der Darlehensnehmer akzeptiert, dass der Kreditgeber während der Vertragsdauer die Zinsen des Darlehens laufend an das jeweils gültige Zinsniveau anpasst. Solche Darlehen mit variablem Zinssatz werden am Schluss dieses Kapitels betrachtet.

In der Regel muss man davon ausgehen, dass es längere Zinsbindungsfristen nur zu einem höheren Zinssatz gibt als kürzere Laufzeiten (Ausnahme: die inverse Zinsstruktur in einer Hochzinsphase, siehe weiter unten). Das erklärt sich damit, dass der Kreditnehmer für seine größere Sicherheit auch mehr bezahlen muss. Denn je kürzer die Zinsbindungsfrist, umso größer ist das Risiko, dass sich der Zinssatz bis zum Zeitpunkt der Anschlussfinanzierung erhöht hat. Der Zins für eine lange Zinsbindungsfrist über 15 Jahre und mehr kann durchaus um bis zu 2 Prozentpunkte höher liegen.

4.4.1 Hochzinsphase

Kurzfristige Zinsbindung

Eine langfristige Zinsbindung hat nicht immer nur Vorteile für den Darlehensnehmer. Man stelle sich vor, ein Kreditnehmer wird sich in einer Hochzinsphase über zehn, vielleicht sogar 15 Jahre binden. Ergebnis: Während die Zinsen allgemein sinken, muss er immer noch die alten Zinsen zahlen und hat damit unnötig hohe Belastungen. Also ist es in einer Hochzinsphase naheliegend, sich zunächst mit einer kurzen Zinsbindungsdauer zu begnügen.

Inverse Zinsstruktur

Was übrigens zunächst auch teurer sein kann: Für die kurze Zinsbindungsfrist verlangen die Institute in einer Hochzinsphase höhere Zinsen als für längere Laufzeiten, und zwar dann, wenn allgemein damit gerechnet wird, dass das Zinsniveau demnächst nach unten gehen wird. Der Fachbegriff dafür lautet inverse Zinsstruktur.

Vorschaltdarlehen

Gerade in Hochzinsphasen steht der Kreditnehmer vor der Frage, wie lange er den Zins festschreiben soll. Immerhin könnte es ja sein, dass sich der Zins demnächst wieder nach unten bewegt. Verlockend sind dann so genannte Vorschaltdarlehen, die Kreditinstitute anbieten, um genau solche Hochzinsphasen zu überbrücken.

Auf der einen Seite sind diese Angebote in erster Linie ein gutes Verkaufsargument für die Institute, um Bauwillige auch in Hochzinsphasen als Kunden zu gewinnen. Auf der anderen Seite sind auch gewisse Vorteile für den Kreditnehmer nicht von der Hand zu weisen: Vorschaltdarlehen haben nämlich eine sehr kurze Laufzeit mit einem festen Zinssatz – der aber höher ist als bei länger laufenden Darlehen – und können jederzeit gekündigt oder vorzeitig verlängert werden. Wenn die Zinsen sinken, kann der Kreditnehmer aus dem Vorschaltdarlehen aussteigen und sich einen günstigeren Kredit mit niedrigeren Zinsen sichern. Einziger „Schönheitsfehler“: Kein Kreditgeber kann garantieren, dass die Zinsen auch wirklich nach unten gehen.

i

Vorsicht also, wenn Ihnen ein Vorschaltdarlehen angeboten wird. Wenn Sie Pech haben, gehen die Zinsen in eine andere als die erhoffte Richtung, und Sie stehen bei Vertragsende schlechter da als zuvor.

Eine besondere Ausgestaltung dieses Darlehens ist ein Vorschaltdarlehen mit Tilgungsaussetzung. Während der Laufzeit eines solchen Darlehens zahlt man nur Zinsen, tilgt aber nicht. Dadurch wird die monatliche Belastung geringer.

✔

Ein Vorschaltdarlehen mit Tilgungsaussetzung ist ebenfalls keine sehr empfehlenswerte Alternative. Ihre Schulden verringern sich während der Darlehensphase nicht, damit wird auch der Finanzierungsbedarf größer. In der Folge klettern die Gesamtkosten unnötig in die Höhe.

Im Übrigen gilt auch hier: Niemand kann versprechen, dass die Zinsen tatsächlich sinken. Und wenn wie in diesem Fall außerdem während der Laufzeit noch keine Tilgungsbeiträge geleistet worden sind, wird es erst recht teuer.

Hypothekenmix

Eine sehr viel bessere Lösung zur Überbrückung einer Hochzinsphase ist ein Hypothekenmix. Dabei wird das Gesamtdarlehen in mehrere Teilbeträge aufgeteilt. Darlehen mit kurzen Bindungsfristen von 5 Jahren werden mit einem Darlehen kombiniert, mit dem man sich auf 10 Jahre, vielleicht zusätzlich sogar mit einem auf 15 Jahre, festlegt.

✔ Ein Hypothekenmix kann ein guter Kompromiss sein, wenn Sie in einer Hochzinsphase nicht auf Sicherheit verzichten wollen, gleichzeitig aber auch nicht auf die Möglichkeit, an niedrigere Zinsen heranzukommen.

Läuft das Darlehen mit der kurzen Zinsbindungsfrist aus, kann der Kreditnehmer von gesunkenen Zinsen profitieren. Sind die Zinsen wider Erwarten gestiegen, muss er nur diesen Teil, und nicht das gesamte Darlehen, zu den noch schlechteren Zinsbedingungen finanzieren. Das Risiko beschränkt sich also nur auf diesen Teil des Darlehens.

i Wenn Sie über geringe finanzielle Reserven verfügen, sollten Sie den Schwerpunkt des Hypothekenmixes auf die Darlehen mit den längeren Zinsbindungsfristen legen.

4.4.2 Niedrigzinsphase

Das umgekehrte Szenario gilt für eine Niedrigzinsphase. Auch hier ein Negativbeispiel: Der Kreditnehmer hat sich entschieden, das Darlehen vorerst mit einer kurzen Zinsbindungsfrist abzuschließen. Dadurch hat er zwar den Vorteil, niedrigere Zinsen zahlen zu müssen, und die monatlichen Belastungen halten sich in Grenzen. Doch wenn in dieser kurzen Zeit das Zinsniveau deutlich steigt, dann hat das schlimme Konsequenzen: Der Darlehensnehmer muss nach der ersten Zinsbindungsfrist eine Anschlussfinanzierung mit deutlich höheren Zinsen vereinbaren, und die monatliche Belastung schnellt rapide in die Höhe – und zwar so stark, dass er, wenn es ganz schlimm kommt, seine weiteren Pläne aufgeben muss.

Darlehen von 224.000 Euro, Nominalzins von 4 Prozent, Tilgungssatz von 2 Prozent, ergibt eine monatliche Belastung von 1.120 Euro.

Bei einer Zinsbindungsfrist von 5 Jahren mindert sich die Restschuld in dieser Zeit auf ungefähr 199.248 Euro.

Szenario: Die Zinsen sind nach der Zinsbindung um 2 Prozentpunkte auf 7 Prozent gestiegen, Tilgung wird auf 1 Prozent reduziert.

$$\text{Finanzielle Belastung (pro Jahr)} = \frac{\text{Darlehensbetrag} \times (\text{Zins} + \text{Tilgung})}{100}$$

$$\text{Finanzielle Belastung (pro Jahr)} = \frac{199.248 \times (7+1)}{100}$$

Hier steigt die monatliche Belastung auf ungefähr 1.328 Euro. Das ist ein deutliches Plus von 208 Euro, obwohl weniger getilgt wird.

Nun kann man immerhin dagegenhalten, dass man auch nach einer längeren Zinsbindungsfrist in eine Hochzinsphase geraten kann. Das wirkt sich aber nicht so deutlich auf die monatliche (Mehr-)Belastung aus. Denn in den 10 oder 15 Jahren hat man bereits wesentlich mehr von den Schulden tilgen können als während der kurzen Laufzeit. Nach 10 Jahren hat der Kreditnehmer in dem Beispiel noch eine Restschuld von etwa 169.027 Euro. Eingesetzt in die Formel:

$$\text{Finanzielle Belastung (pro Jahr)} = \frac{169.027 \times (7+1)}{100}$$

Somit ergibt sich in diesem Fall eine neue monatliche Belastung von knapp 1.127 Euro.

Anhand dieses Beispiels wird klar: Während sich bei der 10-jährigen Zinsbindungsfrist die monatliche Rate gerade mal um 7 Euro erhöht, macht sich die gleiche Zinsveränderung nach der 5-jährigen Frist finanziell schon sehr viel deutlicher bemerkbar.

4.4.3 Durchschnittlicher Hypothekenzins

Woran erkennt man, ob ein Zins hoch oder niedrig ist? Zur Beantwortung dieser Frage kann man nur auf Erfahrungswerte zurückgreifen. Wie sich die Hypothekenzinsen in den vergangenen 20 Jahren entwickelt haben, zeigt Abbildung 2.

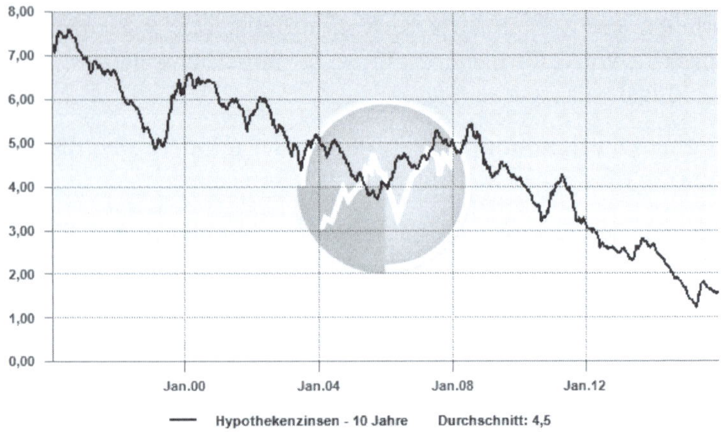

Abbildung 2: Entwicklung der Hypothekenzinsen Januar 1996 – Dezember 2015

Daraus abgeleitet errechnet sich derzeit ein durchschnittlicher effektiver Zinssatz von knapp 4,5 Prozent. Als grobe Faustregel gilt daher:

Alle Darlehen, die aktuell unter einem effektiven Zinssatz von knapp 4,5 Prozent angeboten werden, können Sie als günstig betrachten. In einem solchen Fall sollten Sie sich eher langfristig binden, das heißt ein Hypothekendarlehen mit mindestens zehn Jahren Zinsbindungsfrist wählen.

Aber das ist, wie gesagt, nur eine Faustregel. Der Kreditnehmer wird immer vor der Wahl stehen, wie lange er die Zinsbindung vereinbaren soll, wenn ihm Kreditinstitute ein Darlehen anbieten. Vor allem in Niedrigzinsphasen fällt die Entscheidung schwer. Angenommen, das Institut bietet ein Darlehen mit einer Zinsbindungsfrist von 10 Jahren sowie ein anderes Darlehen mit einer Bindung von zunächst 5 Jahren an. Wofür soll man sich entscheiden?

Tatsächlich hängt das von der Erwartung des Darlehensnehmers ab, wie stark sich während der Zinsbindungsphase der Zins verändern wird. Entscheidend ist schließlich der Zins, den er für die Anschlussfinanzierung zahlen muss.

Je stärker Sie damit rechnen, dass der Zins für die Anschlussfinanzierung deutlich höher sein wird als der aktuelle, umso eher empfiehlt sich eine längerfristige Zinsbindung.

Für ein Darlehen von 224.000 Euro macht der Kreditgeber zwei unterschiedliche Angebote: Bei dem einen kann sich der Kreditnehmer mit einem Nominalzins von 4 Prozent 10 Jahre binden, bei dem anderen zunächst für 5 Jahre bei einem Nominalzins von 3,5 Prozent. Der Darlehensnehmer will in jedem Fall bei beiden Darlehensangeboten die gleiche monatliche Belastung haben. Das bedeutet: Alles, was er bei der kürzeren Bindungsfrist weniger an Zinsen zahlt, steckt er stattdessen in die Tilgung. Der Einfachheit halber wird das beim ersten Angebot eine Tilgung von 2 Prozent unterstellt, bei der zweiten Offerte eine Tilgung von 2,5 Prozent. Wofür soll sich der Kreditnehmer entscheiden?

Bei dem ersten Angebot hätte er eine monatliche Belastung von 1.120 Euro, die Restschuld würde nach 5 Jahren etwa 199.248 Euro und nach Ende der Zinsbindungsfrist von 10 Jahren knapp 169.027 Euro betragen.

Bei dem zweiten Angebot hätte er ebenfalls eine monatliche Belastung von 1.120 Euro, aber mit einer höheren Tilgung, und damit eine Restschuld von rund 193.449 Euro nach 5 Jahren.

Auf den ersten Blick spricht alles für das zweite Angebot. Denn hier ist die Restschuld nach 5 Jahren um rund 5.799 Euro niedriger. Doch ob dieser Vorteil auch weiter bestehen bleibt, hängt davon ab, wie teuer die Anschlussfinanzierung wird.

Deshalb muss das erwartete Zinsniveau für die folgenden 5 Jahre in die Betrachtung mit einbezogen werden. Dabei gibt es einen kritischen Wert, ab dem es – bei gleichbleibender monatlicher Belastung – sinnvoller gewesen wäre, sich von vornherein über 10 Jahre zu binden als über zweimal 5 Jahre. In unserem Beispiel beträgt dieser Zins etwa 4,71 Prozent. Bei diesem Zinswert ist die Restschuld beider Darlehensangebote nach jeweils insgesamt 10 Jahren gleich hoch, über diesen Zinssatz hinaus ist sie bei der zunächst 5-jährigen Zinsbindung höher. Liegt der Wert dagegen darunter, so war es sinnvoller, sich zunächst kurzfristig zu binden.

Einziges Problem bei diesen Überlegungen: Es ist schlichtweg unmöglich, genau vorherzusagen, wie stark das Zinsniveau steigen wird. Folglich ist es genauso unmöglich definitiv festzulegen, ob die eine Zinsbindungsfrist beziehungsweise Laufzeit besser ist als die andere.

Mithilfe dieser Methode können Sie aus dem Abstand der Zinsen bei unterschiedlichen Laufzeiten immerhin ablesen, wie weit sich der Zins verändern muss, damit die eine oder andere Entscheidung vorteilhafter ist. Anschließend müssen Sie überlegen, wie wahrscheinlich eine solche Veränderung ist, um sich dann für die kürzere oder längere Laufzeit zu entschließen.

4.4.4 Finanzierungsregeln für Zinsbindung

Wer über ausreichenden finanziellen Spielraum verfügt, kann sich an folgende einfache Formel halten:

Je niedriger der Zins, umso länger sollten Sie sich binden. Das bedeutet: In Niedrigzinsphasen gehen Sie eine Zinsbindungsfrist von mindestens 10 Jahren ein. In Hochzinsphasen sollten Sie sich maximal 5 Jahre an einen Zins binden.

Es gibt allerdings auch eine Finanzierungsregel, die nicht nur auf das aktuelle oder zukünftige Zinsniveau abzielt, sondern auch die finanziellen Spielräume des Kreditnehmers berücksichtigt.

Je weniger Geld Sie als Darlehensnehmer zur Verfügung haben, umso länger sollten Sie die Zinsbindung festschreiben. Auch wenn Sie für diese lange Festlegung (unnötig) hohe Zinsen zahlen, ist das der Preis für ein geringeres Risiko: Sollten die Zinsen steigen, sind Sie dagegen abgesichert. Sollten sie sinken, ist das ärgerlich – aber immer noch besser, als in die Schuldenfalle zu geraten.

4.4.5 Variabler Zins

Für den, der zu Beginn seiner Finanzierung mit einer Hochzinsphase konfrontiert ist, mag auf den ersten Blick ein Darlehen mit variablem Zinssatz attraktiv sein. Während der Laufzeit eines solchen Darlehens passt der Kreditgeber die zu zahlenden Zinsen an das aktuelle Zinsniveau an. Gehen die Zinsen nach unten, sinkt damit auch die monatliche Belastung. Sobald der Kreditnehmer der Ansicht ist, dass die Zinsen nicht mehr weiter sinken werden, hat er die Möglichkeit, diesen Zins für sein Darlehen festschreiben zu lassen. Das wird ihm vertraglich zugestanden.

Die Kreditinstitute bieten Darlehen, bei denen keine feste Zinsbindung verabredet wird, sehr viel günstiger an – der variable Zins ist meist niedriger als jeder festgeschriebene Zins, teilweise um bis zu 1 Prozentpunkt. In der Regel werden bei zinsvariablen Darlehen auch keine Bauzeit- oder Bereitstellungszinsen verlangt. Der Kreditnehmer kann ein solches Darlehen jederzeit kündigen, allerdings mit einer Frist von drei Monaten, und den Gesamtbetrag auf einmal zurückzahlen. Außerdem ist auch eine Sondertilgung ohne Probleme machbar.

Diesen Vorteilen stehen gravierende Nachteile gegenüber: Wenn die Zinsen wider Erwarten steigen, kann der Darlehensnehmer finanziell arg in Bedrängnis geraten. Wie schon bei den Überlegungen zu den Zinsbindungsfristen nachgerechnet, kann sich eine Zinserhöhung nur um 1 oder 2 Prozentpunkte schon sehr deutlich in monatlichen Mehrbelastungen bemerkbar machen. Eine solche Zinsveränderung innerhalb nur eines Jahres hat es in der Vergangenheit gegeben. Wer also seine Finanzierung auf sichere Füße stellen möchte, sollte besser auf ein Darlehen mit variablen Zinssätzen verzichten.

Dazu kommt, dass es die Kreditinstitute in der Regel sehr eilig haben, ihre Zinskonditionen anzupassen, wenn die Zinsen steigen. Verändert sich der Zins allerdings in die andere Richtung, verfallen sie häufig in Lethargie. Dauerärger mit dem Kreditgeber ist hier eigentlich programmiert. Der Kunde muss praktisch permanent kontrollieren, ob die Zinsen überhaupt noch aktuell sind, die ihm abverlangt werden. Das gilt auch bei Zinserhöhungen, da es das Institut mit der Anhebung vielleicht ein bisschen zu eilig haben könnte oder über das Ziel hinausschießt – die Zinsen also zu hoch anpasst.

Immerhin gibt es bei Zinssenkungen eine gerichtlich festgelegte Größe, an die sich der Kreditgeber zu halten hat. Danach ist der Durchschnittssatz für variable Hypothekendarlehen maßgeblich, den die Bundesbank laufend ermittelt und in der Tagespresse veröffentlicht.

✔ Überprüfen Sie, wie hoch der Marktzins an dem Tag ist, an dem Sie den Darlehensvertrag abschließen, und vergleichen Sie ihn mit dem Nominalzins, der in Ihrem Vertrag vereinbart ist. Dieser Abstand muss während der Vertragslaufzeit immer gleich bleiben. Vergrößert er sich um mehr als 0,2 Prozent nach oben, können Sie von Ihrem Institut eine Zinssenkung verlangen.

Diese Regelung geht auf ein Gerichtsurteil zurück (OLG Celle, Urteil v. 24.10.1990, AZ: 3 U 240/89). Das Institut muss den Zinssatz aber nicht täglich korrigieren. Auch hier gab es schon entsprechende

Urteile. Es kann sich maximal drei Monate Zeit lassen und den Zins quartalsweise anpassen.

Eines wird damit deutlich: Ein Darlehen mit variablen Zinssätzen birgt nicht nur eine Menge Unsicherheiten, sondern ist auch mit viel Aufwand und unter Umständen mit Ärger verbunden.

Es versteht sich von selbst, dass Sie in einer Niedrigzinsphase auf keinen Fall ein Darlehen mit einem variablen Zinssatz abschließen sollten.

Cap-Darlehen

Vorsicht auch bei einem so genannten Cap-Darlehen. Das ist ein Darlehen mit variablem Zinssatz, das aber zusätzlich eine Zinsgrenze nach oben hat. Damit ist das Risiko von Zinssteigerungen zwar grundsätzlich begrenzt. Doch die künftige Zinsbelastung kann sich trotz Cap unter Umständen mehr als verdoppeln, weil die Grenze häufig erst bei deutlich höheren Zinssätzen erreicht wird.

Die Höhe des Darlehens, das ein Kreditgeber bereit ist, zur Verfügung zu stellen, orientiert sich nicht am Verkaufspreis der Immobilie, sondern an dem deutlich niedrigeren Beleihungswert. Maßstab für die Höhe des Zinses, den ein Immobilieninvestor für das Darlehen zu zahlen hat, ist der effektive Zins, bei dem die wichtigsten Finanzierungsnebenkosten mit eingerechnet sind. Doch gibt es darüber hinaus weitere Nebenkosten und Gebühren, die bei einer Finanzierung zu berücksichtigen sind.

Entscheidend für die Frage, ob man eher ein kurz- oder ein langfristiges Darlehen aufnimmt, ist der durchschnittliche Hypothekenzins. Grundsätzlich gilt: Je niedriger der Zins, umso länger sollte man sich vertraglich binden. Ein Darlehen mit einem variablen Zinssatz sollte man – wenn überhaupt – in einer Hochzinsphase abschließen, weil dann eher die Chance auf eine Zinssenkung besteht.

5. Kapitel

Finanzierungsformen

5

Viele Kreditinstitute haben ihren Finanzierungsangeboten einen illustren Namen gegeben. Teilweise handelt es sich auch um Mischformen und Kombinationen von Darlehen. Letztlich lassen sich aber alle auf die drei klassischen Finanzierungsformen zurückführen: auf das Hypothekendarlehen, das Versicherungsdarlehen und das Bauspardarlehen. Wenn Sie die Finanzierungsformen schließlich gewählt haben, gilt es, einen detaillierten Finanzierungsplan zu erstellen – dazu mehr zum Schluss dieses Kapitels.

5.1 Hypothekendarlehen

Ein Hypothekendarlehen ist die wohl bekannteste Finanzierungsform für Immobilien. Ansprechpartner für diese Art der Baufinanzierung sind Banken und Sparkassen sowie die darauf spezialisierten Hypothekenbanken.

5.1.1 Annuitätendarlehen

Bei einem Hypothekendarlehen handelt es sich in der Regel um ein Annuitätendarlehen. Die dabei entstehenden Rückzahlungsraten setzen sich aus einem Zins- und einem Tilgungsanteil zusammen. Was der Kreditnehmer jährlich an Zins und Tilgung leistet, wird Annuität genannt und ist betragsmäßig identisch mit dem, was in den vorangegangenen Kapiteln als „finanzielle Belastung (pro Jahr)“ bezeichnet wurde.

Erster entscheidender Punkt bei dieser Finanzierungsform: Die Raten bleiben während der Zinsbindungsfrist eines Darlehens immer gleich hoch. Wie hoch, das hängt davon ab, welcher Zins- und Tilgungssatz im Kreditvertrag vereinbart wurde.

Darlehensbetrag: 224.000 Euro; Zinssatz: 4 Prozent; Tilgungssatz: 2 Prozent. Die Annuität wird nach folgender Formel berechnet:

$$\text{Annuität} = \frac{\text{Darlehensbetrag} \times (\text{Zins} + \text{Tilgung})}{100}$$

$$\text{Annuität} = \frac{224.000 \times (4 + 2)}{100}$$

Die Annuität beträgt in diesem Beispiel 13.440 Euro, umgerechnet also 1.120 Euro monatlich (sie ist damit identisch mit der in den vorangegangenen Kapiteln errechneten finanziellen Belastung).

Zweiter Punkt: Diese Annuität bleibt zwar konstant, aber ihre Zusammensetzung ändert sich fortlaufend. Da die Schulden durch die Tilgung abnehmen, wird während der Laufzeit auch die Belastung durch den Zinsanteil immer weniger, der durch die Schulden entsteht. Gleichzeitig wächst der Tilgungsanteil (Abbildung 3).

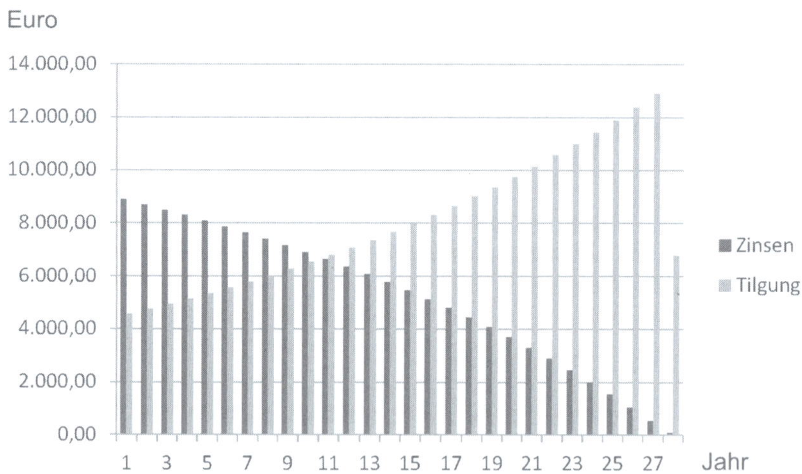

Abbildung 3: Zinsanteil/Tilgungsanteil

Das ist das entscheidende Merkmal eines Annuitätendarlehens: Man hat eine fest kalkulierbare Größe pro Monat abzuzahlen, gleichzeitig sinken die Restschulden immer weiter. Der Nachteil: Am Anfang sind die Restschulden noch relativ hoch, erst in den letzten Jahren der Laufzeit nehmen sie rapide ab. So kommt es auch, dass ein Darlehen mit einer (Anfangs-)Tilgung von 2 Prozent wie im Beispiel nicht erst nach 50 Jahren abbezahlt ist, sondern je nach Höhe der Tilgung schon nach 25 oder 30 Jahren.

Darlehensbetrag: 224.000 Euro; Zinssatz: 4 Prozent; Tilgungssatz: 2 Prozent, die monatliche Belastung damit 1.120 Euro. Der Einfachheit halber wird davon ausgegangen, dass die Zinsbindung über die gesamte Laufzeit gilt.

Annuitätendarlehen

Jahr	Jahresleistung	Zinsen	Tilgung	Restschuld
1	13.440,00	8.876,95	4.563,05	219.436,95
2	13.440,00	8.691,04	4.748,96	214.687,99
3	13.440,00	8.497,56	4.942,44	209.745,55
4	13.440,00	8.296,20	5.143,80	204.601,75
5	13.440,00	8.086,63	5.353,37	199.248,38
6	13.440,00	7.868,53	5.571,47	193.676,91
7	13.440,00	7.641,54	5.798,46	187.878,45
8	13.440,00	7.405,30	6.034,70	181.843,75
9	13.440,00	7.159,44	6.280,56	175.563,18
10	13.440,00	6.903,56	6.536,44	169.026,74
11	13.440,00	6.637,25	6.802,75	162.223,99
12	13.440,00	6.360,10	7.079,90	155.144,09
13	13.440,00	6.071,65	7.368,35	147.775,74
14	13.440,00	5.771,45	7.668,55	140.107,19
15	13.440,00	5.459,02	7.980,98	132.126,22
16	13.440,00	5.133,87	8.306,13	123.820,09
17	13.440,00	4.795,46	8.644,54	115.175,55
18	13.440,00	4.443,27	8.996,73	106.178,82
19	13.440,00	4.076,73	9.363,27	96.815,55
20	13.440,00	3.695,26	9.744,74	87.070,81
21	13.440,00	3.298,24	10.141,76	76.929,05
22	13.440,00	2.885,05	10.554,95	66.374,10
23	13.440,00	2.455,02	10.984,98	55.389,12
24	13.440,00	2.007,48	11.432,52	43.956,60
25	13.440,00	1.541,70	11.898,30	32.058,30

Jahr	Jahres-leistung	Zinsen	Tilgung	Restschuld
26	13.440,00	1.056,95	12.383,05	19.675,25
27	13.440,00	552,44	12.887,56	6.787,69
28	6.868,83	81,14	6.787,69	0,0

5.1.2 Ratentilgungsdarlehen

Das Ratentilgungsdarlehen ist weit weniger bekannt als das Annuitätendarlehen. Dafür gibt es zwei einfache Gründe: Zum einen ist die Anfangsbelastung für den Kreditnehmer deutlich höher, zum anderen verdienen die Kreditinstitute deutlich weniger daran als an einem Annuitätendarlehen. Deshalb sind sie nicht gerade erpicht darauf, dem Kreditnehmer eine solche Möglichkeit anzubieten.

Bei einem Ratentilgungsdarlehen verpflichtet sich der Darlehensnehmer vertraglich, über eine festgelegte Laufzeit von Anfang an gleich große Tilgungsraten zu zahlen. Am Ende jedes Jahres wird die Restschuld um diesen Tilgungsbeitrag reduziert. Auf diese verringerte Restschuld wird jeweils der vereinbarte Zinssatz berechnet. Das vermindert Jahr für Jahr auch die Zinsbelastung entsprechend.

Die gleich bleibenden Tilgungsraten und die Zinszahlungen ergeben zusammen die Jahresleistung. Die verringert sich entsprechend immer mehr. Deswegen sinken die finanziellen Belastungen über die Jahre der Finanzierung hinweg.

Genau das ist der große Nachteil einer solchen Darlehensform: Gerade zu Beginn des Vertrages sind die finanziellen Belastungen am höchsten. Für den Schuldner ist ein solcher Verlauf natürlich äußerst ungünstig, denn in der Regel kann er davon ausgehen (sollte es aber nicht einplanen!), dass sein Einkommen eher wächst als sinkt. Damit ist die finanzielle Belastung in den meisten Fällen später einfacher zu verdauen als am Anfang. Hinzu kommt, dass die Schulden – gemessen an der Kaufkraft – in der Zukunft weniger wert sein werden als heute.

Ein Vorteil sind allerdings die im Vergleich zum Annuitätendarlehen insgesamt deutlich geringeren Finanzierungskosten. Im Endeffekt zahlt der Kreditnehmer sehr viel weniger an Zinsen, weil der Schwerpunkt der Zahlungen auf der Rückzahlung des Darlehens, also auf der Tilgung, liegt. Gleiches Finanzierungsvolumen vorausgesetzt verändert sich die (monatliche) Belastung nach rund einem Drittel der Vertragslaufzeit zugunsten des Ratentilgungsdarlehens.

Eines dürfte dabei klar sein: Eine Tilgungsrate von zum Beispiel 1 Prozent würde kein Institut der Welt akzeptieren, denn sonst wäre der Darlehensnehmer erst nach 100 Jahren schuldenfrei. Daran lässt sich aber auch ermessen, wie hoch die Jahresbelastungen aus Tilgung und Zinsen am Anfang sind. Versicherungsgesellschaften und Hypothekenbanken bieten diese Darlehensform übrigens gar nicht erst an.

Ein Ratentilgungsdarlehen ist für Sie nur dann interessant, wenn Sie für die Finanzierung Ihrer Immobilie nicht jeden Euro umdrehen müssen. In einem solchen Fall ist diese Form des Darlehens eine überlegenswerte Alternative – allerdings nur für den Fall, dass Sie die Immobilie selbst nutzen wollen.

Denn für Vermieter ist es unter rein steuerlichen Aspekten wenig sinnvoll, schnell zu tilgen, weil sie die Zinsschulden beim Fiskus geltend machen können. Das bedeutet: Je mehr Schulden beziehungsweise Zinszahlungen nachgewiesen werden können, umso besser ist das rein steuerlich gesehen (siehe Abschnitt 7.2).

Es gibt mehrere Varianten von Ratentilgungsdarlehen: Ein Unterschied liegt im Zahlungsmodus, also ob monatlich oder vierteljährlich gezahlt wird. Und es kann in der Höhe der Tilgungsrate variiert werden. Entweder wird eine feste Jahresleistung oder ein bestimmter Prozentsatz vereinbart, bezogen auf die ursprüngliche Darlehenssumme.

Im Übrigen haben Sie durchaus die Möglichkeit, mit einem Kreditgeber zu vereinbaren, dass dieses Darlehen zu Beginn der Laufzeit tilgungsfrei bleibt. Sie sollten nach einer solchen Variante fragen, wenn Ihnen ein reines Ratentilgungsdarlehen zu teuer ist.

Das führt zwar den eigentlichen Gedanken eines Ratentilgungsdarlehens ad absurdum – sich nämlich so schnell wie möglich zu entschulden –, es könnte aber ein guter Kompromiss sein zwischen einem Annuitätendarlehen und dieser Darlehensform. Bei den Kreditinstituten wird man allerdings auch mit diesem Vorschlag auf nicht allzu viel Begeisterung stoßen.

Darlehen über 224.000 Euro; Zinssatz 4 Prozent; vereinbarte jährliche Tilgung: 8.000 Euro; nachschüssige, also jeweils zum Jahresende berechnete Tilgung und Verzinsung. Der Einfachheit halber wird davon ausgegangen, dass die Zinsbindung über die gesamte Vertragslaufzeit besteht.

Ratentilgungsdarlehen

Jahr	Jahres-leistung	Zinsen	Tilgung	Restschuld
1	16.960,00	8.960,00	8.000,00	216.000,00
2	16.640,00	8.640,00	8.000,00	208.000,00
3	16.320,00	8.320,00	8.000,00	200.000,00
4	16.000,00	8.000,00	8.000,00	192.000,00
5	15.680,00	7.680,00	8.000,00	184.000,00
6	15.360,00	7.360,00	8.000,00	176.000,00
7	15.040,00	7.040,00	8.000,00	168.000,00
8	14.720,00	6.720,00	8.000,00	160.000,00
9	14.400,00	6.400,00	8.000,00	152.000,00
10	14.080,00	6.080,00	8.000,00	144.000,00
11	13.760,00	5.760,00	8.000,00	136.000,00
12	13.440,00	5.440,00	8.000,00	128.000,00
13	13.120,00	5.120,00	8.000,00	120.000,00
14	12.800,00	4.800,00	8.000,00	112.000,00
15	12.480,00	4.480,00	8.000,00	104.000,00
16	12.160,00	4.160,00	8.000,00	96.000,00
17	11.840,00	3.840,00	8.000,00	88.000,00
18	11.520,00	3.520,00	8.000,00	80.000,00
19	11.200,00	3.200,00	8.000,00	72.000,00
20	10.880,00	2.880,00	8.000,00	64.000,00
21	10.560,00	2.560,00	8.000,00	56.000,00
22	10.240,00	2.240,00	8.000,00	48.000,00
23	9.920,00	1.920,00	8.000,00	40.000,00
24	9.600,00	1.600,00	8.000,00	32.000,00
25	9.280,00	1.280,00	8.000,00	24.000,00
26	8.960,00	960,00	8.000,00	16.000,00
27	8.640,00	640,00	8.000,00	8.000,00
28	8.320,00	320,00	8.000,00	0,00

5.2 Versicherungsdarlehen

Wer einen Kreditgeber sucht, wird früher oder später auch auf Versicherungsgesellschaften stoßen. Diese bieten Darlehen, die auf den ersten Blick sehr viel günstiger scheinen als ein Hypothekendarlehen. Die Zinssätze sind um bis zu 0,25 Prozentpunkte niedriger als die von Banken und Sparkassen.

Bei einem Versicherungsdarlehen wird ein so genanntes Festdarlehen angeboten, das während der gesamten Laufzeit zwar verzinst, aber nicht getilgt wird. Das ist überhaupt der Grund, warum das Versicherungsunternehmen ein solches Hypothekendarlehen zu einem günstigeren Zins anbieten kann. Der Kreditnehmer tilgt also nicht in monatlichen Raten, sondern erst am Ende der Laufzeit in einem einzigen Betrag.

Um diesen bezahlen zu können, schließt er zusätzlich eine Kapitallebensversicherung ab. Deren Ablaufleistung am Ende der Versicherungslaufzeit dient der Finanzierung des tilgungsfreien Darlehens. Daraus ergibt sich: Für ein Versicherungsdarlehen zahlt man Zinsen, tilgt aber nicht und zahlt stattdessen monatlich die Prämie für eine Lebensversicherung. Gleichzeitig wird damit das Todesfallrisiko abgedeckt. Im Todesfall wird die Versicherungssumme ausgezahlt, das Darlehen sofort getilgt, und die Hinterbliebenen können – so die Theorie – schuldenfrei leben.

Vor allem Versicherer bieten eine solche Darlehenskonstruktion an. Einen Teil der eingenommenen Versicherungsprämien dürfen sie nämlich zur Immobilienfinanzierung nutzen. Aber auch Banken und Sparkassen haben ein Versicherungsdarlehen in ihrem Angebot. Meist ist deren Offerte gleich mit dem Namen beziehungsweise dem Angebot eines „befreundeten“ Versicherers verbunden. Theoretisch hat der Darlehensnehmer aber auch die Möglichkeit, sich Bank und Versicherer unabhängig voneinander auszusuchen.

5.2.1 Angebot eines Versicherers

Die Beleihungsgrenzen der Versicherungsunternehmen sind deutlich niedriger als bei den anderen Kreditinstituten. Maximal 60 Prozent, oft aber nur bis zu 45 Prozent des Beleihungswerts werden für eine 1a-Hypothek angesetzt (siehe Abschnitt 4.1.3). Da der Beleihungswert meist nicht mehr als 80 Prozent des Kauf- oder Baupreises ausmacht, kann der Kreditnehmer demzufolge in der Regel deutlich weniger als die Hälfte seiner tatsächlich benötigten Finanzierung mithilfe einer erstrangigen Hypothek aus einem Versicherungsdarlehen abdecken.

Er muss sich also nach weiteren Kreditmöglichkeiten umsehen. Entweder stopft er die Lücke mit einer nachrangigen Finanzierung beim Versicherer selbst oder besorgt sich einen zusätzlichen Bankenkredit. Dieses Darlehen ist so oder so als nachrangige Hypothek teurer; ein höherer Zins wird verlangt.

5.2.2 Angebot von Banken und Sparkassen

Wird ein Versicherungsdarlehen über Banken und Sparkassen abgeschlossen, hat man zwar zunächst einen höheren Effektivzins, dafür akzeptieren die Kreditinstitute für eine 1a-Hypothek aber immerhin bis zu 80 Prozent des Beleihungswerts. Das wiederum verbilligt die Restfinanzierung.

5.2.3 Ablauf einer Finanzierung

Die Mehrzahl der Versicherungsdarlehen wird so gestaltet, dass am Ende der Laufzeit Versicherungssumme plus Überschussanteile (beides zusammen ist die so genannte Ablaufleistung) der Darlehenssumme entspricht. In den meisten Verträgen macht die Versicherungssumme erfahrungsgemäß etwa 60 Prozent des Darlehensbetrags aus. Der Rest muss durch die Überschussanteile abgedeckt werden. Genau hier liegt das Problem dieses Modells: Die Höhe der Überschussanteile kann und darf eine Versicherungsgesellschaft nicht garantieren. Der Grund: Da die Versicherungsgesellschaft Teile der eingezahlten Beiträge anlegt, um (Zins-)Gewinne zu erwirtschaften, hängt das Ergebnis sehr von der zukünftigen Kapitalmarktentwicklung ab. Falls dann die Überschussanteile nicht so groß sind wie vom Versicherer prognostiziert, muss teuer nachfinanziert werden, um den Darlehensbetrag zurückzahlen zu können.

Es gibt allerdings Versicherungsverträge, bei denen für die voraussichtliche Ablaufleistung eine so genannte Mindestunterlegung verlangt wird. Das bedeutet, eine bestimmte Prozentzahl – 60, 80 oder manchmal auch 100 Prozent des Darlehens – muss allein schon durch die Versicherungssumme abgedeckt sein. Je höher diese Mindestunterlegung und je länger die Laufzeit, umso mehr übersteigt am Ende die Ablaufleistung die tatsächlich benötigte Summe, mit der das Darlehen getilgt wird. Mit anderen Worten: Bei hoher Mindestunterlegung spart der Kreditnehmer – eher unfreiwillig als freiwillig – zusätzlich zur Tilgung weiteres Kapital an.

Wie erwähnt, wird mit einem Versicherungsdarlehen auch der Todesfall des Kreditnehmers abgesichert. Das Problem: da die Versicherungssumme oft nur 60 Prozent des Darlehens abdeckt, gilt das natürlich auch für den Todesfall. Je früher ein solch trauriger Fall eintritt und je länger der Vertrag noch läuft, desto mehr beschränkt sich die Deckung des Darlehensbetrags allein auf die vereinbarte Versicherungssumme. Denn in den ersten Versicherungsjahren fallen kaum Überschussanteile an. Diese Versorgungslücke stopfen Versicherer mit Zusatzangeboten wie einer höheren Versicherung speziell für den Todesfall, für die sie aber auch höhere Prämien fordern (mehr dazu am Ende dieses Kapitels).

Die Prämien steigen im Übrigen auch mit dem Eintrittsalter, weil das Todesfallrisiko für den Versicherer zunimmt. Das bedeutet: Je älter der Kreditnehmer ist, umso teurer wird ein Versicherungsdarlehen für ihn.

5.2.4 Finanzierungsvarianten

Die Finanzierung über ein Versicherungsdarlehen läuft immer nach dem oben beschriebenen Muster ab. Trotzdem gibt es unterschiedliche Finanzierungsvarianten, nach denen das Versicherungsdarlehen ausgestaltet ist.

Todesfallrisiko abgedeckt

Bei dieser Variante wird die Versicherungssumme so festgelegt, dass die Ablaufleistung der Darlehenssumme entspricht. Im Todesfall zahlt der Versicherer den vollen Betrag der Darlehenssumme aus. Die Zusatzvereinbarung macht dieses Modell teurer, denn es fällt ein höherer Versicherungsbeitrag an. Außerdem muss der Kreditnehmer im Erlebensfall nach wie vor auf die unsichere Ablaufleistung setzen.

Eine weitere Variante dazu: Im Todesfall zahlt die Versicherung nur die eingezahlten Beiträge zurück. Die Risikovorsorge fällt damit deutlich geringer aus.

Versicherungssumme = Darlehenssumme

Bei diesem Modell ist die Versicherungssumme genauso hoch wie die Darlehenssumme. Am Ende der Laufzeit, die meist 25 bis 30 Jahre beträgt, deckt die Versicherung genau den Kreditbetrag ab. Zusätzlich hat der Darlehensnehmer durch die Überschussanteile Kapital angespart. Dieses Modell ist das sicherste, zugleich aber auch das teuerste: Sicher deshalb, weil der Kreditnehmer nicht auf die vorhergesagte Ablaufleistung spekulieren muss. Teuer, weil er Monat für Monat zusätzlich eine Versicherungsprämie zahlt. Diese Prämie ist umso höher, je älter der Schuldner ist, da für die Versicherungsgesellschaft das Todesfallrisiko steigt. Das alles fällt zusätzlich zu dem Zins an, den der Kreditnehmer für das Hypothekendarlehen aufbringen muss. Beide Belastungen zusammen sind auf jeden Fall sehr viel teurer, als wenn ein Hypothekendarlehen aufgenommen wird.

✔ Dieses Modell eignet sich eigentlich nur dann, wenn Sie sehr finanzstark und noch jung sind, wobei es sicher bessere Möglichkeiten gibt, Immobilienfinanzierung und Altersvorsorge miteinander zu verknüpfen.

Tilgung bei Erreichen der Darlehenssumme

Hier entspricht die Versicherungssumme ebenfalls der Darlehenssumme, der Vertrag wird aber für eine sehr lange Laufzeit abgeschlossen: bis zu einem Lebensalter von 80 oder sogar 85 Jahren. Dadurch ist die Prämie nicht mehr so hoch wie bei dem vorangegangenen Modell. Sobald die Ablaufleistung – also die angesparte Versicherungssumme plus Überschussanteile – ausreicht, um den Darlehensbetrag zu tilgen, wird der Vertrag vorzeitig beendet, das Darlehen getilgt und damit auch kein zusätzliches Kapital angespart.

i Von solchen Angeboten ist abzuraten, denn dabei geht auch die versprochene Rendite der Versicherung verloren! Bei vorzeitiger Auflösung des Vertrags fallen die Überschussanteile sehr viel geringer aus als zum eigentlich vereinbarten Vertragsende.

Nur einer freut sich über eine solche Vertragsvariante, nämlich der Versicherungsvertreter: Er kassiert eine nicht gerade kleine Provision, weil die Versicherungssumme sehr hoch ist, jedenfalls höher als unbedingt notwendig.

Prämienverrechnung

Auch hier entspricht die Versicherungssumme der Darlehenssumme. Hier werden die Überschussanteile nicht mit Zinsen angesammelt, sondern jährlich mit den Prämien verrechnet, die sich dadurch verringern. Trotzdem wird das Darlehen erst am Ende mit der Auszahlung der Versicherungssumme getilgt.

Genau das macht jedoch finanziell gesehen wenig Sinn. Statt die Prämien zu senken, wäre es besser, die entsprechenden Beträge zur Tilgung zu nutzen, um die Zinsbelastung möglichst gering zu halten.

Dynamische Beitragsanpassung

Die Versicherungssumme macht hier unter 50 Prozent der Darlehenssumme aus. Eine dynamische Beitragsanpassung sorgt aber dafür, dass während der Laufzeit die Prämien ansteigen und die Ablaufleistung am Ende zum Tilgen des Darlehens ausreichen soll. Dafür gibt es aber wie immer keine Garantie.

> Auch auf ein solches Angebot sollten Sie besser nicht eingehen! Die dynamische Anpassung ist eine äußerst unrentable Angelegenheit, denn bei jeder Beitragserhöhung wird Ihnen ein neues Eintrittsalter zugrunde gelegt – und je älter Sie werden, umso mehr steigt die Risikoprämie.

Freude bereitet man allerdings dem Versicherungsvertreter, denn der kassiert bei jeder Erhöhung immer wieder kräftig mit.

5.2.5 Gesamteffektivzins

Auf den ersten Blick scheinen die Zinsen beim Versicherungsdarlehen günstiger zu sein als beim Hypothekendarlehen. Doch häufig ist genau das Gegenteil der Fall.

> Beim Versicherungsdarlehen dürfen Sie nicht allein den Effektivzins des Darlehens vergleichen. Vielmehr müssen Sie die Rendite der Lebensversicherung mit in die Zinsberechnungen einbeziehen.

Wer feststellen möchte, wie hoch die Rendite einer Lebensversicherung ist, muss zunächst auf die Ablaufleistung schauen, die am Ende der Vertragszeit ausgezahlt werden soll. Die Betonung liegt auf „soll", da derzeit lediglich die Versicherungssumme und ein Sparanteil von 1,25 Prozent (seit 1. Januar 2015) pro Jahr auf laufende Verträge garantiert werden – so sehen die gesetzlichen Regelungen dies vor. Der Rest sind die Überschussanteile, die Ausdruck dessen sind, wie gut die Versicherung mit dem zur Verfügung gestellten Geld gewirtschaftet hat, wie gut sie also die eingezahlten Beiträge während der Vertragslaufzeit angelegt hat.

Wichtig ist dann die Höhe der Versicherungsprämie, die monatlich zu zahlen ist. Von dem eingezahlten Beitrag zweigt die Versicherungsgesellschaft erst einmal das ab, was ihr an Kosten entsteht, zum Beispiel für die Verwaltung und für die Provision der Versicherungsvertreter. Das, was übrig bleibt, wird auf den Risikoanteil für den Todesfall und auf den Sparanteil für die Überschussbeteiligung aufgeteilt.

Ablaufleistung und Prämie ins Verhältnis gesetzt, ergibt die Rendite einer Versicherung. Folglich ist die Rendite dann am höchsten, wenn bei gleichen monatlichen Prämien die (versprochene) Ablaufleistung am größten ist; oder umgekehrt: wenn bei gleicher (versprochener) Ablaufleistung die monatliche Prämie am niedrigsten ist.

Die Rendite aus der Lebensversicherung und der Effektivzins des Darlehens müssen immer gemeinsam betrachtet werden. Denn der Kreditnehmer hat wenig von einer renditestarken beziehungsweise günstigen Versicherung, wenn er gleichzeitig hohe Effektivzinsen für ein Darlehen zahlt. Umgekehrt gilt das genauso: Ein Darlehen mit niedrigem Effektivzins bringt wenig, wenn gleichzeitig die Rendite aus der Versicherung dürftig ausfällt. Effektivzins und Rendite ergeben zusammen den Gesamteffektivzins eines Versicherungsdarlehens.

i

Der Gesamteffektivzins eines Versicherungsdarlehens, also der Effektivzins, der die Rendite der Lebensversicherung mit berücksichtigt, ist immer höher als der ausgewiesene Effektivzins für das Darlehen allein. Ein Versicherungsdarlehen wird demnach im Endeffekt immer teurer sein als das, was Ihnen der Versicherer als Effektivzins des Darlehens ausweist.

Der Grund ist einfach nachzuvollziehen: Der Versicherer legt die eingesammelten Beiträge an, zum Beispiel in festverzinsliche Wertpapiere, oder er vergibt Hypothekendarlehen. Daraus erwirtschaftet der Versicherer seine Gewinne und beteiligt den Versicherungsnehmer in Form von Überschussanteilen. Das ergibt die Verzinsung der Beiträge, also die Habenzinsen. Und diese können, langfristig gesehen, immer nur unter dem Sollzins liegen, also unter dem Effektivzins, der für ein Darlehen zu zahlen ist.

Wenn Ihnen die Versicherungsgesellschaft eine Rendite für die Versicherung verspricht, die höher ist als der Effektivzins des Hypothekendarlehens, sollten Sie misstrauisch werden. An diesem Angebot stimmt etwas nicht!

Aus diesen Überlegungen ergibt sich: Bei einem Versicherungsdarlehen hat man zunächst durchaus einen Zinsvorteil gegenüber einem normalen Hypothekendarlehen. Dieser wird aber durch die niedrigere Versicherungsrendite (teilweise) wieder zunichte gemacht.

Darlehen 224.000 Euro, Nominalzins 3,75 Prozent. Zur Ermittlung der monatlichen Belastung wird folgende Formel verwendet:

$$\text{Finanzielle Belastung (pro Jahr)} = \frac{\text{Darlehensbetrag} \times \text{Nominalzins}}{100}$$

Daraus ergibt sich eine monatliche Belastung von rund 700 Euro.

Lebensversicherung: (versprochene) Ablaufleistung 224.000 Euro, Rendite: 3,0 Prozent, Laufzeit 28 Jahre, der monatliche Beitrag beträgt etwa 427 Euro.

Damit beläuft sich die monatliche Gesamtbelastung auf 1.127 Euro. Der Effektivzins des Gesamtpakets liegt bei gut 4,2 Prozent.

Wenn Sie sich für ein solches Darlehen interessieren, sollten Sie die in der Vergangenheit besonders leistungsstarken Versicherungsgesellschaften heraussuchen. Aber noch einmal sei darauf hingewiesen: Egal, was die von dem Versicherer vorgelegten Zahlen ausweisen und welches Ergebnis bei den Berechnungen herauskommt, die versprochene Ablaufleistung gibt es in jedem Fall nur ohne Garantie.

5.2.6 Probleme beim Versicherungsdarlehen

Wie bereits erwähnt, bieten die Versicherungsgesellschaften die günstigen Zinsen nur bei einer äußerst niedrigen Beleihungsgrenze an, manchmal nur bis zu 45 Prozent des Beleihungswertes. Dieser wiederum wird von den Assekuranzen wegen hoher Sicherheitsabschläge äußerst gering geschätzt.

Nachfinanzierungen

Deshalb sind häufig Nachfinanzierungen notwendig, und die werden in jedem Fall nur zu einem höheren Zins möglich sein – selbst wenn Versicherer durchaus 80-Prozent-Finanzierungen anbieten. Das machen sie allerdings nicht zu dem angeblich so günstigen Effektivzins des ursprünglichen Versicherungsdarlehens. Ein möglicher Zinsvorteil aus dem Erstvertrag mit dem Versicherer wird damit durch den Zinsnachteil des zweiten, sehr viel teureren Darlehens (teilweise) aufgehoben.

Der Kreditnehmer benötigt eine 80-Prozent-Finanzierung, der Versicherer bietet zunächst ein Darlehen mit 5 Prozent Effektivzins, allerdings bei einer Beleihungsgrenze von 45 Prozent. Den Rest von 35 Prozent würde der Versicherer ebenfalls finanzieren, allerdings zu einem halben Prozentpunkt höher. Das nachrangige Darlehen hätte somit einen Effektivzins von 5,5 Prozent.

$$\text{Gesamteffektivzins} = \frac{4{,}0 \times 45 \text{ Prozent} + 4{,}5 \times 35 \text{ Prozent}}{80 \text{ Prozent}}$$

Das ergibt einen Effektivzins für das Gesamtdarlehen von 4,22 Prozent. Dabei ist die (schlechtere) Rendite der Versicherungspolice noch gar nicht berücksichtigt, die den Effektivzins für die Kombination aus Darlehen und Versicherung noch weiter in die Höhe treiben wird.

Diese (einfache) Rechnung funktioniert nur, wenn beide Darlehen gleich lange Laufzeiten haben!

Ablaufleistung

Das nächste Problem: Bei der ausgewiesenen Ablaufleistung handelt es sich, wie bereits erwähnt, immer um eine Prognose. Gerade bei dem am häufigsten verwendeten Finanzierungsmodell eines Versicherungsdarlehens (Ablaufleistung = Darlehenssumme) ist das ein kritischer Punkt. Denn ob am Ende die Ablaufleistung tatsächlich für die Tilgung des Darlehens ausreicht, weiß man leider erst hinterher.

Der monatliche Beitrag liegt bei 427 Euro. Bei einer Rendite von 3,0 Prozent und einer vereinbarten Laufzeit von 28 Jahren beträgt die versprochene Ablaufleistung 224.000 Euro. Da die tatsächliche Rendite wider Erwarten lediglich bei 2,25 Prozent liegt, erhält der

Versicherungsnehmer am Ende des Vertrags tatsächlich aber nur knapp 199.723 Euro.

Die Darlehensschuld aus der Hypothek kann am Ende der Laufzeit nicht vollständig bedient werden. Damit entsteht eine Finanzlücke, die im Übrigen umso größer ausfällt, je länger eine Finanzierung läuft. Eine Nachfinanzierung wird notwendig, die den Darlehensnehmer noch einmal stark belasten wird, falls die Zinsen inzwischen deutlich gestiegen sind. Unterm Strich wird sich das Versicherungsdarlehen ein weiteres Mal verteuern.

Dass ein solches Szenario nicht unwahrscheinlich ist, zeigt die Entwicklung der jüngsten Zeit: Weil die Zinsen in den vergangenen Jahren deutlich gesunken sind, haben selbst große Assekuranzen zunehmend Schwierigkeiten, die versprochene Ablaufleistung zu realisieren. Den Kunden wird am Ende sehr viel weniger ausgezahlt. Zwar bedeutet eine Nachfinanzierung aufgrund des niedrigen Zinsniveaus nicht unbedingt eine große Belastung – unnötig und ärgerlich ist sie allemal!

Zinsänderungsrisiko

Ein weiteres Problem: Wer bei einem Versicherungsdarlehen wegen einer Zinserhöhung – wie in dem Rechenbeispiel – aus dem Vertrag aussteigen möchte, für den wird es ebenfalls teuer. Der Versicherungsnehmer erhält in diesem Fall nur den so genannten Rückkaufwert, und der ist in den ersten Jahren deutlich niedriger als die Summe der eingezahlten Prämien. Das erklärt sich damit, dass die Beiträge in den ersten ein bis zwei Jahren zunächst nur die Kosten der Versicherungsgesellschaft decken – von den Verwaltungskosten bis hin zur Provision des Versicherungsvertreters. Platzt das Darlehen also wegen einer Zinserhöhung, sitzt der Kreditnehmer auf einem Haufen Schulden, der letztlich durch die Auflösung seines Versicherungsvertrags noch weiter wächst. Ein Teil seines bereits eingesetzten Kapitals wird buchstäblich vernichtet.

i

Wenn Sie schon vorher wissen, dass Sie Ihre Immobilie in wenigen Jahren aus beruflichen oder privaten Gründen verkaufen möchten, sollten Sie nie ein Versicherungsdarlehen abschließen. Ausnahme: Sie planen als Immobilieninvestor, anschließend wieder zu kaufen oder zu bauen. In diesem Fall können Sie dasselbe Darlehen erneut einsetzen.

Vor dem gleichen Dilemma steht, wer zwischenzeitlich umschulden will, und sei es nur, weil er nach der ersten Zinsbindungsfrist von dem Versicherer zu einem anderen Kreditgeber wechseln möchte. Will der Kreditnehmer dann ein „normales" Hypothekendarlehen aufnehmen, kann er den Versicherungsvertrag nur mit großen finanziellen Verlusten auflösen. Oder er ist bereit, weiter zusätzlich in die Versicherung einzuzahlen, was ein nicht gerade billiges Vergnügen sein dürfte.

Sondertilgung

Probleme gibt es auch bei einer Sondertilgung. Natürlich kann der Kreditnehmer bei einem tilgungsfreien Darlehen im Prinzip vorzeitig tilgen – in den meisten Fällen mit einer teuren Vorfälligkeitsentschädigung (siehe das 6. Kapitel *Anschlussfinanzierung*). Das entbindet ihn aber nicht automatisch von den Belastungen aus der monatlichen Versicherungsprämie. Der Vertrag mit der Versicherungsgesellschaft ist rechtlich gesehen unabhängig vom Darlehensvertrag. Wird mit der Sondertilgung auch der Versicherungsvertrag gekündigt, geht zusätzlich viel Geld verloren, weil der Versicherungsnehmer nur dessen Rückkaufwerte zurückbekommt.

Wenn Sie vorhaben, während der Finanzierungszeit eine Sondertilgung zu leisten, sollten Sie von vornherein auf ein Versicherungsdarlehen verzichten!

Steuerprivileg

Erträge aus der Lebensversicherung – also der Unterschiedsbetrag zwischen der Versicherungsleistung und der Summe der auf sie entrichteten Beiträge – waren bis Ende 2004 bei einer Laufzeit von mehr als zwölf Jahren steuerfrei. Dies hat der Gesetzgeber eingeschränkt. Danach bleibt dieses Privileg in vollem Umfang nur erhalten, wenn die Police vor dem 1.5.2005 abgeschlossen wurde. Für alle nach diesem Termin unterzeichneten Verträge gilt, dass Erträge aus Lebensversicherungen voll versteuert werden müssen.

Es sei denn, die Vertragslaufzeit beträgt – wie bisher – mindestens zwölf Jahre und die Auszahlung erfolgt frühestens ab dem vollendeten 60. Lebensjahr beziehungsweise nach dem 62. Lebensjahr, wenn sie nach dem 31.12.2011 abgeschlossen wurden. Aber auch dann bleiben die Erträge nicht gänzlich steuerfrei, denn es wird das so genannte Halbeinkünfteverfahren angewandt: nur die Hälfte der Auszahlungen bleibt vom Fiskus verschont.

Für Verträge, die nach dem 31.3.2009 abgeschlossen wurden, gelten noch strengere steuerliche Regelungen, damit Erträge nur hälftig besteuert werden. Danach muss sich die Risikoleistung bis zum Ende der Vertragslaufzeit auf mindestens 50 Prozent der für die gesamte Laufzeit zu zahlenden Beträge summieren. Entspricht die Todesfallsumme mindestens der Erlebensfallsumme, ist die Festlegung eines Mindesttodesfallschutzes aber nicht erforderlich.

Diese laufenden Gesetzesänderungen zeigen vor allem eines: Steuerprivilegien bleiben nicht für alle Zeit erhalten.

> Wer übrigens die Lebensversicherung vorzeitig zurückkauft, also noch vor Ablauf der zwölf Jahre, von dem verlangt das Finanzamt wie bisher auch schon nachträglich Steuern für die zurückliegende Zeit.

5.2.7 Versicherungsdarlehen für Selbstnutzer

Nach Abwägen aller Vor- und Nachteile eines Versicherungsdarlehens müsste deutlich geworden sein: Wer eine Immobilie selbst nutzen möchte, sollte von einem Versicherungsdarlehen Abstand nehmen. Er geht nur unkalkulierbare Risiken ein. Die Ablaufleistung kann nicht garantiert werden, und da das Darlehen erst am Ende der Laufzeit getilgt wird, läuft der Kreditnehmer Gefahr, für ein Anschlussdarlehen später einmal deutlich höhere Zinsen zahlen zu müssen. Ein Ausstieg aus der Versicherung kommt außerdem teuer zu stehen. Für Selbstnutzer empfiehlt sich daher ein Hypothekendarlehen. Für den als Vorteil gepriesenen Todesfallschutz bietet sich eine bessere Alternative: die so genannte Restschuldversicherung (siehe Abschnitt 5.2.10).

> Allenfalls unter steuerlichen Aspekten mag ein solches Darlehen für Sie interessant sein – wenn Sie Selbstständiger und Beamter sind (oder auch zumindest theoretisch Geringverdiener). Für diese Steuerzahler sind Kapitallebensversicherungen mit einer Laufzeit von über zwölf Jahren als Vorsorgeaufwendungen steuerlich absetzbar, allerdings auch nur, wenn sie den Höchstsatz, der für Vorsorgeaufwendungen steuerlich gilt, noch nicht voll ausgeschöpft haben.

Sozialversicherungspflichtige Arbeitnehmer liegen durch ihre gesetzlichen Beiträge zur Sozialversicherung fast immer über dieser Höchstgrenze. Aber selbst wenn steuerliche Argumente für ein Versicherungsdarlehen sprechen mögen – das finanzielle Risiko hat jeder zu tragen. In einem solchen Fall heißt die Devise: Mit dem Steuerberater reden, ob sich das trotzdem rechnet!

5.2.8 Versicherungsdarlehen für Kapitalanleger

Dem Versicherungsdarlehen für Kapitalanleger und den damit verbundenen steuerlichen Aspekten ist ein eigenes Kapitel gewidmet (siehe Abschnitt 7.2). Daher nur ein kurzer Hinweis: Für Eigentümer von vermieteten Immobilien empfiehlt sich durchaus ein Versicherungsdarlehen. Die Darlehenszinsen können steuerlich abgesetzt werden, und das, was an Überschussanteilen aus der Lebensversicherung erwirtschaftet wird, ist (nach einer Laufzeit von über zwölf Jahren) teilweise steuerfrei.

5.2.9 Darlehen mit bestehender Lebensversicherung

Wer bereits über eine bestehende Kapitallebensversicherung verfügt, für den fällt das Urteil über ein Versicherungsdarlehen nicht ganz so negativ aus. Selbst wenn diese ursprünglich für die Altersvorsorge gedacht war, lohnt es sich, darüber nachzudenken, sie für eine Immobilienfinanzierung einzusetzen. Schließlich verfügt man ja stattdessen am Ende über Wohneigentum.

Die entscheidende Frage, vor der der Darlehensnehmer in einem solchen Fall steht, lautet: Soll ich die bestehende Versicherung kündigen oder nicht? Im ersten Fall erhöht der Rückkaufwert das Eigenkapital, er benötigt also einen weniger hohen Kredit und hat damit bessere Karten, wenn es um Beleihungsgrenzen und persönliche Bonität geht. Im zweiten Fall beleiht er praktisch sein bis dahin angesammeltes Guthaben aus der Versicherung, in dem er sich ein tilgungsfreies Darlehen in Höhe des Rückkaufwerts bei einem Kreditinstitut besorgt oder, noch besser, bei der Versicherungsgesellschaft, bei der er die Police abgeschlossen hat (Policendarlehen). Denn für die hält sich das Kreditrisiko geringer, da der Darlehensnehmer ja sein Guthaben bei dem Versicherer selbst beleiht. Folglich sind die Zinsen dort dann vergleichsweise niedrig, und es werden in der Regel auch keine zusätzlichen Sicherheiten von ihm verlangt.

Ob es besser ist, den Versicherungsvertrag zu kündigen und den Rückkaufwert als zusätzliches Eigenkapital heranzuziehen, hängt von der Höhe des aktuellen Rückkaufwerts ab. Denn in der ersten, manchmal bis zu zehn Jahre dauernden Versicherungsphase liegt dieser Wert deutlich unter dem, was bisher in die Versicherung eingezahlt wurde. Die Assekuranz deckt mit den eingezahlten Beiträgen zunächst einmal ihre eigenen Kosten.

Lassen Sie sich von Ihrer Versicherungsgesellschaft die Rückkaufwerte und die eingezahlten Beiträge errechnen. Wenn Sie dabei feststellen, dass die Summe der eingezahlten Beiträge kleiner ist als der Rückkaufwert, sollten Sie Ihren Vertrag kündigen.

Unter Umständen bietet der Versicherer die Variante an, mit der bestehenden Kapitallebensversicherung einen Kredit zu finanzieren: ein tilgungsfreies Darlehen in Höhe der Ablaufleistung. Aber auch hier steht man vor der Entscheidung, ob man den Vertrag nicht trotzdem kündigen sollte. Das hängt von der Laufzeit des Vertrages ab.

Je länger ein Lebensversicherungsvertrag bereits läuft und je niedriger das aktuelle Zinsniveau ist, umso eher können Sie davon ausgehen, dass es sich lohnt, die Versicherung zu behalten.

Der Grund dafür ist einfach: Je älter ein Versicherungsvertrag ist, umso höher ist die Rendite der Restlaufzeit. Bevor man also voreilig kündigt, sollte man sich deshalb als Erstes von dem Versicherer die Ablaufleistung und die Rendite der Restlaufzeit ausrechnen lassen. Das Ergebnis sollte der Kreditnehmer dann mit tilgungsfreien Hypothekendarlehen vergleichen, die eine möglichst lange Zinsbindung haben – also mindestens zehn Jahre. Damit kann er das Zinsänderungsrisiko eines solchen Darlehens möglichst klein halten.

Liegt die Rendite der Restlaufzeit eines Versicherungsvertrages über dem Effektivzins eines Hypothekendarlehens, sollten Sie den Vertrag behalten, denn dann geben Sie unter dem Strich weniger aus, als wenn Sie den Vertrag kündigen und ein Bankdarlehen aufnehmen.

Über eines sollte sich der Darlehensnehmer allerdings im Klaren sein: Behält er die Versicherung, muss er zusätzlich zu den Zinsen für das Darlehen die Versicherungsprämien aufbringen. Eine Garantie für die Ablaufleistung gibt es auch in diesem Fall nicht!

5.2.10 Restschuldversicherung

Der Schutz, den Angehörige im Todesfall haben, ist der Vorteil eines Versicherungsdarlehens. Trotzdem spricht der finanzielle Vorteil eher dafür, ein Hypothekendarlehen aufzunehmen. Man kann aber auch das eine tun, ohne das andere zu lassen, indem man eine Restschuldversicherung abschließt. Darunter versteht man eine Risikolebensversicherung, deren erstes Ziel es ist, im Todesfall einen Betrag auszuschütten, der die Restschuld abdeckt. Es geht also nicht darum, einen Überschuss zu erwirtschaften. Deshalb ist auch die Höhe der monatlichen Beiträge sehr viel geringer als bei einer Kapitallebensversicherung.

✔ Eine solche Risikolebensversicherung können Sie überall bekommen. Selbst wenn es im konkreten Fall um die Absicherung eines Bankdarlehens geht, brauchen Sie sich nicht an das Angebot des Bankberaters zu halten. Vielmehr sollten Sie sich nach dem billigsten Anbieter umsehen.

Man kann zwei Arten von Restschuldversicherungen unterscheiden:

- Bei der einen Variante sinkt die Versicherungssumme Jahr für Jahr konstant um einen bestimmten Betrag. Das hat den Nachteil, dass es zwischenzeitlich zu Unterdeckungen für die Restschuldsumme kommen kann, denn beim Hypothekendarlehen gibt es üblicherweise keinen linearen Verlauf der Restschuld. Diese Versicherungsform sollte man daher nur wählen, wenn es nicht auf jeden Euro ankommt.

- Mehr zu empfehlen ist eine Restschuldversicherung, bei der die Versicherungssumme jährlich der Restschuld angepasst wird. Dafür muss der Versicherer genau wissen, wie hoch die Gesamtlaufzeit des Darlehens ist, über welchen Nominalzins es abgeschlossen wurde und wie der Tilgungsplan im Einzelnen aussieht (siehe den Abschnitt 5.4 *Finanzierungsplan*).

Trotz sinkender Restschuld kann es bei dieser Versicherungsform durchaus sein, dass die monatlichen Beiträge zunächst etwas ansteigen. Dafür gibt es eine einfache Erklärung: Je älter der Versicherungsnehmer wird, umso mehr steigt aus Sicht des Versicherers das Todesfallrisiko. Dafür sinkt der Beitrag zum Ende des Versicherungsvertrages hin deutlich ab.

Bei einer Risikolebensversicherung wird, wie bereits erwähnt, eigentlich kein Kapital angesammelt. Trotzdem fallen durch die vorsichtige Kalkulation der Versicherungsgesellschaften immer wieder Überschüsse an, die an den Prämienzahler weitergegeben werden müssen, egal, für welche Versicherungsvariante er sich entschieden hat.

Todesfallbonus

An diesem Überschuss kann er auf ganz unterschiedliche Art beteiligt werden. Bei einer Variante wird der voraussichtliche Überschuss erst am Schluss der Versicherung berücksichtigt (Todesfallbonus). Der Versicherungsnehmer schließt in diesem Fall eine niedrigere Versicherungssumme ab als für das, was im Todesfall wirklich ausgezahlt wird. Das reduziert automatisch seine monatlichen Beiträge.

Prämienverrechnung

Die monatliche Ersparnis ist jedoch höher, wenn die Überschussbeteiligung sofort und direkt mit den Prämien verrechnet wird. Das ist die zweite Variante, wie eine Versicherungsgesellschaft den Überschuss weitergeben kann. In diesem Fall steht die Versicherungssumme für den Todesfall fest. Dafür zahlt man von vornherein wesentlich geringere Beiträge, als eigentlich für die abgeschlossene Versicherungssumme aufgebracht werden müssten. Es kann sogar sein, dass zum Ende der Vertragslaufzeit gar keine Beiträge mehr anfallen; der Versicherungsschutz bleibt dann trotzdem bis zum Schluss bestehen.

Alle ein bis zwei Jahre korrigiert die Versicherung die Höhe der Überschussanteile. Beim Todesfallbonus ändert sich damit die Höhe der Schlussauszahlung. Bei der Beitragsverrechnung wird die monatliche Prämie angepasst.

> Empfehlenswert ist die Beitragsverrechnung, denn wichtiger als ein eventuell höherer Bonus im Todesfall ist ein möglichst geringer Monatsbeitrag.

Um zu wissen, welche Versicherung am günstigsten ist, darf man sich nicht nur an der Höhe der ersten Monatsbeiträge orientieren. Erstens können die Policen unterschiedliche Laufzeiten haben, zweitens können die Raten im Laufe der Zeit, wie oben bereits beschrieben, variieren. Deshalb ist für die einzelnen Versicherungen der so genannte Barwert zu ermitteln, um Anbieter vergleichen zu können. Dabei wird so getan, als würden alle Beiträge, auch die in der Zukunft, heute als einmaliger Betrag anfallen. Um so etwas ausrechnen zu können, müssen alle Prämien abgezinst, das heißt mit einem entsprechenden Zinsfaktor multipliziert werden. Die Versicherung, die am Schluss den niedrigsten Barwert ausweist, ist auch immer die günstigste.

✔ Am besten lassen Sie sich von allen Anbietern den Barwert ausrechnen. Dann können Sie die Angebote miteinander vergleichen.

5.3 Bauspardarlehen

Die wichtigste Finanzierungsform für die eigenen vier Wände in Deutschland ist das Bauspardarlehen. Fast 80 Prozent aller Häuslebauer und Wohnungskäufer haben ihre Immobilie über einen Bausparvertrag (mit-)finanziert. Ein nicht unwesentlicher Grund dafür sind staatliche Fördermaßnahmen wie die Wohnungsbauprämie.

Bausparen funktioniert seit über 100 Jahren nach dem gleichen Prinzip: Um irgendwann einmal ein Darlehen zu bekommen, das einen im Vergleich mit anderen Kreditformen relativ niedrigen Zins ausweist, muss vorher über mehrere Jahre Geld angespart werden.

5.3.1 Aufbau eines Bausparvertrags

Ein Bausparvertrag unterteilt sich in drei Phasen: die Ansparphase, die Zuteilungsphase und die Darlehensphase. Wer während der Ansparphase seine Beiträge einzahlt, erwirbt damit den Anspruch, später von der Bausparkasse ein Darlehen zu bekommen. Dieses Darlehen ist allerdings zweckgebunden. Es muss so genannten wohnungswirtschaftlichen Zwecken dienen, also dem Bau oder Kauf von Wohneigentum, einem Instandsetzungs- und Modernisierungsvorhaben, der Finanzierung von Baukosten, dem Erwerb von Baugenossenschaftsanteilen oder der Ablösung von Schulden, die ursprünglich durch die Finanzierung von Immobilieneigentum entstanden sind.

Bausparkassen akzeptieren generell eine nachrangige Absicherung im Grundbuch (siehe Abschnitt 4.1 *Der Immobilienwert für den Finanzierer*). Das bedeutet zum Beispiel, dass für ein Bauspardarlehen keine zusätzlichen Bürgschaftsgebühren anfallen. Auch die Kombination mit einem Hypothekendarlehen, das eine 1a-Hypothek verlangt, ist weniger problematisch (und weniger teuer).

Ein weiterer Vorteil: Schon in dem Moment, in dem der Vertrag unterzeichnet wird, weiß man, zu welchen Konditionen und vor allem zu welchem Effektivzins man später ein Darlehen bekommen wird. Damit sind die monatlichen Belastungen überschaubar, die später anfallen, wenn das Darlehen getilgt und Zinsen gezahlt werden.

Den Vorteilen eines Bauspardarlehens steht aber eine große Zahl von Nachteilen gegenüber. Wie sich diese im Einzelnen auswirken und welche Bedeutung sie haben, lässt sich abschätzen, wenn man den Aufbau eines Bausparvertrages einmal genauer unter die Lupe nimmt.

Bausparsumme

In ihren Grundzügen sind alle Bausparverträge in den „Allgemeinen Bedingungen für Bausparverträge" geregelt, dennoch sollte man sich die Vertragskonditionen vor der Unterzeichnung genau durchlesen. Fast schon das Wichtigste am Bausparvertrag ist der erste Schritt: die Festlegung der Bausparsumme. Zum einen wird damit festgelegt, welcher Betrag am Schluss der Ansparphase zur Verfügung steht, nämlich das so genannte Mindestsparguthaben. Das ist die Summe, die mindestens angespart sein muss, damit man überhaupt in den Genuss eines günstigen Bauspardarlehens kommt. Außerdem bestimmt die Bausparsumme, wie groß das Darlehen ist, auf das man Anspruch hat, und somit auch, wie hoch in der Darlehensphase die Tilgungsraten sind. Schließlich ergibt sich auch daraus, wie hoch die monatlichen Sparbeiträge und natürlich die Gebühren sein werden, die bei Abschluss des Bausparvertrages zu entrichten sind.

Oft genug verleitet die Aussicht auf höhere Provisionen vermeintlich clevere Bausparkassenvertreter dazu, dem Kreditinteressierten viel zu hohe Bausparsummen aufzuschwatzen. Das ist jedoch ein äußerst schlechter Rat, denn je höher die Vertragssumme ist, umso länger muss man auf die Zuteilung warten. Eigentlich sollte die Faustregel gelten: Die Bausparsumme macht höchstens ein Drittel des geplanten Finanzierungsvolumens aus.

Bei Falschberatung durch einen Mitarbeiter können Sie gegenüber der Bausparkasse Regressansprüche geltend machen. Diese erstrecken sich auch auf die Abschlussgebühren eines zu hoch abgeschlossenen Vertragsbestandteils.

Die Abschlussgebühren betragen zwischen 1 und 1,6 Prozent der Bausparsumme und sind entweder mit den ersten Sparbeiträgen oder getrennt zu zahlen.

Um die Höhe der Bausparsumme festzulegen, orientieren Sie sich am besten an dem, was Sie sich monatlich als Sparbeitrag leisten können. Wichtig ist dabei, die Höhe der Wohnungsbauprämie beziehungsweise der Arbeitnehmer-Sparzulage zu berücksichtigen (siehe weiter unten).

Hohe Vertragssummen sind verschwendetes Geld, denn eine Bausparkasse wird später ohnehin nur einen Kredit bis zu maximal 80 Prozent des Beleihungswertes einer Immobilie vergeben. Das ist die Beleihungsgrenze, bei der auch andere Vorlasten berücksichtigt werden. Das heißt, wenn zum Beispiel ein Bauspardarlehen mit einem Hypothekendarlehen kombiniert wird, das erstrangig im Grundbuch eingetragen ist, beziehen sich die 80 Prozent auf beide Kredite.

Die Bausparsumme sollte eher zu niedrig als zu hoch sein, gerade wenn Sie für die nächsten Jahre noch keine konkreten Baupläne haben. Schließlich können Sie die Bausparsumme nachträglich jederzeit erhöhen, selbst wenn sich dadurch der Beginn der Darlehensphase verzögert.

Die meisten Bausparkassen belegen den Vertrag nach einer Erhöhung mit einer Zuteilungssperre, die ein Jahr, teilweise aber auch länger dauern kann. Außerdem verlangen sie dafür noch einmal eine Extragebühr zwischen 1 und 1,6 Prozent. Trotzdem ist das immer noch günstiger als der umgekehrte Schritt: Hat man nämlich einen Vertrag mit einer hohen Bausparsumme abgeschlossen, der gerade deswegen nicht zuteilungsreif ist, muss teuer zwischenfinanziert werden.

Sie sollten überlegen, statt eines großen Bausparvertrags zwei kleinere abzuschließen. Unter Umständen kann damit die Wartezeit auf die Hälfte reduziert werden.

Ansparphase

In der Ansparphase sind pro 500 Euro Bausparsumme je nach Tarif zwischen 1,50 und 5 Euro als monatlicher Sparbeitrag zu zahlen. Das ist der so genannte Regelsparbeitrag, wonach man vertraglich verpflichtet wird, mindestens zwischen 0,3 Prozent und 1 Prozent der Bausparsumme monatlich zu zahlen. Es können aber jederzeit höhere Sparbeiträge eingebracht beziehungsweise es kann eine Zeit lang mit dem Sparen ausgesetzt werden. Höheres Ansparen als der Regelsparbeitrag lohnt sich, wenn man es sich finanziell leisten kann, weil der Bausparvertrag dann früher in die Zuteilung kommt. Bei Standardtarifen muss man mit monatlich 0,4 Prozent der Bausparsumme rechnen.

Die Guthabenzinsen liegen in der Regel derzeit bei etwa 0,5 bis 1,5 Prozent. Entsprechend muss man in der Darlehensphase, also in der Zeit der Rückzahlung, niedrigere Kreditzinsen zahlen. Das soll in Niedrigzinsphasen Bauspardarlehen gegenüber einem normalen Hypothekendarlehen wettbewerbsfähiger machen. Hat man keine feste Finanzierungsabsicht, bieten verschiedene Bausparkassen auch Guthabenzinsen an, die darüber liegen.

i

Wenn Ihnen höhere Zinsen angeboten werden, sollten Sie bedenken, dass Sie später in der Regel auch höhere Sollzinsen für das Darlehen zahlen müssen. Betrachten Sie deshalb bei Abschluss eines Bausparvertrages immer beide Zinsarten – für Haben und für Soll – zusammen.

Die Ansparphase ist eine richtige Durststrecke. Wenn alles gut läuft – und das ist nicht immer selbstverständlich –, dauert sie zwischen sieben und zehn Jahren. Sonderzahlungen, also Einzahlungen, die über dem Regelsparbeitrag liegen, verkürzen sie. Für Selbstständige, Beamte, Pensionäre oder Geringverdiener wie Azubis kann dies unter steuerlichen Gesichtspunkten sinnvoll sein, wenn sie die maximal ansetzbaren Vorsorgeaufwendungen noch nicht voll ausgeschöpft haben.

Allerdings enthalten viele Verträge inzwischen häufig den Zusatz, dass Sonderzahlungen von der Zustimmung der Bausparkassen abhängig sind. Weil die Guthabenzinsen vertraglich festgelegt sind und nicht angepasst werden können, macht den Bausparkassen das Zinstief, das es seit einigen Jahren auf dem Anlagemarkt gibt, ziemlich zu schaffen

Zuteilung

Die Zuteilung des Bausparvertrages ist die nächste Etappe bis zum Ziel Darlehen. Dafür muss der Vertrag mehrere Bedingungen erfüllen:

Erstens muss die so genannte Mindestsparzeit erreicht sein. Sie beträgt in der Regel 18 Monate, kann bei einigen Tarifen etwas kürzer, bei manchen auch sehr viel länger sein, nämlich bis zu fünf Jahren.

Zweitens muss der Bausparer eine bestimmte Eigenkapitalansparung vorweisen können. Dieses Mindestsparguthaben beträgt beim Standardtarif 40 Prozent der Bausparsumme, bei anderen Tarifen sogar 50 Prozent. Diese 50-Prozent-Tarife haben dafür den Vorteil, dass der Habenzins in der Ansparphase, der Sollzins sowie der Tilgungsbetrag in der Darlehensphase flexibler gestaltet werden dürfen. Alle diese Komponenten können während des laufenden Vertrages noch verändert werden.

> Wenn Sie den konkreten Wunsch zum Bau oder Kauf einer Immobilie haben, sollten Sie das 40-prozentige Mindestsparguthaben wählen. Bei einem höheren Sollbetrag laufen Sie Gefahr, sehr viel länger auf die Zuteilung des Bausparvertrages und damit vielleicht zu lang auf eine günstige Finanzierung warten zu müssen.

Sind diese Bedingungen erst einmal erfüllt, gibt es eine weitere Hürde: die Zielbewertungszahl. Um diese zu ermitteln, wird an bestimmten Stichtagen – mal monatlich, mal vierteljährlich, manchmal aber auch nur jedes halbe Jahr – die Ansparleistung geprüft. Dabei werden bei jedem Bausparer das Sparguthaben und die Spardauer ins Verhältnis zur vereinbarten Bausparsumme gesetzt, individuell begutachtet und nach einem sehr komplizierten Verfahren mit der Leistung anderer Bausparer verglichen. Diejenigen, die die vorgegebenen Bewertungskriterien, das heißt die so genannten Zielbewertungszahlen, erfüllt haben, kommen in die Zuteilung. Der Bausparvertrag ist dann „zuteilungsreif".

> Eine „gute" Bewertungszahl können Sie auf zwei Wegen erreichen: entweder durch hohe Sparbeiträge bei einer kurzen Spardauer oder durch niedrige Sparbeiträge bei entsprechend längerer Ansparzeit. Beide Strategien sollten Sie vorher genau durchdenken, um Bausparsumme, Sparphase und monatliche Beiträge aufeinander abzustimmen.

Bei einigen Tarifen fließen in die Bewertungszahl zusätzlich die Tilgungsraten ein. Wer es sich finanziell leisten kann, eine hohe Tilgungsrate zu vereinbaren, für den lohnen sich diese speziellen Tarife, da der Vertrag in diesen Fällen schneller zuteilungsreif ist.

Wer die Zielbewertungszahl an einem Stichtag erreicht hat, bekommt aber immer noch nicht das Darlehen ausgezahlt. Denn jetzt fängt erst die Zuteilungsperiode an, in der nach und nach die Darlehen zugeteilt werden. Die Reihenfolge richtet sich nach den einzelnen Bewertungszahlen der Bausparverträge. Diese Zuteilungsperiode dauert drei bis sechs Monate und beginnt in der Regel ein bis drei Monate nach dem letzten Stichtag. Wenn man also Pech hat, muss man noch einmal ein dreiviertel Jahr warten, bis das Darlehen endlich da ist.

Übrigens: Der Bausparkassenvertreter darf vorab keine verbindliche Zusage machen, wann der Bausparvertrag zuteilungsreif beziehungsweise wann der Zuteilungstermin ist. Das ist ihm per Gesetz verboten.

i

Sie dürfen niemals davon ausgehen, dass ein Vertrag tatsächlich zu dem Zeitpunkt zuteilungsreif ist, den der Bausparkassenvertreter prognostiziert hat. Es handelt sich dabei ausdrücklich um den „voraussichtlichen Zuteilungstermin". Äußere Umstände, die die Bausparkasse selbst nicht beeinflussen kann – wie die Entwicklung der Kapitalmärkte – können diesen Zeitpunkt um Monate oder gar Jahre verschieben.

Ein Bauspardarlehen sollte deshalb nie fest einkalkuliert werden – außer der Vertrag ist schon zuteilungsreif. Dennoch sollte man darauf pochen, dass mithilfe einer Computerberechnung ein genauer Anspar- und Tilgungsplan vorgelegt wird. Denn nur so lässt sich nachvollziehen, was der Bausparkassenberater verkaufen möchte und ob der Vertrag überhaupt den eigenen finanziellen Plänen entspricht.

Außerdem sei an dieser Stelle noch einmal ausdrücklich darauf hingewiesen, weil es dabei häufig zu Fehlinformationen kommt:

i

Der Termin, an dem Sie das Mindestsparguthaben voraussichtlich erreichen, ist nicht identisch mit dem Zuteilungstermin. Letzterer kann sich um einige Monate, wenn nicht sogar Jahre nach hinten verschieben.

Darlehensphase

Nachdem alle genannten Hürden genommen sind, beginnt nun endlich die Darlehensphase. Das Bauspardarlehen steht zur Verfügung und kann ausgezahlt werden. Davor prüft die Bausparkasse noch, ob die persönlichen Sicherheiten des Darlehensnehmers ausreichen und ob das Darlehen tatsächlich für wohnungswirtschaftliche Zwecke verwendet wird (siehe oben). Schließlich wird die Darlehenssumme zur Verfügung gestellt, und zwar zusammen mit dem Sparguthaben. Dafür wird noch einmal eine Darlehensgebühr fällig, meist in Höhe von 2 bis 3 Prozent der Darlehenssumme. Die Gebühr wird nicht extra gezahlt, sondern dem Darlehensbetrag zugeschlagen, sodass dafür ebenfalls Zins und Tilgung fällig werden.

Die tatsächliche Höhe des Darlehens selbst ergibt sich bei den meisten Tarifen als Differenzbetrag aus Bausparsumme und Guthaben. An dieser Stelle deshalb noch einmal ein Hinweis für die Ansparphase:

✔ Sobald das Mindestsparguthaben erreicht ist, sollten Sie aufhören, weiter in den Bausparvertrag einzuzahlen. Sonst verschenken Sie Geld, und zwar doppelt: Zum einen reduziert bei den meisten Tarifen jeder Euro, den Sie über das Mindestsparguthaben hinaus weiter ansparen, den Anspruch auf das zinsgünstige Bauspardarlehen. Zum zweiten bekommen Sie in der Ansparphase nur niedrige Habenzinsen. Das heißt, mit jedem Euro, den Sie nicht in den Bausparvertrag stecken, können Sie mithilfe einer anderen Geldanlageform mehr erwirtschaften – zum Beispiel mit festverzinslichen Wertpapieren.

Es gibt auch Tarife, bei denen von vornherein ein fester Prozentsatz der Bausparsumme als Darlehen garantiert wird, und zwar unabhängig von der Höhe der Sparleistung. Für diese Tarife gilt die oben erwähnte rigide Regelung nicht, die Anspar-Zinsen sind aber trotzdem nicht höher.

Nach der Auszahlung des Darlehens beginnt die Zeit der Tilgung. Im Gegensatz zu einem Hypothekendarlehen sind die Konditionen für Zins und Tilgung während der gesamten Finanzierungsdauer festgelegt. Der nominale Zinssatz beträgt derzeit maximal 3 Prozent, die Laufzeit in der Regel um die zehn Jahre.

An dieser kurzen Laufzeit lässt sich ablesen, dass die Tilgungsraten und damit auch die monatlichen Beiträge bei Bauspardarlehen im Vergleich zu anderen Darlehensformen sehr hoch sind. Bei den normalen Tarifen liegt die monatliche Darlehensrate aus Zins und Tilgung um die 0,5 Prozent der Bausparsumme. Man sollte sich deshalb auch nicht wundern, wenn der Tilgungsanteil bei den monatlichen

Raten über dem Zinsanteil liegt. Dies ist mit ein Grund, warum eine Immobilie sicher nicht ausschließlich mit einem Bauspardarlehen finanziert werden kann – es sei denn, man gehört zu den eher Betuchten.

Sondertilgungen können jederzeit vorgenommen werden. Anders als etwa Kreditinstitute beim Hypothekendarlehen haben Bausparkassen keine Schwierigkeiten damit, da sie nur geringe Zinsen verlangen und das Geld aus den Sondertilgungen problemlos zu gleichen Konditionen weitergeben können. Allerdings sind Sondertilgungen unter Renditegesichtspunkten auch nicht immer unbedingt sinnvoll (siehe Abschnitt 6.2.1). Legt man das Geld woanders an, fährt man unter bestimmten (Zins-)Bedingungen besser.

5.3.2 Absicherung über Risikolebensversicherung

Die Bausparkassen akzeptieren zwar eine nachrangige Absicherung im Grundbuch, doch bei den meisten Verträgen ist es inzwischen obligatorisch, zusätzlich eine Risikolebensversicherung abzuschließen. Damit soll sichergestellt werden, dass die Bausparkasse auch im Todesfall ihr Darlehen zurückbekommt. Daher wird zu Beginn der Darlehensphase eine Versicherung abgeschlossen, deren Höhe sich nach der Bausparsumme richtet. Je nach Alter des Versicherungsnehmers werden dabei unterschiedlich hohe Prämien verlangt. Als Faustregel gelten pro 50.000 Euro Versicherungssumme etwa 10 Euro im Monat als Prämie.

5.3.3 Staatliche Bausparförderung

Wer sich gerade in der Finanzierungsphase für den Bau oder Kauf einer Immobilie befindet, für den mag die staatliche Bausparförderung vielleicht nicht mehr ganz so relevant sein. Wer allerdings langfristig ein solches Ziel hegt, der kann unter Umständen solche staatlichen Zuschüsse mit in seine (Finanzierung-)Pläne einbauen.

Wohnungsbauprämie

Bei der Wohnungsbauprämie zahlt der Staat einmal jährlich eine Prämie, die dem Bausparkonto gutgeschrieben wird. Voraussetzung ist allerdings, dass ein/e Ledige(r) nicht mehr als 25.600 Euro zu versteuerndes Einkommen pro Jahr hat; für Verheiratete gilt der doppelte Betrag, also 51.200 Euro.

> Das zu versteuernde Einkommen ist nicht identisch mit dem Bruttoeinkommen. Denn um das zu versteuernde Einkommen zu ermitteln, müssen erst einige Positionen wie bestimmte Freibeträge oder Pauschalen vom Bruttoeinkommen abgezogen werden. Am besten, Sie schauen in den jüngsten Steuerbescheid hinein, denn das Finanzamt berechnet automatisch das zu versteuernde Einkommen.

Den Zuschuss gibt es nur, wenn das Gesparte tatsächlich wohnungswirtschaftlich genutzt wird, entweder zum Bau, zum Erwerb oder zum Modernisieren einer selbst genutzten Immobilie. Die Fördergelder kann man allerdings auch behalten, wenn man die Bausparsumme an jemanden abtritt, der sie wohnungswirtschaftlich nutzt, zum Beispiel an eine Wohnungsgenossenschaft.

Ausnahmen von der Regel gelten:

- für Bausparer, die bei Vertragsabschluss noch nicht das 25. Lebensjahr vollendet hatten. Wenn sie frühestens sieben Jahre nach Vertragsabschluss über die Bausparsumme verfügen, müssen sie die Prämie nicht zurückzahlen. Aber Achtung: diese Ausnahme gilt nur einmal! Wer dies mit mehreren Bausparverträgen macht, muss also für allen anderen die Prämien zurückzahlen;
- wenn der Bausparer oder sein von ihm nicht dauernd getrennt lebender Ehegatte nach Vertragsabschluss gestorben oder erwerbsunfähig geworden ist;
- wenn der Bausparer nach Vertragsabschluss arbeitslos geworden ist und die Arbeitslosigkeit mindestens ein Jahr lang ununterbrochen bestanden hat.

Für Verträge, die bis Ende 2008 abgeschlossen wurden, gilt diese wohnungswirtschaftliche Zweckbindung lediglich innerhalb einer siebenjährigen Sperrfrist ab dem Zeitpunkt des Vertragsabschlusses. Hält man diese Frist nicht ein, muss auch bei diesen Verträgen die staatliche Prämie zurückgezahlt werden.

Die Prämie beträgt 8,8 Prozent, und zwar bei Ledigen für höchstens 512 Euro, bei Verheirateten für 1.024 Euro pro Jahr. Mit anderen Worten: Der Bausparer bekommt jährlich maximal 45,06 beziehungsweise 90,11 Euro pro Jahr vom Staat geschenkt, solange die Ansparphase läuft.

Kinder haben bereits ab 16 Jahren Anspruch auf die Prämie. Wenn Sie mit dem Gedanken spielen, für Ihr Kind einen Bausparvertrag abzuschließen, sollten Sie auch gleichzeitig an die Bausparprämie denken!

Der Antrag auf die Prämie muss beim Finanzamt jedes Jahr neu gestellt werden. Es kann also sein, dass man den Zuschuss nicht die ganze Zeit bekommt, wenn das Einkommen während der Ansparphase über die Einkommensgrenze hinausgeht. Umgekehrt kann man aber auch eine Prämie erhalten, wenn man später weniger verdient als zu Beginn der Ansparphase.

Vermögenswirksame Leistungen

Beim Sparen mit Vermögenswirksamen Leistungen gibt es zwei verschiedene Förderkörbe: einen für Vermögensbeteiligungen (zum Beispiel in Form von Aktien) und einen anderen ausschließlich für das Bausparen.

Als Vermögenswirksame Leistungen nach dem so genannten 470-Euro-Gesetz gelten Zahlungen, die der Arbeitgeber für den Arbeitnehmer auf seinen Wunsch hin direkt an die Bausparkasse zahlt. Solche Vermögenswirksamen Leistungen werden unabhängig vom Einkommen gezahlt und entweder in Tarifverträgen oder in zusätzlichen Betriebsvereinbarungen geregelt. Diese Arbeitgeberleistungen betragen je nach Branche und Betrieb zwischen 6,65 und 40 Euro.

Arbeitnehmer-Sparzulage

Zusätzlich zahlt der Staat eine Sparzulage, allerdings nur bis zu bestimmten Einkommensgrenzen. Liegt das zu versteuernde (!) Einkommen unter 17.900 Euro als Ledige(r) und unter 35.800 Euro als gemeinsam veranlagte Verheiratete, bekommt man die Arbeitnehmer-Sparzulage für wohnungswirtschaftliche Zwecke. Diese beträgt 9 Prozent, aber nur auf einen jährlichen Sparbetrag von maximal 470 Euro. Umgerechnet sind das für Ledige also höchstens 42,30 Euro, und für Verheiratete, bei denen beide vom Arbeitgeber Vermögenswirksame Leistungen bekommen, 84,60 Euro. Um die volle Sparzulage zu erhalten, muss der Arbeitgeber Vermögenswirksame Leistungen von jährlich mindestens 470 Euro auf den Bausparvertrag überweisen.

Falls der Arbeitgeber nicht den vollen Betrag einzahlt, sollten Sie die Restsumme aus eigener Tasche finanzieren. Nur dann kommen Sie in den Genuss der vollen Arbeitnehmer-Sparzulage.

Aber Vorsicht: Wohnungsbauprämie und Sparzulage gibt es nicht für den gleichen Sparbetrag. Allerdings gibt es einen relativ einfachen Trick, wie man beides vom Staat kassieren kann:

Wohnungsbauprämie und Arbeitnehmer-Sparzulage können Sie gleichermaßen nutzen, wenn Sie als Ledige(r) zu den jährlichen 470 Euro weitere 512 Euro, als Verheiratete zu den 2 x 470 Euro weitere 1.024 Euro ansparen. Das dürfte in der Regel kein Problem sein, da bei einem Bausparvertrag ohnehin meistens mehr eingezahlt wird. Als Ledige(r) erhalten Sie dann maximal 87,36 Euro vom Staat, wenn Sie verheiratet sind höchstens 174,71 Euro.

Die Arbeitnehmer-Sparzulage erhält man auf Antrag beim Finanzamt über die Steuererklärung. Dabei ist eine so genannte Bindungsfrist einzuhalten, wenn man eine staatliche Förderung in Anspruch genommen hat. Diese Frist beginnt, sobald der Bausparvertrag unterzeichnet wurde, und dauert sieben Jahre. Wird sie nicht eingehalten – wird also das Bausparguthaben vor der Frist abgerufen –, muss die Arbeitnehmer-Sparzulage zurückgezahlt werden. Ein Vorteil jedoch ist, dass das Guthaben (Vorsicht: nicht das Darlehen!) nach dem Ende der Frist auch zu anderen Zwecken als zum Kauf oder Bau einer Immobilie verwendet werden kann. Die Fördermittel müssen dann nicht zurückgezahlt werden.

Ausnahmen von der Einhaltung der Bindungsfrist gibt es, wenn man zum Beispiel nachweisen kann, dass der Bausparvertrag schon früher zuteilungsreif ist und man somit einen finanziellen Verlust erleiden würde. Soziale Notlagen wie der Tod des Partners, Arbeitslosigkeit oder Erwerbsunfähigkeit werden ebenfalls als Sonderfälle anerkannt.

Bausparsumme: 50.000 Euro, verheiratete Arbeitnehmer, beide berufstätig, beide mit Vermögenswirksamen Leistungen von jährlich 470 Euro, sie erhalten außerdem die Wohnungsbauprämie.

Ansparphase:

Sparbeitrag 0,38 Prozent der Bausparsumme (also monatlich 190 Euro), einmalige Abschlussgebühr: 1,6 Prozent der Bausparsumme (separate Abrechnung), Guthabenzins: 2 Prozent, Spardauer bis zur voraussichtlichen Zuteilung: 7 Jahre.

Darlehensphase:

Darlehensrate: 0,6 Prozent der Bausparsumme (also monatlich 300 Euro), nominaler Darlehenszins: 4,6 Prozent, keine Darlehensgebühren, Tilgungsdauer: gut 8 Jahre (Prämie einer Risikolebensversicherung nicht berücksichtigt).

Bausparvertrag

Eigene Einzahlungen gesamt (nach 7 Jahren)	15.960
+ Vermögenswirksame Leistungen gesamt	6.580,56
+ Wohnungsbauprämie	630,77
+ Arbeitnehmersparzulage	592,20
+ Guthabenzinsen	1.617,87
= Bausparguthaben	25.381,40
Bauspardarlehen (Bausparsumme minus Guthaben)	24.618,60
Darlehenszinsen gesamt	4.998,08
Rückzahlungsleistungen gesamt	29.616,68

5.3.4 Zwischenfinanzierung und Vorfinanzierung

In vielen Fällen verläuft ein Bauspardarlehen nicht so reibungslos, wie man das gerne hätte. Vielleicht verfügt man über einen Bausparvertrag, hat aber leider das Pech, dass dieser noch nicht zuteilungsreif ist. Eines ist auf jeden Fall klar:

Einen Bausparvertrag sollten Sie nicht voreilig kündigen, um an das angesparte Geld heranzukommen. Lassen Sie sich erst vorrechnen, was (kosten-)günstiger ist, denn wenn Sie schon länger angespart haben, kann dabei unter Umständen eine Menge Geld verloren gehen: Sie verlieren dann nicht nur den Anspruch auf ein günstiges Darlehen, sondern müssen auch sämtliche staatlichen Förderungen wie die Wohnungsbauprämie und die Arbeitnehmer-Sparzulage zurückzahlen (Ausnahme: die 7-jährige Bindungsfrist wurde eingehalten). Die Abschlussgebühr für den Vertrag haben Sie in diesem Fall ebenfalls umsonst gezahlt.

Je nachdem, in welcher Phase sich der Bausparvertrag befindet, muss ein Immobilienfinanzierer unterschiedliche Strategien verfolgen.

Zwischenfinanzierung

Zum Beispiel sollte man über eine Zwischenfinanzierung nachdenken, falls alle Mindestbedingungen erfüllt, also ein ausreichendes Mindestguthaben und eine entsprechende Mindestlaufzeit erreicht sind, der Vertrag aber noch unterhalb der Zielbewertungszahl liegt. Dabei nimmt man einen Zwischenkredit auf, der als Vorschuss auf das Bauspardarlehen zu verstehen ist. Die Laufzeit dieses Zwischenkredits und damit seine Kosten hängen davon ab, wann der Bausparvertrag die Zielbewertungszahl überschreitet und wann dementsprechend mit dem Zuteilungstermin zu rechnen ist.

Diesen Termin dürfen Sie jedoch nicht fest einkalkulieren. Es geht immer um den „voraussichtlichen Zuteilungstermin", den Sie bei der Bausparkasse vor einer solchen Zwischenfinanzierung erfragen sollten. Es muss Ihnen daher klar sein, dass Sie vorher nicht wissen können, wie lange Sie zwischenfinanzieren müssen und wie teuer das wird.

Ein Zwischenkredit ist in jedem Fall nicht ganz billig, denn man zahlt auf das eigene Bausparguthaben Kreditzinsen. Der Zinssatz richtet sich nach der Länge der Laufzeit, aber natürlich auch danach, wie hoch das aktuelle Zinsniveau auf dem Kapitalmarkt ist.

Das Mindestsparguthaben von 20.000 Euro ist bereits erreicht, aber noch nicht zugeteilt. Darauf zahlt die Bausparkasse einen Guthabenzins von 2 Prozent, das ergibt pro Jahr einen Betrag von 400 Euro. Jetzt wird ein Zwischenkredit über 50.000 Euro aufgenommen; Zinssatz dafür: 4 Prozent, umgerechnet sind das 2.000 Euro Kreditzinsen. Unter dem Strich kostet also die Zwischenfinanzierung 1.600 Euro im Jahr oder rund 133 Euro im Monat.

Aus diesem Rechenbeispiel lässt sich also folgender Schluss ziehen:

Ein bis zwei Jahre alte (nach dem Standardtarif geregelte) Bausparverträge, bei denen man bisher nur wenig angespart hat, sollte man besser kündigen. Denn sonst werden die monatlichen Belastungen aus einer Zwischenfinanzierung viel zu hoch.

Immerhin kommt zu den Zinszahlungen keine Tilgung hinzu. Wenn der Bausparvertrag zugeteilt wird, tilgt man damit das Zwischendarlehen in einem einzigen Betrag. Anschließend erhält man das Bauspardarlehen und zahlt dann Zins und Tilgung wie ursprünglich geplant.

Je niedriger das Zinsniveau ist, desto mehr lohnt sich eine Zwischenfinanzierung. Und je höher die Zinsen sind, umso kürzer sollte die Laufzeit eines Zwischenkredits sein.

Dabei ist man keineswegs nur auf die Bausparkasse angewiesen: Auch Banken und Sparkassen bieten Zwischenkredite an. In der Regel wird man zwar bei der Bausparkasse die günstigste Zwischenfinanzierung bekommen. Trotzdem sollte man andere Angebote einholen, um mit der Bausparkasse verhandeln zu können. Maßstab für die kostengünstigste Finanzierung ist dabei der Effektivzins.

Falls Sie sich die Zwischenfinanzierung nicht von der Bausparkasse besorgen, sollten Sie darauf achten, dass im Vertrag mit der Bank oder Sparkasse geregelt ist, dass durch die Übertragung von Sicherheiten auf die Bausparkasse keine zusätzlichen Kosten entstehen, wenn der Zwischenkredit am Schluss abgelöst wird.

Die Zuteilung kann sich jederzeit verzögern und damit gleichzeitig die Laufzeit eines Zwischenkredits verlängern. Um erhöhte Kreditzinsen zu verhindern, sollte man Folgendes berücksichtigen:

Am besten vereinbaren Sie mit der Bausparkasse beziehungsweise mit jedem anderen Kreditgeber, dass die Zinsbindung so lange bestehen bleibt, bis der Bausparvertrag tatsächlich zugeteilt wird – egal, wie lange das dauert. Mit einer entsprechenden vertraglichen Vereinbarung können Sie sich damit gegen unliebsame zusätzliche Zinserhöhungen absichern.

Vorfinanzierung

Werden noch nicht einmal die Mindestbedingungen erfüllt, wird es richtig teuer. In diesem Fall sprechen die Bausparkassen von einer Vorfinanzierung des Bauspardarlehens. Dabei müssen neben den Kreditzinsen für die Vorfinanzierung auch die Sparbeiträge für das Mindestguthaben eingezahlt werden.

Annahmen wie in dem Beispiel zum Bausparvertrag, aber Mindestsparguthaben und eventuell auch die Mindestlaufzeit sind noch nicht erreicht. Bei einer Bausparsumme von 50.000 Euro ergibt das – nach dem Standardtarif – in der Ansparphase eine monatliche Belastung von 200 Euro, zusätzlich zu den Kosten der Zwischenkreditfinanzierung, die in jedem Fall höher sind als bei einer Vorfinanzierung (da lagen sie bei 133 Euro, siehe das Rechenbeispiel oben), da das angesparte Guthaben noch unter dem Mindestsparguthaben liegt und damit die Guthabenzinsen geringer sind.

Dabei ist noch gar nicht berücksichtigt, dass ein Bausparvertrag über 50.000 Euro wohl kaum ausreichen dürfte, eine adäquate Immobilie zu finanzieren. Das heißt: Durch ein zusätzliches Hypothekendarlehen kommen noch weitere Belastungen auf den Kreditnehmer zu.

Sind die Mindestbedingungen für den Bausparvertrag in der nächsten Zeit nicht erfüllt, können Sie davon ausgehen, dass sich eine Vorfinanzierung (ohne vorhergehende Schritte) nicht lohnt. Dann sollten Sie den Vertrag kündigen. Je weniger angespart ist, umso länger dauert und umso teurer ist eine Vorfinanzierung.

Sollte man allerdings von der Bausparkasse erfahren, dass es ohnehin nur noch eines sehr geringen Betrages bedarf, damit das Mindestguthaben erreicht ist, macht eine sofortige Vorfinanzierung durchaus Sinn. Wichtig dabei ist, dass auch der voraussichtliche Zuteilungstermin (nicht identisch mit dem Tag, an dem das Mindestguthaben erreicht ist!) in nicht allzu weiter Ferne liegt.

5.3.5 Herabsetzung der Bausparsumme

Wer nicht so nah am Ziel ist, hat auch folgende Option: Er könnte zunächst die Bausparsumme herabsetzen. Damit wird der Bausparvertrag schneller zuteilungsreif. Die Vertragssumme muss dann so weit reduziert werden, dass das bisher Ersparte dem erforderlichen Mindestguthaben entspricht.

Bausparsumme 50.000 Euro, das Mindestguthaben wäre wieder 40 Prozent, also 20.000 Euro. Tatsächlich hat man aber bisher nur 15.000 Euro zusammengespart. Wenn nun dieser Betrag mit 40 Prozent angesetzt wird, muss die Bausparsumme auf 37.500 Euro reduziert werden.

Damit ist aber noch keineswegs gewährleistet, dass mit dem Guthaben auch automatisch die Zielbewertungszahl erreicht ist. Mit etwas Glück – aber das ist eher die Ausnahme – erhöht sich die Bewertungszahl im Verhältnis der alten zur neuen Bausparsumme. Die Zielbewertungszahl ist dann sofort überschritten, und die Zuteilung erfolgt in der nächsten Periode. Die meisten Bausparkassen machen aber bei einer Herabsetzung bestimmte prozentuale Abschläge von der neuen Bewertungszahl. Andere erhöhen die Bewertungszahl erst nach dem nächsten Bewertungsstichtag, und wieder andere akzeptieren eine schnellere Erhöhung der Bewertungszahl nur für die neue Bausparsumme.

Man wird also normalerweise gar nicht daran vorbeikommen, trotz Herabsetzung der Bausparsumme einen Zwischenkredit aufzunehmen. Allerdings verkürzt sich dessen Laufzeit beim Vertrag über die neue, kleinere Bausparsumme. In jedem Fall wird man aber den Teil der Abschlussgebühren verlieren, der auf den reduzierten Betrag entfällt.

Um herauszufinden, ob sich eine sofortige Vorfinanzierung lohnt oder zunächst eine Herabsetzung (mit anschließender Zwischenfinanzierung), müssen folgende Überlegungen angestellt werden: Eine Herabsetzung wird sich überhaupt erst dann rentieren, wenn die Summe aus eingesparten Kosten für die Vorfinanzierung und aus eingesparten Sparbeiträgen (diese Rechnung ergibt sich durch eine sofortige Vorfinanzierung) deutlich geringer ist als die Summe aus verlorenen Abschlussgebühren und aus neuen Finanzierungskosten, die aus der reduzierten Bausparsumme resultieren (diese Rechnung ergibt sich durch eine Herabsetzung). Denn die herabgesetzte Bausparsumme muss durch ein entsprechend höheres Hypothekendarlehen ersetzt werden. Dabei ist zu bedenken, dass – anders als bei der Vorfinanzierung – für dieses zusätzliche Darlehen über Jahre hinweg mehr Zins und Tilgung gezahlt werden muss.

Bezogen auf das Zinsniveau gilt folgende Faustregel:

> Je höher das aktuelle Zinsniveau ist, umso eher ist eine sofortige Vorfinanzierung ohne Herabsetzung lohnenswert. Denn die Alternative zum herabgesetzten Bauspardarlehen ist ein Hypothekendarlehen, das in einer Hochzinsphase weitaus teurer ist.

Je höher der aktuelle Zins ist, umso länger darf auch die Zeit bis zum Erreichen des Mindestguthabens betragen, damit eine sofortige Vorfinanzierung finanziell die bessere Lösung ist.

Diese ohnehin schon nicht leichte Rechnung hat noch eine weitere unkalkulierbare Größe: Man weiß grundsätzlich nie, wann der genaue Zuteilungstermin ist, egal, ob bei voller oder bei herabgesetzter Bausparsumme.

Der Vollständigkeit halber sei hier erwähnt, dass man bei allen Rechenkunststücken an einer anschließenden Zwischenfinanzierung nicht vorbeikommen wird. Denn selbst wenn das Mindestguthaben erreicht haben mag, muss der Vertrag noch lange nicht zuteilungsreif sein!

5.3.6 Teilung der Bausparsumme

Als Alternative zur Herabsetzung bietet sich an, Teilbausparsummen zu bilden. Die Bausparsumme wird dabei in mehrere Teilverträge aufgeteilt. Die Teilung von Bausparverträgen führt zum gleichen Ergebnis wie eine Herabsetzung, wenn die bisher eingezahlten Sparbeiträge allesamt einem der Teilverträge zugewiesen werden können, sodass das Mindestguthaben erreicht ist. Ansonsten müsste man trotz der Bildung von Teilbausparsummen vorfinanzieren, um dieses Guthaben zu erzielen. In jedem Fall erhöht sich die Bewertungszahl für diesen Teilvertrag. Der Unterschied zur Herabsetzung ist, dass Teile des Bausparvertrages übrig bleiben, über die man ohne eine neue Abschlussgebühr weiter ansparen kann.

> Sollte es nicht möglich sein, Sparbeiträge beliebig zu verteilen, sondern nur entsprechend dem Teilungsverhältnis, sollten Sie sich für eine Herabsetzung entscheiden.

Auch bei einer Teilung sollten man sich vorab informieren, wie die Bausparkasse mit den Bewertungszahlen des kleineren Bausparvertrages umgeht (siehe dazu die Möglichkeiten bei der Herabsetzung).

Denn hier wird wohl eine nachträgliche Zwischenfinanzierung notwendig, weil zwar das Mindestguthaben erreicht wird, nicht aber auf Anhieb der Zuteilungstermin.

Hat jemand mehrere Bausparverträge abgeschlossen, die alle noch nicht zuteilungsreif sind, kann er mit seiner Bausparkasse auch darüber verhandeln, ob er diese zusammenlegen darf. Dabei werden für den neuen Bausparvertrag die Bewertungszahlen der alten Verträge genutzt. Sie werden allerdings nicht aufaddiert, sondern dem neuen Bausparvertrag wird vielmehr eine neue Bewertungszahl zugeteilt.

5.3.7 Aufstockung

Als letzte Möglichkeit bietet sich eine Aufstockung der Bausparsumme durch eine einmalige Zahlung an. Dies setzt allerdings voraus, dass man über entsprechende finanzielle Mittel verfügt. Zwei Dinge müssen dabei berücksichtigt werden:

Einerseits muss durch diese Einzahlung gewährleistet sein, dass das Mindestsparguthaben und darüber hinaus natürlich die Zielbewertungszahl erreicht werden. Sonst müssen Sie zusätzlich einen Zwischenkredit finanzieren. Anderseits darf diese Aufstockung aber auch nicht so hoch sein, dass sie einer sehr unrentablen Soforteinzahlung gleichkommt (dazu mehr im nächsten Abschnitt).

Zum Schluss noch ein Hinweis: Das Für und Wider einer Zwischen- beziehungsweise Vorfinanzierung ist in jeder Situation anders zu bewerten. Insofern führt kein Weg daran vorbei, dass man den eigenen Fall genau prüft, selbst wenn man sich an die hier beschriebenen Grundregeln hält.

Wichtigste Regel bei der Frage, ob Sie eine Zwischen- oder Vorfinanzierung eingehen sollten, kann deshalb nur sein, dass ein solcher Schritt Ihre finanziellen Möglichkeiten nicht übersteigen darf. Daran sollten Sie letztlich Ihre Entscheidung messen.

5.3.8 Sofortfinanzierung

Bausparkassen bieten auch Baudarlehen an, ohne dass der Immobilienfinanzierer lange Zeit vorher einen Bausparvertrag abgeschlossen und eine Mindestsparsumme angesammelt haben muss. Ihm stellt das Institut zur Soforteinzahlung eine Summe zur Verfügung, die das

Mindestsparguthaben ersetzt. Allerdings verlangt die Bausparkasse in der Regel einen Eigenkapitalanteil von 20 Prozent der Investitionssumme.

Keine Ansparphase und keine Wartezeiten oder Zuteilungstermine: Das Zauberwort heißt Sofortfinanzierung. Die Erklärung ist relativ simpel. Bei einer Sofortfinanzierung schließt man theoretisch zwei Verträge ab: einen über ein Baudarlehen und einen über einen Bausparvertrag, auf den man eine Soforteinzahlung leistet. Der weitaus größere Teil wird am Anfang als tilgungsfreies Darlehen zur Finanzierung der Immobilie ausgezahlt (Baudarlehen), der andere, kleinere als Guthaben verzinslich angelegt (Bausparvertrag).

Man vereinbart quasi eine Vorfinanzierung, allerdings nicht erst irgendwann während der Laufzeit des Bausparvertrages, sondern gleich zu Beginn. Dabei werden auch für das Darlehen zunächst nur Zinsen gezahlt. Sobald der Vertrag zuteilungsreif ist, löst man den „Zwischenkredit“ durch die Bausparsumme ab. Zum Schluss zahlt man das Bauspardarlehen ganz normal mit Zins und Tilgung ab.

Auf den ersten Blick ist das eine günstige Finanzierungsform. Sieht man sich jedoch die Konstruktion einer solchen Sofortfinanzierung genauer an, erkennt man gravierende Nachteile. Zum einen gibt es bei dieser Finanzierungsform nicht, wie sonst bei einem Bausparvertrag üblich, ein Mindestsparguthaben. Das bedeutet, dieser fehlende Betrag muss zusätzlich teuer vorfinanziert werden. Zum zweiten muss man den Bausparvertrag über eine Bausparsumme abschließen, die deutlich höher ist als der Betrag, den man tatsächlich zur Finanzierung der Immobilie verwenden wird. Über die höhere Provision freut sich der Bausparkassenvertreter. Zum dritten geht man ein unnötig hohes Zinsänderungsrisiko ein, weil bis zur Auszahlung der Bausparsumme das Darlehen nicht getilgt wird.

Bausparsumme 70.000 Euro, gefordertes Mindestsparguthaben 40 Prozent, also 28.000 Euro. Auszahlungsbetrag nur 50.000 Euro, wovon aber wiederum die Abschlussgebühr mit 1 Prozent der Bausparsumme abgezogen wird. Das ergibt also einen tatsächlichen Auszahlungsbetrag von 49.300 Euro. Damit wird die Immobilie bezahlt (tatsächlich nur ein Teil davon!).

Der Rest von 20.000 Euro wird mit einem Guthabenzins von 2,5 Prozent angelegt. Nach beispielsweise 13 Jahren ergibt das ein Guthaben von etwa 27.570 Euro, das geforderte Mindestsparguthaben ist damit knapp erreicht. Für das tilgungsfreie Darlehen von 70.000 Euro werden in derselben Zeit 4 Prozent Kreditzinsen verlangt, das ergibt eine monatliche Belastung von rund 233 Euro.

Nach 13 Jahren werden 27.570 Euro ausgezahlt – plus das Darlehen (als Differenz von Bausparsumme und Guthaben von 42.430 Euro. Damit wird das tilgungsfreie Darlehen abgelöst, anschließend werden wie üblich Zins und Tilgung für das Bauspardarlehen gezahlt. In dieser Rechnung verlangt die Bausparkasse 4 Prozent auf die Bausparsumme von 70.000 Euro. Das sieht im ersten Moment nicht schlecht aus. Tatsächlich werden aber nicht einmal 50.000 Euro davon ausgezahlt, nämlich 49.300 Euro. Darauf bezogen ergibt sich ein sehr viel höherer Zinssatz von knapp 5,7 Prozent. Dem steht zwar die Verzinsung von 2,5 Prozent des angelegten Guthabens über 20.000 Euro gegenüber. Aber auch das reduziert den tatsächlichen Zinssatz für den Kredit lediglich auf rund 4,7 Prozent.

Die vermeintlich günstige Sofortfinanzierung entpuppt sich als die nicht gerade billige Variante eines normalen Hypothekendarlehens. Fairerweise muss erwähnt werden, dass der Zins, den man anschließend für das Bauspardarlehen zahlen muss, günstiger ist als der für einen Hypothekenkredit. Für die gesamte Konstruktion der Sofortfinanzierung zahlt man also etwas weniger, in dem Beispiel etwa 5 Prozent. Trotzdem bleibt natürlich die Frage: Warum dann nicht gleich ein Hypothekendarlehen?

Ein weiterer gravierender Nachteil ist, dass der schöne Plan in sich zusammenbricht, falls das Mindestsparguthaben später erreicht wird als geplant. Bei einer zu kurzen Zinsbindung des zur Vorfinanzierung gedachten Darlehens kann es dann Probleme geben. Sind die Zinsen nämlich bis dahin gestiegen, muss der Kreditnehmer eine zusätzliche Zwischenfinanzierung einbauen – und das kommt ihn noch teurer zu stehen. Erstes Resümee dieser Überlegungen:

i

Eine Bauspar-Sofortfinanzierung ist generell nicht zu empfehlen, denn eigentlich gibt es nur einen, der sich über einen solchen Vertrag richtig freut – und das ist der Bausparkassenvertreter. Er bekommt auf die volle Bausparsumme Provision, und damit auch auf den Teilbetrag, der Ihnen gar nicht ausgezahlt wird. Unter Umständen kann er sogar die doppelte Provision kassieren.

Ebenso kritisch zu sehen ist eine Variante dieser Sofortfinanzierung, bei der man wenigstens ein gewisses Eigenkapital einsetzt, nämlich als Soforteinzahlung in den Bausparvertrag eingebracht. Ansonsten läuft der Vertrag aber nach dem gleichen Muster ab: Man zahlt Zinsen für eine Vorfinanzierung, deren Kosten wegen des eingebrachten Kapitals zwar nicht ganz so hoch sind wie bei dem oben beschriebenen Modell, aber letztlich doch höher als die ursprünglich ausgewiesenen. Denn auch hier muss man eine höhere Bausparsumme abschließen, als eigentlich für den Erwerb der Immobilie benötigt wird.

Konstantmodell

Einige Bausparkassen bieten inzwischen Sofortfinanzierungen in Form von so genannten Konstantmodellen an, deren Gesamteffektivzins beim Vergleich mit einem normalen Hypothekendarlehen immerhin mithalten kann – zumindest in Niedrigzinsphasen. Bei diesen Verträgen zahlt man über die gesamte Vertragslaufzeit monatlich konstante Raten. Auch die Zinssätze sind vorher bekannt. Das bedeutet, der Darlehensnehmer kennt die monatlichen Belastungen bis zum Ende des Vertrages, dessen Gesamtlaufzeit je nach Bausparkasse und Ausgestaltung zwischen 15 und 30 Jahre beträgt. Insofern geht er überhaupt kein Zinsänderungsrisiko ein. Außerdem wird der Gesamteffektivzins hier ausdrücklich ausgewiesen, sodass man einen Vergleich mit Angeboten anderer Institute ziehen kann, die ein Festzinsdarlehen mit entsprechend langer Bindungsfrist im Programm haben.

Weiterer Vorteil dieser Konstantangebote: Die Zinssätze für das tilgungsfreie Darlehen zur Vorfinanzierung sind deutlich unter dem marktüblichen Niveau. Das ist auch der Grund, warum solche Angebote überhaupt mit denen anderer Finanzierungsformen mithalten können. Die monatliche Belastung in der Vorfinanzierungsphase hält sich damit einigermaßen in Grenzen.

Dem stehen aber auch Nachteile gegenüber: Zum einen kann beziehungsweise darf die Bausparkasse auch hier den Zuteilungstermin nicht garantieren. Um dennoch ein Konstantmodell anbieten zu können, sind diese Verträge so konstruiert, dass man auf alle Fälle mit einer hohen Bewertungszahl durchs Ziel geht. Der Vertrag muss also im entscheidenden Moment deutlich über der Zielbewertungszahl liegen. Das funktioniert nur über eine ungewöhnlich lange Anspardauer oder über ungewöhnlich hohe Sparbeiträge (siehe Abschnitt 5.3.1 *Aufbau eines Bausparvertrages*).

Das zweite Problem betrifft jene, die finanziell in die Enge geraten. Bei einem normalen Hypothekendarlehen kann man zwischendurch mit der Tilgung aussetzen. Das ist in diesem Fall nicht möglich, denn die ersten 10 bis 15 Jahre tilgt man ja nicht, sondern zahlt nur Zinsen.

Damit ist auch ein weiteres Problem angesprochen: Wer seine Finanzierung abbrechen will – und sei es nur, weil er seine Immobilie verkaufen möchte –, für den wird es richtig teuer, vor allem, wenn er einen solchen Schritt noch vor Inanspruchnahme des Bauspardarlehens geht. Er muss auf das zinsgünstige Bauspardarlehen verzichten, das zumindest einen Teil der Kosten für den vergleichsweise teuren, ersten Darlehensabschnitt kompensiert, mit dem vorfinanziert wurde.

Letzter Einwand: Dieses Modell ist nur in Niedrigzinsphasen wettbewerbsfähig. Sobald die Zinsen auf höherem Niveau liegen, ist ein normales Hypothekendarlehen finanziell attraktiver.

Die Sofortfinanzierung mit einem Konstantmodell sollten Sie nur wählen, wenn Sie sich Immobilieneigentum in einer Niedrigzinsphase anschaffen wollen, wenn Sie regelmäßig hohe monatliche finanzielle Belastungen verkraften können, wenn Sie jedes Zinsrisiko scheuen und wenn Sie sicher sind, dass Sie das Eigentum behalten wollen, solange der Vertrag läuft.

Wer sich trotzdem für ein Konstantmodell interessiert, sollte den Gesamteffektivzins eines solchen Angebots mit dem Effektivzins von Hypothekendarlehen mit entsprechender Zinsbindung vergleichen. Solche Darlehen von 15 Jahren Laufzeit und länger bekommt man allerdings nur bei Hypothekenbanken.

Da eine Sofortfinanzierung unterm Strich nicht empfehlenswert ist, lohnt sich die Suche nach einer Alternative:

Wenn Sie auf keinen eigenen Bausparvertrag zugreifen können, sollten Sie sich umhören, ob jemand aus Ihrer Familie einen hat, den Sie für Ihre Zwecke nutzen können beziehungsweise dürfen. Das hängt vom Verwandtschaftsgrad ab, der von vielen Bausparkassen sehr großzügig definiert wird.

So kann zum Beispiel ein Bausparvertrag der Großtante eingesetzt werden (auch Geschwister der Schwiegereltern kommen infrage) oder des bereits geschiedenen Ehepartners. Einige Bausparkassen akzeptieren sogar Verträge des/der Verlobten, das allerdings nur in äußerst seltenen Fällen.

5.4 Finanzierungsplan

Bisher wurden die verschiedenen Finanzierungsarten unter die Lupe genommen und die jeweiligen Vor- und Nachteile gegeneinander abgewogen. In diesem Kapitel geht es darum, alle Finanzierungsbausteine zusammenzusetzen und einen Finanzierungsplan zu entwickeln.

Welche Anforderungen müssen an einen Finanzierungsplan gestellt werden? Zunächst soll er natürlich die monatlichen Belastungen veranschaulichen, die in den nächsten Jahren während der ersten Zinsbindungsphase auf den Finanzierer zukommen werden, sowie die Entwicklung der Restschuld. Daneben soll der Finanzierungsplan zeigen, welche monatlichen Belastungen bis zum Ende der Finanzierungsphase zu erwarten sind. Und das ist etwas problematisch, denn ganz sichere Daten gibt es nur, solange die Zinsbindung (und die Tilgung) gilt. Je weiter man in die Ferne schaut, umso unsicherer wird die Finanzplanung. Man hat vor allem dann ein größeres Zinsänderungsrisiko, wenn man zunächst nur eine kurze Zinsbindung eingegangen ist, insbesondere, wenn der Vertrag in einer Niedrigzinsphase abgeschlossen wurde.

✔ Sie können sich eine Computeranalyse erstellen lassen, die Ihnen alle Zahlenreihen auswirft. Dabei sollten Sie sich aber auf keinen Fall allein auf die Analysen Ihres Kreditinstituts verlassen, denn durch einfache Manipulationen lassen sich solche Zahlenkolonnen schönen.

Nur ein Beispiel: Wer in einer Niedrigzinsphase ein Darlehen aufnimmt, dem rechnen einige Finanzberater eine Anschlussfinanzierung aus, die von einem viel zu geringen Zinsniveau ausgeht. Hat man jedoch nur 1 Prozentpunkt weniger eingeplant für das, was später tatsächlich an monatlichen Zinsbelastungen zu schultern ist, gerät die gesamte Finanzierung in Schieflage.

Richtig kompliziert wird so ein Finanzierungsplan, wenn man über die Darlehen der Kreditinstitute hinaus Kredite vom Staat bekommt, die zunächst über Jahre tilgungsfrei sind und erst sehr viel später zurückgezahlt werden müssen (siehe 7. Kapitel *Staatliche Förderung*).

Trotzdem sollte man nichts unversucht lassen, sich einen Überblick zu verschaffen, damit es nicht irgendwann einmal zu einer unangenehmen Überraschung kommt, weil sich die finanzielle Belastung schlagartig erhöhen. Immerhin kann man ein paar „Vorsorgemaßnahmen" treffen, damit der Finanzierungsplan einigermaßen realistisch oder, noch besser, vorsichtig kalkuliert ist:

- Man sollte nicht fest darauf bauen, in Zukunft mehr zu verdienen. Besser ist es, vom jetzigen Verdienst auszugehen!
- Zusatzeinnahmen wie Überstundenzahlungen, die unregelmäßig anfallen, sollte man ebenfalls nicht fest einplanen. Auch diese Einnahmen sind ein gutes zusätzliches Polster.
- Finanziellen Spielraum sollte man von Anfang an für eine höhere Tilgung nutzen. Das reduziert die Restschuld und macht die monatliche Belastung beim Anschlussdarlehen weniger anfällig für Zinserhöhungen.
- Besonders wichtig: Man sollte genau überlegen, von welchem Zinsniveau man bei der Anschlussfinanzierung ausgeht. Dies ist vor allem dann entscheidend, wenn man in einer Niedrigzinsphase baut oder kauft.

Bei der Anschlussfinanzierung sollten Sie am besten von einem Effektivzins von knapp 4,5 Prozent ausgehen. So hoch liegt derzeit der langjährige Durchschnitt von Hypothekendarlehen mit 10-jähriger Zinsbindungsfrist.

Falls sich trotz eines höheren Zinses bei der Anschlussfinanzierung eine niedrigere monatliche Belastung ergibt, sollte man finanzielle Spielräume für eine höhere Tilgung nutzen. Das spart insgesamt Finanzierungskosten.

Ein Ehepaar mit zwei Kindern, die monatliche Belastbarkeit liegt bei rund 1.120 Euro, ihr Eigenkapital bei 86.000 Euro, davon ein zuteilungsreifer Bausparvertrag mit einem angesparten Guthaben in Höhe von 25.000 Euro (Bausparsumme: 50.000 Euro). Der Kaufpreis der Immobilie liegt bei 310.000 Euro, so dass der zusätzliche Finanzierungsbedarf 224.000 Euro beträgt. Das bedeutet, die Familie schöpft ihren Finanzierungsrahmen voll aus.

Sie lässt sich das Bauspardarlehen über 25.000 Euro auszahlen. Monatliche Belastungen aus Zins und Tilgung: 200 Euro,

Darlehenslaufzeit 10 Jahre. Den restlichen Finanzierungsbedarf von 199.000 Euro übernimmt eine Hypothekenbank über eine 1a-Hypothek mit 10-jähriger Bindungsfrist für nominal 3 Prozent. Solange der Bausparvertrag läuft, liegt die Tilgung bei rund 1,5 Prozent. Den Spielraum, der sich nach Rückzahlung des Bauspardarlehens ergibt, will die Familie bei Anschlussfinanzierungen für eine höhere Tilgung nutzen, wobei sie vorsichtshalber von einem Nominalzins von 5 Prozent ausgeht.

Finanzierungsplan

Jahr	**Monatliche Belastung Bausparvertrag**	**Monatliche Belastung Hypothekendarlehen**	**Monatliche Gesamtbelastung**	**Restschuld Hypothekendarlehen**
1	200	920	1.120	195.863
2	200	920	1.120	192.598
3	200	920	1.120	189.200
4	200	920	1.120	185.664
5	200	920	1.120	181.983
6	200	920	1.120	178.153
7	200	920	1.120	174.166
8	200	920	1.120	170.018
9	200	920	1.120	165.700
10	200	920	1.120	161.206
11		1.120		155.701
12		1.120		149.915
13		1.120		143.832
14		1.120		137.439
15		1.120		130.718
16		1.120		123.654
17		1.120		116.223
18		1.120		108.422
19		1.120		100.217
20		1.120		91.591
21		1 120		82.525
22		1.120		72.995
23		1.120		62.977

Jahr	Monatliche Belastung Bausparvertrag	Monatliche Belastung Hypothekendarlehen	Monatliche Gesamtbelastung	Restschuld Hypothekendarlehen
24		1.120		52.447
25		1.120		41.378
26		1.120		29.743
27		1.120		17.512
28		1.120		4.656
29		1.120		0

Dieser Finanzierungsplan zeigt genau, wie sich in den nächsten Jahren die Restschuld beziehungsweise die Tilgung weiter entwickeln wird. Daraus ergibt sich folgende Finanzierungsstrategie für Selbstnutzer: Wer es sich leisten kann, für den ist es schon unter rein finanziellen Gesichtspunkten sinnvoll, bei einem Darlehen eine hohe Tilgung zu vereinbaren, um sich möglichst rasch zu entschulden. Wie man später sehen wird, steht dem auch unter steuerlichen Erwägungen nichts im Wege. Bei einer selbst genutzten Immobilie hat man nach dem Einzug – von wenigen Ausnahmen abgesehen – praktisch keine Möglichkeit mehr, irgendwelche finanziellen Belastungen steuermindernd geltend zu machen.

5.5 Eigentum gegen Miete

Auf den ersten Blick ist man nach der Finanzierungsplanung reichlich erschrocken: Eine so hohe Belastung über Jahre hinweg! Doch wie sich Immobilieneigentum tatsächlich finanziell auswirkt, lässt sich erst mithilfe eines Vermögensvergleichs von Eigentum und Miete nachweisen.

Zwei Berechnungen müssen dafür gegeneinandergestellt werden: die monatlichen Belastungen aus der Finanzierung des Eigenheims gegen das, was in der gleichen Zeit monatlich an Miete aufgebracht werden muss. An dieser Stelle soll dafür der langjährige durchschnittliche Hypothekenzins zugrunde gelegt werden. Der liegt derzeit bei knapp 4,5 Prozent effektiv (siehe Abbildung 2), daher ist es auch angebracht, bei den Habenzinsen von einem Zinsniveau von 2 Prozent auszugehen. Ähnliche Überlegungen müssen auch für die Preissteigerungen von Mieten und Immobilien angestellt werden (siehe unten).

Angenommen, man würde ein bestimmte Immobilie nicht kaufen, sondern als Mieter dort einziehen: Je nach Lage und Ausstattung muss dafür eine Warmmiete von 1.000 Euro im Monat gezahlt werden, geht man von einer Immobilie mit rund 110 Quadratmetern und mittlerer Ausstattung aus. Die gleiche Immobilie finanziert, ergibt sich eine monatliche Belastung von 1.120 Euro (unter den Bedingungen des Rechenbeispiels, das in allen Kapiteln bisher verwendet wurde). Somit hat man allein durch die Finanzierung der Immobilie zunächst eine deutlich höhere monatliche Belastung von 120 Euro.

In beiden Rechnungen müssen nun die Wohnnebenkosten berücksichtigt werden. Sie sind durch die zusätzliche Instandhaltungsrücklage bei Immobilieneigentum etwas höher als beim gemieteten Objekt. Geht man pauschal von 0,50 Euro pro Quadratmeter für Instandhaltungskosten aus (siehe Abschnitt 3.1.2), ergibt das in dem Beispielfall 55 Euro. Wird sie nicht ausgegeben, fallen Guthabenzinsen an. Ein Mieter muss diese Rücklage ohnehin nicht einplanen und kann diesen Betrag zusätzlich monatlich anlegen.

Kurzfristig betrachtet fällt der Vermögensvergleich zunächst zugunsten des Mieters aus. Erstens spart er am Anfang die hohen Finanzierungsnebenkosten; zweitens kann er jene aufgezeigte Differenz aus höheren Kreditkosten und niedrigerer Miete zusätzlich auf die hohe Kante legen, drittens kann er das für die Rücklage eingesparte Kapital anlegen nebst entsprechender Verzinsung, sodass die Vergleichsrechnung für die eigene Immobilie zunächst noch ungünstiger ausfällt.

Umso wichtiger ist deshalb die längerfristige Betrachtung eines Vermögensvergleichs, und zwar bis zu einem Zeithorizont von bis zu 30 Jahren.

Der Einfachheit halber wird bei dieser Vergleichsrechnung eine gleich hohe Preissteigerung von 1 Prozent für den Immobilienwert und die Miete unterstellt.

Das Vermögen des Eigenheimbesitzers ergibt sich aus dem Wert seiner Immobilie abzüglich der Restschuld, die er durch die Kreditaufnahme hat.

Das Vermögen des Mieters resultiert aus dem Geldbetrag, den er nach Abzug seiner Miete als Eigenkapital anlegen kann. Es wird davon ausgegangen, dass sämtliche Ersparnisse, die anders als beim Immobilieneigentümer zu Anfang anfallen, verzinslich angelegt werden.

Ehepaar, zwei Kinder, Eigenkapital 86.000 Euro; Kaufpreis der Immobilie: 310.000 Euro, davon Kaufnebenkosten: rund 35.000 Euro (der anfängliche Immobilienwert beträgt also 275.000 Euro); Finanzierung: der Einfachheit halber mit einem einzigen Darlehen über 224.000 Euro; Zinssatz 4 Prozent, anfängliche Tilgung 2 Prozent, Wertsteigerung der Immobilie: 1 Prozent.

Das Eigenkapital des Mieters wird zu einem Zinssatz von 2 Prozent angelegt. Die Miete für das Vergleichshaus beträgt 1.000 Euro, die Mietsteigerung 1 Prozent pro Jahr.

Jahr	Guthabenzinsen Käufer	Restschuld	Immobilienwert	Guthabenzinsen Mieter	Mietkosten	Vorteil Käufer
1	22,40	– 219.427,89	277.750,00	1.742,75	– 12.000,00	– 31.498,24
2	45,25	– 214.669,70	280.527,50	3.561,06	– 24.120,00	– 27.738,01
3	68,55	– 209.717,85	283.332,78	5.454,01	– 36.361,20	– 23.709,34
4	92,32	– 204.564,46	286.166,10	7.420,68	– 48.724,81	– 19.401,91
5	116,57	– 199.201,33	289.027,76	9.460,07	– 61.212,06	– 14.805,01
6	141,30	– 193.619,92	291.918,04	11.571,15	– 73.824,18	– 9.907,54
7	166,53	– 187.811,34	294.837,22	13.752,84	– 86.562,42	– 4.698,01
8	192,26	– 181.766,36	297.785,59	16.004,02	– 99.428,05	+ 835,52
9	218,50	– 175.475,34	300.763,45	18.323,52	– 112.422,33	+ 6.705,42
10	245,27	– 168.928,28	303.771,08	20.710,11	– 125.546,55	+ 12.924,51

Der Vermögensvergleich zeigt: Schon nach acht Jahren ist der Käufer im Vergleich zum Mieter im Vorteil (weswegen die Zahlenreihe hier nicht weiter fortgeführt werden soll), obwohl bei diesem Beispiel das Darlehen erst nach über 27 Jahren getilgt sein wird.

Es lässt sich außerdem sehr schnell erkennen, wann sich Immobilieneigentum besonders rechnet, nämlich

- wenn man über hohes Eigenkapital verfügt,
- wenn die Immobilie eine hohe Wertsteigerung erfährt,
- wenn die Mietersparnis besonders hoch ist und
- wenn das Zinsniveau besonders niedrig ist.

Bei ungünstigeren Bedingungen kann der Vorteil aus der Immobilie unter Umständen auch ins Gegenteil umschlagen, wenn man also zum Beispiel über wenig Eigenkapital verfügt oder die Mietersparnis nur sehr gering ist.

Aus diesen Überlegungen ergeben sich noch einmal zusammengefasst die recht einfachen Finanzierungsregeln:

Beim Bau oder Kauf einer Immobilie

- sollten Sie so viel Eigenkapital einsetzen wie nur möglich;
- sollten Sie eine Immobilie suchen, die aufgrund der Lage und der Ausstattung eine möglichst hohe Wertsteigerung haben dürfte;
- sollten Sie so viel wie möglich tilgen, um die Restschuld schnell zu verringern.

Dass man den Preis für die Immobilie oder die Baukosten so niedrig wie möglich halten sollte, versteht sich von selbst.

Es gibt drei Finanzierungsvarianten für eine Immobilie:

- das Hypothekendarlehen, wegen seiner relativ einfachen Konstruktion die gängigste Finanzierungsform,
- das Versicherungsdarlehen, das sich wegen vieler Unwägbarkeiten – wenn überhaupt – nur dem Kapitalanleger empfiehlt,
- das Bauspardarlehen, das allenfalls ein Finanzierungsbaustein sein kann und in der Regel nur eingesetzt werden sollte, wenn ein Bausparvertrag schon länger besteht.

Da es in der Regel nicht bei einem Darlehen bleibt, sondern parallel oder hintereinander mehrere Kredite benötigt werden, empfiehlt sich ein Finanzierungsplan, der die Belastungen aufzeigt, bis man schuldenfrei ist. Beim Anschlussdarlehen nicht mit einem zu niedrigen Zinsniveau kalkulieren! Und: Finanzielle Spielräume für die Tilgung nutzen!

6. Kapitel

6

Anschlussfinanzierung

Es gibt viele Gründe, sich über eine Anschlussfinanzierung Gedanken zu machen. Das passiert zum Beispiel, wenn die Zinsbindung beim Hypothekendarlehen ausläuft. Oft genug stellt sich dann heraus, dass ein Wechsel des Kreditgebers sinnvoll wäre. Ein weiterer Grund könnte sein, dass noch während der Zinsbindungsfrist eine Umfinanzierung geplant ist – beispielsweise weil man durch eine Erbschaft plötzlich eine Sondertilgung leisten kann. Oder man will umschulden, weil die Zinsen im Vergleich zu den ursprünglichen Konditionen drastisch gesunken sind. Was es bei einer Anschlussfinanzierung – egal ob nach oder während der Zinsbindung – zu beachten gilt, zeigt dieses Kapitel.

6.1 Umfinanzierung nach Zinsbindung: Anschlussdarlehen

Sehr viele Eigenheimbesitzer machen sich keine Gedanken darüber, wie es nach der ersten Zinsbindung weitergehen soll. Und wundern sich dann, wenn ihr Institut das Darlehen zu sehr viel schlechteren Bedingungen weiterfinanziert, als es andere Kreditgeber zu dem Zeitpunkt gemacht hätten.

✔ Etwa ein halbes Jahr vor Ende der Zinsbindungsfrist sollten Sie Ihre alten Unterlagen hervorkramen und von sich aus anfangen, sich mit dem Thema Anschlussfinanzierung auseinander zu setzen.

Nicht selten werden Kreditnehmer erst kurz vor Ende der Zinsbindungsfrist mit einem Angebot des Kreditinstituts konfrontiert. Dann bleibt nur wenig Zeit, dieses Angebot zu prüfen und sich gegebenenfalls nach einem anderen Kreditgeber umzusehen. Außerdem räumen Kreditgeber häufig ihren Kunden nur wenig Bedenkzeit ein. Zwar hat der Bundesgerichtshof entschieden, dass zwei Wochen zu wenig sind, aber er hat sich auch nicht konkret geäußert, wie lang diese Frist letztlich sein sollte. Um eine zu kurze Prüffrist zu verhindern, sollte man den Kreditgeber bereits sechs bis acht Wochen vor Ende der Zinsbindungsfrist nach Verlängerungsangeboten fragen.

✔ Falls Sie vergessen haben, rechtzeitig nach einem neuen Angebot zu fragen, sollten Sie sich von dem Kreditgeber eine Überlegungsfrist von vier Wochen einräumen lassen. Geht er darauf nicht ein, kann das eigentlich nur daran liegen, dass sein Angebot nicht gut ist. Anlass genug, sich nach einem neuen Kreditgeber umzuschauen!

Unabhängig von Fristen und Terminnöten kann ein Bankwechsel Geld kosten. So wie auch für die erste Zinsbindungsphase fallen erneut Notar- und Grundbuchgebühren an. Dazu kommen unter Umständen wieder Schätzkosten, um den Beleihungswert der Immobilie zu ermitteln.

6.1.1 Anpassungsklauseln

Im Kreditvertrag findet sich normalerweise ein Passus, der sich mit dem Thema Anschlussfinanzierung beschäftigt. Das ist die so genannte Anpassungsklausel, in einigen Verträgen auch Anpassungskonditionen genannt. Die meisten Kreditinstitute legen darin fest, dass der laufende Vertrag bis einen Monat vor Ablauf der Zinsbindungsfrist gekündigt werden muss. Bei ganz wenigen Kreditgebern läuft der Vertrag ohne neue Vereinbarung automatisch aus. Das ist die kundenfreundliche Variante.

Andere sehen eine sehr viel längere Kündigungsfrist vor und handeln damit nicht gesetzeskonform – jedenfalls dann nicht, wenn es sich um ein Darlehen mit einem festen Zinssatz handelt. Der Gesetzgeber gibt nämlich für Darlehen mit Zinsbindung eine Kündigungsfrist von maximal einem Monat vor, für variable Zinsen beträgt die Frist drei Monate (§ 609a BGB).

Oftmals verknüpfen solche Institute ihr Verlängerungsangebot außerdem mit einer Widerspruchsfrist von wenigen Wochen. Wird die Frist versäumt, gilt das Angebot als angenommen, und das unter

Umständen zu Konditionen, die der Darlehensnehmer bei längerer Prüfung mit Sicherheit nicht akzeptiert hätte. Oder es wird lapidar ohne Überlegungsfrist mitgeteilt, dass der Vertrag mit einem bestimmten Zins weiter fortgesetzt wird, es sei denn, man widerspricht dem Angebot. Das sind dann die kundenunfreundlichen Varianten, die leider gar nicht so selten vorkommen.

6.1.2 Effektivzins

Auch bei Anschlussfinanzierungen muss der Kreditgeber den Effektivzins ausweisen. Dabei darf man als „Altkunde" nicht schlechter behandelt werden als solche Kreditnehmer, die mit dem Institut gerade einen neuen Vertrag abschließen.

Schicken Sie einen Bekannten zu Ihrem Institut, der dort als Neukunde auftritt und die aktuellen Konditionen abfragt. Diese Informationen können Sie dann in Ihren eigenen Verhandlungen mit einfließen lassen.

Ohnehin sollte man meinen, dass ein Kreditgeber dem Altkunden bessere Konditionen einräumt als neuen Kunden. Er ist dem Institut schließlich als zuverlässiger Kreditnehmer bekannt, und der Aufwand, um seine Sicherheiten und die seiner Immobilie zu prüfen, ist vernachlässigbar klein. Insofern ist das Risiko des Kreditgebers geringer als bei neuen Kunden.

Auf Basis der aktuellen Restschuld sollte man sich beim Institut Angebote mit unterschiedlichen Zinsbindungsfristen einholen und sich über den jeweiligen Effektivzins, die Restschuld am Ende der Zinsbindung und die Höhe der monatlichen Raten informieren lassen – nur dann hat man Vergleichsmöglichkeiten.

Keinesfalls sollte man sich mit dem ersten Angebot zufrieden geben. Vor dem Verhandlungsgespräch sollte man Alternativangebote der Konkurrenz einholen und auf deren Konditionen verweisen, falls sich der Finanzierer als unnachgiebig erweist. Nützt das alles nichts, hilft nur der Wechsel zu einem anderen Kreditgeber.

Wenn Sie tatsächlich den Kreditgeber wechseln, dürfen Sie den alten Vertrag erst dann kündigen, wenn der neue unter Dach und Fach ist!

6.1.3 Wechsel des Kreditgebers

Bevor man sich einen neuen Kreditgeber sucht, sollte der erste Weg zum Notar führen. Denn die Übertragung der Grundpfandrechte auf den neuen Kreditgeber muss notariell beurkundet werden; genauso müssen die Grundbucheintragungen geändert werden. Dafür fallen bei Notar und Grundbuchamt Gebühren an.

Beim Vergleich der Kreditangebote und deren Finanzierungsbedingungen kommt es wieder auf die Höhe des Effektivzinses an, außerdem auf die Dauer der Zinsbindung, die Höhe der Restschuld nach der neuen Zinsbindung und auf die monatlichen Belastungen. Zu klären ist auch, welche zusätzlichen Finanzierungsnebenkosten entstehen. Zum Beispiel könnte der neue Kreditgeber ein weiteres Wertgutachten verlangen, was zu Schätzgebühren führt. In diesem Fall hilft eventuell der Verweis auf das bestehende Gutachten, auf das der neue Kreditgeber zurückgreifen kann.

✔ Sie sollten verlangen, dass die Finanzierungsnebenkosten neben dem Effektivzins mit eingerechnet werden, denn nur so werden die verschiedenen Angebote vergleichbar. Ein Effektivzins allein nach der Preisangabenverordnung weist die zusätzlichen Kosten nämlich nicht aus.

Die Restschuld bietet neben dem Effektivzins eine zweite Vergleichsmöglichkeit. Vorausgesetzt, dass es sich um den gleichen Darlehensbetrag, die gleiche Zinsbindung und die gleiche monatliche Belastung handelt, ist jenes Angebot am günstigsten, das am Ende der Zinsbindung die geringste Restschuld ausweist.

Erst nach Berücksichtigung aller Finanzierungsnebenkosten und Gebühren lässt sich entscheiden, ob der Wechsel zu einem neuen Kreditgeber sinnvoll ist. Es gibt eine Faustregel, wonach sich ein Wechsel bei einer 10-jährigen Zinsbindung dann lohnt, wenn die Zinsdifferenz zwischen altem und neuem Vertrag über 0,2 Prozentpunkte liegt. Generell gilt aber:

i Je höher die Kosten des Wechsels zu einem anderen Kreditgeber und je kürzer die Zinsbindung der Anschlussfinanzierung, umso größer muss die Zinsdifferenz sein, damit sich der Umstieg für Sie rechnet.

Wer in der glücklichen Lage ist, dann einen niedrigeren Zins zu zahlen, muss bedenken: Dank der niedrigeren monatlichen Belastung kann und sollte man den finanziellen Spielraum nutzen, einen höheren Tilgungssatz zu vereinbaren, um schneller die Schulden zu reduzieren.

6.2 Umfinanzierung während der Zinsbindung

Sondertilgungen und Umfinanzierungen sind bei einem laufenden Kreditvertrag nicht immer ohne weiteres möglich. Das ist ein Nachteil längerer Zinsbindungsfristen. In folgenden Situationen fallen jedoch keine zusätzlichen Kosten (so genannte Vorfälligkeitsentschädigungen) an:

- Das Gesetz erlaubt grundsätzlich die Kündigung eines Darlehensvertrages nach zehn Jahren, selbst wenn längere Laufzeiten vereinbart sind. Allerdings muss man nach einer Kündigung noch sechs Monate Geduld haben; so lange dauert die Kündigungsfrist.
- Handelt es sich um einen Darlehensvertrag mit variablem Zinssatz, kann man jederzeit eine Sondertilgung leisten. Die Wartezeit beträgt dann drei Monate, manchmal auch weniger.
- Überhaupt keine Wartefrist gibt es beim Bauspardarlehen, das jederzeit ganz oder in Teilbeträgen zurückgezahlt werden kann.

6.2.1 Sondertilgung

Wer von vornherein eine Sondertilgung plant oder sie zumindest nicht ausschließen kann, für den bietet sich eine weitere Variante an:

> **i** Sie können schon bei Abschluss Ihres Darlehensvertrages die Möglichkeit einer Sondertilgung vereinbaren. Gerade wenn Sie von vornherein wissen, dass Sie die Immobilie schon in wenigen Jahren wieder verkaufen möchten, sollten Sie sich ein Sondertilgungsrecht einräumen lassen. Falls nämlich der spätere Käufer der Immobilie nicht das Darlehen samt Konditionen übernimmt, müssen Sie dem Kreditgeber eine Vorfälligkeitsentschädigung zahlen (siehe Abschnitt 6.2.2).

Einige Kreditinstitute räumen dem Kreditnehmer das Recht ein, dass er während des laufenden Vertrags die Tilgungsraten bis zu einer bestimmten Höhe heraufsetzen – und natürlich auch wieder herabsetzen – kann. Dies bietet sich an, wenn man damit rechnet, später mehr zu verdienen. Probleme gibt es meist bei großen Anbietern, vor allem Hypothekenbanken machen das sehr ungern. Die meisten Kreditgeber verlangen ohnehin als Gegenleistung einen höheren Zinssatz. Aus Sicht der Institute übernehmen sie nämlich einen Teil des Zinsrisikos: Falls die Zinsen sinken, können sie den Betrag der Sondertilgung als neues Darlehen nur zu Bedingungen weitergeben, die für sie schlechter sind.

Das Recht auf Sondertilgung zählt zu den Verhandlungspunkten bei der Vertragsgestaltung. Sie sollten mit dem Finanzberater darüber reden und darauf pochen, dass Ihnen dieses Recht kostenlos, also ohne Zinserhöhung, zugestanden wird.

Allerdings ist es nicht immer eindeutig, ob der Kreditnehmer von diesem Recht auf Sondertilgung überhaupt Gebrauch machen sollte, ob also eine Sondertilgung finanziell sinnvoll ist. Er hat immerhin die Möglichkeit, das Geld stattdessen auf die hohe Kante zu legen.

Um herauszufinden, ob sich eine Sondertilgung finanziell lohnt, müssen Sie den Effektivzins des Darlehens mit der Rendite festverzinslicher Wertpapiere vergleichen, die eine gleiche Laufzeit haben wie die (restliche) Zinsbindungsfrist des Darlehens. Ist der Effektivzins höher, sollten Sie eine Sondertilgung vornehmen.

In dem folgenden Rechenbeispiel wird eine typische Situation dargestellt, wobei allerdings zugunsten der Verständlichkeit auf Rechengenauigkeit verzichtet wird.

Darlehenssumme 224.000 Euro, monatliche Belastung 1.120 Euro, frei verfügbarer Betrag 20.000 Euro, (Rest-)Zinsbindung zehn Jahre, Effektivzins 4,07 Prozent, Rendite des Wertpapiers 2 Prozent, Laufzeit zehn Jahre.

Variante 1:

Der Darlehensnehmer verzichtet auf die Sondertilgung und kauft stattdessen das Wertpapier. Damit wird in zehn Jahren eine Rendite von 4.000 Euro (20.000 Euro x 2 Prozent x 10 Jahre, ohne Zinseszinsen) erwirtschaftet. Gleichzeitig zahlt er für die volle Darlehenssumme in den zehn Jahren insgesamt rund 79.427 Euro an Zinsen. Das Plus aus dem Wertpapier berücksichtigt, ergibt sich in den zehn Jahren eine Belastung von 75.427 Euro.

Variante 2:

Der Kreditnehmer leistet eine Sondertilgung. Dadurch reduziert sich sein Restdarlehen auf 204.000 Euro. Zu 4,07 Prozent effektiv verzinst (und bei gleicher monatlicher Rate und damit auch höherer Tilgung), hat er in den zehn Jahren eine Gesamtbelastung von knapp über 69.610 Euro. Mit der Sondertilgung spart er also insgesamt 5.817 Euro gegenüber der Lösung, den Betrag in ein Wertpapier anzulegen.

Für die Entscheidung, ob eine Sondertilgung Sinn macht, kann auch eine einfache (oder besser: vereinfachende) Rechnung zugrunde gelegt werden:

frei verfügbarer Betrag x (Effektivzins – Rendite) = Be-/Entlastung

Anhand der Zahlen aus dem Beispiel bedeutet das:

20.000 Euro x (4,07 Prozent – 2 Prozent) = + 414 Euro

Hat das Ergebnis ein positives Vorzeichen, bedeutet das: Sondertilgung ist sinnvoll, andernfalls ist die Anlage in Wertpapieren besser.

Die Anlage in Wertpapieren ist in der Regel sinnvoller als eine Sondertilgung, wenn seit Abschluss des Darlehensvertrages die Zinsen deutlich gestiegen sind. Bis zum Ende der Zinsbindung sollten Sie in einem solchen Fall das Geld festverzinslich anlegen.

Bei vermieteten Immobilien sieht die Rechnung anders aus, weil die Schuldzinsen aus dem Darlehen als Werbungskosten steuerlich anerkannt werden (siehe Abschnitt 7.2). Außerdem sind Kapitaleinkünfte steuerfrei, solange der Sparerfreibetrag nicht überschritten wird. Das bedeutet sozusagen ein doppeltes Plus: Hier wird die Steuer gemindert (Schuldzinsen aus Darlehen), dort fällt sie nicht an (Kapitaleinkünfte).

6.2.2 Vorfälligkeitsentschädigung

Für eine Sondertilgung oder eine Umfinanzierung muss mit dem Kreditgeber ein so genannter Aufhebungsvertrag geschlossen werden, in dem die Bedingungen für eine vorzeitige Kündigung niedergelegt sind. Der Kreditgeber wird dabei eine so genannte Vorfälligkeitsentschädigung verlangen.

224.000 Euro als Darlehen mit 10-jähriger Zinsbindung, Effektivzins 4,07 Prozent, jährlich also umgerechnet 13.440 Euro. Während der Darlehensphase sinken die Zinsen. Nach fünf Jahren plant der Immobilienfinanzierer eine Sondertilgung von 50.000 Euro, um die Restschulden zu senken.

Der Kreditgeber wird dies mit Hinweis auf den Zinsschaden, der ihm dadurch entsteht, nicht ohne weiteres akzeptieren. Angenommen, der vom Institut aktuell verlangte Effektivzins liegt bei 3,07 Prozent. Die 50.000 Euro, die er nun erhält, kann er dem nächsten Kreditnehmer nur zu diesen neuen Konditionen überlassen, umgerechnet ein Einnahmeverlust von rund 2.173 Euro pro Jahr. Für die Restlaufzeit von fünf Jahren ergibt das immerhin einen Zinsverlust von knapp 11.000 Euro, ohne Berücksichtigung der Zinseszinsen. Nutzt der Kreditnehmer zudem den neuen finanziellen Spielraum für eine höhere Tilgung, ist der Schaden aus Sicht des Instituts noch sehr viel höher.

Die gleichen Überlegungen stellt der Kreditgeber an, wenn man während der Zinsbindung umschulden möchte, zum Beispiel weil die Zinsen gesunken sind. In beiden Fällen wird das Institut verlangen, dass ihm der Zinsverlust ersetzt wird. Auch hier fällt also eine Vorfälligkeitsentschädigung an, um deren Höhe es schon häufig Auseinandersetzungen gab.

Der Kunde hat laut Bundesgerichtshof das Recht, einen Vertrag vorzeitig aufzulösen. Dieses Kündigungsrecht gilt aber nur unter einer Bedingung: wenn er die Immobilie verkaufen möchte, egal aus welchem Grund. Begründet wurde das vom BGH mit der wirtschaftlichen Handlungsfreiheit des Kunden. Einen Wermutstropfen hat diese Regelung aber:

Der Kreditgeber muss einem vorzeitigen Vertragsausstieg nicht zustimmen, wenn es Ihnen nur darum geht, an günstigere Zinsen und damit an einen billigeren Kredit heranzukommen. Falls das Kreditinstitut dennoch einem Vertragsausstieg zustimmt, kann es in einem solchen Fall deutlich höhere Vorfälligkeitsentschädigungen verlangen, als ihm dies normalerweise erlaubt ist (mehr dazu am Ende dieses Abschnitts).

Refinanzierungskosten

Der BGH hat die Höhe dieser Vorfälligkeitsentgelte genau geregelt. Er überlässt den Kreditinstituten zwei Berechnungsmöglichkeiten. Bei der in der Praxis häufiger angewandten Methode werden die Refinanzierungskosten zugrunde gelegt. Der Schadenersatz berechnet sich in diesem Fall danach, wie viel Geld dem Kreditgeber verloren geht, wenn er die frei werdenden Mittel in festverzinsliche Wertpapiere anlegt (die sogenannte Aktiv-Passiv-Methode). Maßstab dafür ist die Rendite von Hypothekenpfandbriefen (nach einem BGH-Urteil v. 7.11.2000, AZ: XI ZR 27/00).

Dieser (fiktive) Wiederanlage-Zins darf nicht einheitlich festgelegt werden. Er muss gestaffelt sein, also den Anlagezeitraum und die sich daraus ergebenden Zahlungsströme sowie laufende Anpassungen an die (reale) Zinsstruktur berücksichtigen. Das gleiche Prinzip gilt für die Berechnung der Zinsen, die der Kunde bis zum Ende der Laufzeit hätte zahlen müssen. Dafür muss außerdem der vereinbarte Nominalzinssatz zugrunde gelegt werden, und nicht der effektive Zins, der im Vertrag steht.

Außerdem darf das Institut nicht die volle Differenz verlangen. Erstens muss es die ersparten Verwaltungsaufwendungen abziehen, und zwar unabhängig von der Darlehenssumme. Üblich sind dabei bis zu 5 Euro pro Monat. Und zweitens muss es einen finanziellen Gegenwert für das entfallene Risiko beim abgelösten Kredit einbeziehen. Wie das berechnet werden muss, hat der BGH ebenfalls festgelegt, nämlich als Prozentsatz vom Darlehen, der zwischen 0,05 Prozent und 0,06 Prozent liegt.

Zinsverschlechterungsschaden

Bei der anderen Methode geht es um den Betrag, den das Institut verliert, wenn es die zurückerhaltene Darlehenssumme bei gesunkenen Zinsen nur zu schlechteren Konditionen an einen neuen Kreditnehmer wieder ausleihen kann (die sogenannte Aktiv-Aktiv-Methode). Dafür darf der Kreditgeber einen so genannten Zinsverschlechterungsschaden berechnen. Entscheidend dabei ist die Differenz zwischen den Zahlungsströmen, die das Darlehen während der Restlaufzeit ausweist, und den Zahlungsströmen, die der Kreditgeber für einen neuen Kredit mit entsprechender Laufzeit bekäme. Beide Zahlungsströme müssen auf den heutigen Stand abgezinst werden. Dabei müssen auch hier die reale Zinsstruktur und der Zins von Hypothekenpfandbriefen zugrunde gelegt werden (siehe oben).

Zusätzlich darf das Institut dabei einen Zinsmargenschaden geltend machen. Er ist das Äquivalent für den Gewinn, der dem Kreditgeber durch die Kündigung entgeht. Diese Marge sollte sich auf die Restschuld beziehen und nach Ansicht untergeordneter Gerichte und auch der Verbraucherschützer nicht mehr als 0,5 Prozent pro Jahr betragen.

Nichtabnahmeentschädigung

Übrigens gelten diese Regelungen auch für die so genannte Nichtabnahmeentschädigung. Die wird fällig, wenn der Darlehensnehmer bereits einen Vertrag unterschrieben hat, das Geld aber nicht abruft, zum Beispiel weil der Kaufvertrag über die Immobilie geplatzt ist.

Nach einem BGH-Urteil kann jeder Kunde eine Neuberechnung verlangen. Die Verjährungsfrist für Vorfälligkeits- beziehungsweise Nichtabnahmeentschädigungen beträgt allerdings nur 3 Jahre. Sollte der Kreditgeber im Nachhinein feststellen, dass er zu wenig an Vorfälligkeitsentschädigung verlangt hat, ist das nicht das Problem des Kunden:

Die nach dem BGH-Urteil berechnete Vorfälligkeitsentschädigung stellt eine Maximalsumme und somit eine Obergrenze dar. Pech also für das Institut, wenn es zu wenig berechnet hat. Sie müssen jedenfalls nichts nachzahlen.

Übrigens: Falls ein Ersatzkreditnehmer für das Darlehen gefunden wird, der bereit ist, zu gleichen Konditionen einzuspringen, darf überhaupt keine Entschädigung verlangt werden. Dies ist eine letztinstanzliche Entscheidung des BGH (Urteil v. 30.11.1989, AZ: III ZR 197/88).

Das Kreditinstitut darf auch keine Vorfälligkeitsentschädigung verlangen, wenn der Darlehensnehmer für den Kauf einer neuen Immobilie sein noch nicht abbezahltes Eigenheim verkauft und sein Bankdarlehen unverändert weiterlaufen lassen möchte. Voraussetzung ist nach einem Urteil des Bundesgerichtshofs allerdings, dass er der Bank eine gleichwertige Sicherheit anbietet und ein „berechtigtes Interesse" am Umzug ins neue Heim hat. Außerdem dürfen der Bank keine sonstigen Nachteile entstehen – was bedeutet, dass der Kreditnehmer die mit dem Austausch verbundenen Verwaltungskosten (zum Beispiel durch den Eintrag einer neuen Grundschuld) selbst tragen muss (BGH-Urteil v. 3.2.2004, AZ: XI ZR 398/02).

Wer vorzeitig aus einem Kreditvertrag aussteigen will, nur um an günstigere Zinsen heranzukommen, muss mit einer deutlich höheren Vorfälligkeitsentschädigung rechnen als in den bisher beschriebenen Fällen. Denn nach einem BGH-Urteil (Urteil v. 6.5.2003, AZ: XI ZR 226/02) dürfen Kreditinstitute Zuschläge verlangen, die bis zum Doppelten des Üblichen (siehe die Berechnungsmethoden oben) gehen können.

Darlehensnehmer können zwar die Ablösesumme anfechten, wenn sie deren Höhe für sittenwidrig halten. Doch ist dies nach Ansicht des Gerichts nur dann der Fall, wenn das Kreditinstitut mehr als 100 Prozent seines entstandenen Schadens verlangt. Mit anderen Worten:

Es macht bei laufenden Kreditverträgen häufig keinen Sinn, umzuschulden, also vorzeitig zu kündigen, um an günstigere Zinsen heranzukommen. Denn die Vorfälligkeitsentschädigung, die in einem solchen Fall vom Kreditinstitut verlangt werden kann, macht den Zinsvorteil in der Regel zunichte.

6.2.3 Wann sich die Umfinanzierung lohnt

Wie im vorherigen Abschnitt beschrieben, ist es wenig empfehlenswert, einen Darlehensvertrag vorzeitig zu kündigen – jedenfalls dann nicht, wenn es dem Kreditnehmer nur um günstigere Zinsen geht. Dennoch lohnt es sich, einmal einen Blick darauf zu werfen, welche Überlegungen bei einer Sondertilgung oder einer Umschuldung eine Rolle spielen. Grundsätzlich gilt:

Die Vorfälligkeitsentschädigung fällt umso höher aus, je mehr die Zinsen seit Vertragsabschluss gesunken sind und je länger die Zinsbindung des Darlehens noch läuft.

Die Vorfälligkeitsentschädigung, die das Institut verlangt, muss aufgerechnet werden gegen die Zinsen, die in Zukunft eingespart werden. Das zu berechnen ist – theoretisch – relativ einfach und funktioniert durch einen Vergleich der jeweiligen Restschuld.

Eine Familie hat 224.000 Euro als Darlehen mit 10-jähriger Zinsbindung aufgenommen und zahlt derzeit 4 Prozent nominal plus 2 Prozent Tilgung an den Kreditgeber zurück, jährlich also 13.440 Euro. Während der Darlehensphase sinken die Zinsen. Nach 8 Jahren überlegt die Familie, einen neuen Vertrag mit 10-jähriger Bindungsfrist und einem nominalen Zins von 3,5 Prozent abzuschließen. Die Restschuld beträgt zu diesem Zeitpunkt 181.844 Euro. Nun lautet die Frage: Ist eine vorzeitige Kündigung sinnvoll?

Der Kreditgeber würde die vorzeitige Vertragsauflösung akzeptieren, aber nur mit einer Vorfälligkeitsentschädigung in Höhe seiner Refinanzierungsmöglichkeiten. Bei einer (Rest-)Laufzeit von 2 Jahren und einem angenommenen Effektivzins von 2 Prozent für das festverzinsliche Wertpapier errechnet das Institut eine Vorfälligkeitsentschädigung von 4.797 Euro.

Die Vorfälligkeitsentschädigung wird nun auf die Restschuld zum Ablösetermin aufaddiert; das ergibt ein neues Gesamtdarlehen von 186.641 Euro. Festgelegt auf 10 Jahre mit 3,5 Prozent nominal plus 2,5 Prozent Tilgung, bleibt die jährliche Belastung bei 13.440 Euro. Nach 2 Jahren liegt die Restschuld bei 172.352 Euro.

Dazu der Vergleich ohne Umschuldung: Wenn die Familie die vollen 10 Jahre abwartet, hat sie nach Ende der Zinsbindungsfrist eine Restschuld von 171.775 Euro. Ist das Zinsniveau gleich geblieben, würde sie jetzt ohne Umschuldung besser dastehen. Ist der Zins aber in der Zwischenzeit wieder angestiegen, muss nachgerechnet werden, ab wann sich die Umschuldung gelohnt hat.

Das Problem dabei ist, dass man nie genau wissen kann, wie sich die Zinsen in Zukunft entwickeln und wie hoch daher die Zinsen am Ende der noch laufenden Zinsbindungsfrist sein werden. Nur dann ließe sich nämlich eine solch genaue Berechnung unter Berücksichtigung der Vorfälligkeitsentschädigung anstellen.

Am ehesten lohnt sich für Sie eine Sondertilgung oder Umschuldung dann, wenn der Vertrag in einer Niedrigzinsphase vorzeitig gekündigt wird. Unter Kostenaspekten ist ein Wechsel nur dann lohnenswert, wenn die Zinsdifferenz zwischen altem und neuem Darlehensvertrag mindestens 0,25 Prozentpunkte beträgt.

Denn bei jedem Wechsel des Kreditinstituts entstehen außerdem Notarkosten, wenn man die Buchgrundschuld auf den neuen Kreditgeber übertragen lässt. Und die müssen bei der Rechnung ebenfalls berücksichtigt werden.

In der vereinfachten Beispielrechnung ist eines zudem deutlich geworden:

Finanzielle Spielräume nach einer Vertragskündigung sollten Sie nutzen, um einen höheren Tilgungssatz zu vereinbaren und damit die Schulden schneller abzubauen.

6.2.4 Vorzeitige Kündigung bei Hypothekendarlehen mit Disagio

Bei einer vorzeitigen Kündigung des Vertrages ist der Kreditgeber nicht verpflichtet, das Disagio anteilig zurückzahlen. Grundsätzlich ist das Disagio nur noch in vier Fällen zu erstatten:

- Das Disagio wurde über die gesamte Laufzeit verteilt. Macht der Kunde von seinem Kündigungsrecht bei Ende der Zinsfestschreibung Gebrauch, so ist das anteilige Disagio herauszugeben.
- Es wurde ein Darlehen mit einer Zinsfestschreibung von länger als zehn 10 Jahren vereinbart und das Disagio auf die Zinsfestschreibungszeit verteilt. Macht der Darlehensnehmer von seinem Kündigungsrecht nach dem zehnten Jahr Gebrauch (siehe oben), ist das nicht verbrauchte Disagio zu erstatten.
- Wurde eine Vorfälligkeitsentschädigung nach einem Effektivzinsvergleich berechnet, so ist das unverbrauchte Disagio in Abzug zu bringen, da das Disagio im Effektivzins enthalten ist.
- Ist das Zinsniveau zum Zeitpunkt der Aufhebung gestiegen, so dass die Bank den zurückfließenden Darlehensbetrag zu einem höheren Zinssatz wieder ausleihen kann, entsteht ihr kein Zinsverschlechterungsschaden. Sie hat vielmehr einen wirtschaftlichen Vorteil, der zu einer Erstattung des Disagios führen kann.

In allen anderen Fällen, insbesondere, wenn das Darlehen auf Wunsch des Kreditnehmers vorzeitig zurückgezahlt wird, verbleibt der Bank das anteilige Disagio als Teil ihrer rechtlich geschützten Zinserwartung (BGH-Urteil v. 8.10.1996, AZ: XI ZR 283/95). Wird das Disagio nicht erstattet, gilt folgender Grundsatz:

Verlangt der Kreditgeber von Ihnen eine Vorfälligkeitsentschädigung, muss er ein Disagio damit verrechnen.

Falls das Recht besteht, den Vertrag zu kündigen (weil es im Vertrag verankert war oder weil man verkaufen will) oder eine Sondertilgung vorzunehmen, hat man Anspruch auf eine anteilige Erstattung des Disagio. Auch das hat der BGH bereits höchstrichterlich entschieden (Urteil v. 29.5.1990, AZ: XI ZR 231/89). Klauseln im Kreditvertrag, die das umgehen wollen, haben keine Gültigkeit.

Zinssummen-Methode

Der BGH hat auch klargestellt, wie diese anteilige Rückzahlung bei einem normalen Annuitätendarlehen zu berechnen ist (Urteil v. 8.5.1990, AZ: XI ZR 158/97). Danach müssen die Kreditinstitute die Zinssummen-Methode anwenden. Grundlage dafür ist, dass bei einem Annuitätendarlehen wegen der fortlaufenden Tilgung der Zinsanteil in der zu zahlenden Rate mehr und mehr schrumpft. Das Institut addiert nun die Zinssumme auf, die der Kreditnehmer bis zum Ablösetag gezahlt hat. Danach ermittelt es die Zinssumme, die bis zum eigentlichen Vertragsende noch aufzubringen wäre. Beide Summen werden dann ins Verhältnis gesetzt. Mit diesem Verhältnis wird auch das Disagio in den verbrauchten und in den nicht verbrauchten Teil aufgeteilt. Den nicht verbrauchten Teil zahlt der Kreditgeber zurück.

Bei einem tilgungsfreien Darlehen entspricht der zu erstattende Teil des Disagios dem noch ausstehenden Anteil der vereinbarten Laufzeit. Der Kreditgeber muss also das Disagio gleichmäßig auf den Festschreibungszeitraum verteilen.

Auch für Darlehen mit variablen Zinsen gilt das Recht auf Erstattung des Disagios. Anders ist die Situation bei Krediten, die mit öffentlichen Zuschüssen gefördert wurden. Das Disagio wird hier als Teil der Kosten betrachtet, die durch diese Förderung entstanden sind (BGH-Urteil v. 19. 10. 1993, AZ: XI ZR 49/93).

Unabhängig von der Ausgestaltung des Darlehens hat man bei nachträglicher Erstattung des Disagios auf jeden Fall einen Verzinsungsanspruch.

Denken Sie also daran, sich den ausgezahlten Disagio-Anteil zusätzlich verzinsen zu lassen. Denn der Kreditgeber hat mit dem einbehaltenen Betrag aus dem Disagio einen Gewinn erwirtschaftet, den er auch anteilig an Sie weitergeben muss.

Wenn der Kreditgeber fair ist, orientiert er sich bei der Höhe der Verzinsung daran, was er während der Laufzeit des Vertrages an Gewinnen aus dem Hypothekengeschäft erwirtschaftet hat. Auf jeden Fall sollte man sich von seinem Kreditgeber nicht mit dem Hinweis auf irgendwelche Bearbeitungsgebühren abspeisen lassen.

Nach bisheriger Bankenpraxis müssen Sie leider davon ausgehen, dass das erste Angebot des Kreditgebers zu niedrig liegt. Fordern Sie deshalb eine Erhöhung und akzeptieren Sie die Zahlung letztlich nur unter ausdrücklichem Vorbehalt.

So behält man sich das Recht vor, nachträglich eine höhere Zinsentschädigung zu fordern. Aber keine Angst: Wer es bisher versäumt hat, die Abrechnung seines Kreditgebers zu beanstanden, geht ebenfalls nicht leer aus. Einen stillschweigenden Verzicht, wie einige Banken bereits argumentiert haben, sieht der BGH nämlich darin nicht (Urteil v. 16.11.1993, AZ: XI ZR 70/93). Eine Ausnahme besteht dann, wenn der Disagio-Anteil erkennbar in die Berechnung der Vorfälligkeitsentschädigung mit eingeflossen ist (BGH-Urteil v. 23.11.1993, AZ: XI ZR 66/93).

6.2.5 Vorratsdarlehen

Das Vorratsdarlehen, auch Forwarddarlehen genannt, ist eine Alternative zur vorzeitigen Kündigung: Man sichert sich bei einem Kreditgeber die günstigen Konditionen für ein (Anschluss-)Darlehen, nimmt es aber erst in Anspruch, wenn der Vertrag für das laufende Darlehen beendet ist. Für solch ein Vorratsdarlehen werden vom Kreditgeber Bereitstellungszinsen berechnet.

Schieben Sie den Zeitpunkt möglichst weit hinaus, ab dem für das neue Darlehen Bereitstellungszinsen verlangt werden. Mit ein wenig Verhandlungsgeschick können Sie unter Umständen eine Frist von bis zu einem halben Jahr herausholen.

Was sich nun mehr lohnt – die vorzeitige Kündigung des laufenden Darlehens mit einer Vorfälligkeitsentschädigung oder der Abschluss eines Vorratsdarlehens mit Bereitstellungszinsen –, muss im Einzelfall gegeneinander aufgerechnet werden.

Vorratsdarlehen: 50.000 Euro, Laufzeit 10 Jahre, Nominalzins 4 Prozent, Tilgung 7,5 Prozent, Effektivzins 4,07 Prozent, Bereitstellungszinsen: 0,25 Prozent monatlich ab dem sechsten Monat.

Ein Jahr vor Ablauf des laufenden Vertrags soll das Vorratsdarlehen abgeschlossen werden. Demnach fallen bis zur Auszahlung des Neudarlehens zusätzlich 875 Euro an (50.000 Euro x 0,25 Prozent x 7 Monate). Dieser Betrag wird auf die Darlehenssumme draufgeschlagen und erhöht den Effektivzins des Vorratsdarlehens auf 4,43 Prozent. Steigt das Zinsniveau innerhalb dieses Jahres um mehr als 0,36 Prozentpunkte, hat sich der Abschluss eines Vorratsdarlehens gelohnt.

Da es in der Regel nicht bei einem Darlehen bleibt, muss sich der Immobilienfinanzierer – rechtzeitig – um ein Anschlussdarlehen kümmern. Unter Umständen wird die Anschlussfinanzierung vorzeitig notwendig, etwa weil man umschulden oder eine Sondertilgung vornehmen möchte. Es hängt dann von der Vertragsgestaltung des ursprünglichen Darlehens ab, ob dabei zusätzliche Kosten anfallen, zum Beispiel in Form einer Vorfälligkeitsentschädigung. In einem solchen Fall sollte man sehr genau nachrechnen, ob sich die vorzeitige Kündigung überhaupt lohnt.

7. Kapitel

Staatliche Förderung

7

Staatliche Förderung beim Erwerb eines Eigenheims kann man auf ganz unterschiedliche Art erhalten. Das hängt in erster Linie davon ab, ob das Eigenheim selbst genutzt wird oder eine Kapitalanlage ist. Daneben gibt es Erhaltungs- und Sanierungszuschüsse, steuerliche oder kommunale Förderung, Lastenzuschüsse und schließlich auch Zuschüsse über die Riester-Rente. Für Kapitalanleger sind vor allem die steuerlichen Aspekte interessant, zum Beispiel durch einen Verlustausgleich und Abschreibungsmöglichkeiten, gleichzeitig muss man jedoch vor Steuerfallen auf der Hut sein. Alle Aspekte der staatlichen Förderung, sowohl für Selbstnutzer als auch für Kapitalanleger, werden in diesem Kapitel behandelt.

7.1 Staatliche Förderung für Selbstnutzer

Das Eigenheim wurde in Deutschland jahrzehntelang auf ganz unterschiedliche Weise staatlich unterstützt. Entweder subventionierte der Staat die eigenen vier Wände und räumte Steuervergünstigungen ein, oder er erleichterte mit zinslosen beziehungsweise verbilligten Darlehen den Bau der eigenen Immobilie. Doch bei knapper werdenden staatlichen Mitteln wurde auch die Förderung des Eigenheims immer weiter zurückgeschraubt. Besonders einschneidend erwies sich dabei die Abschaffung der Eigenheimzulage im Jahr 2006. Zwar wurde dieser staatliche Zuschuss für eigengenutzte (Neu-)Bauten in den Jahren davor bereits mehr und mehr reduziert. Doch das endgültige Aus der Zulage führte zu einem Einbruch beim Erwerb von eigengenutzten Immobilien. Erst durch das historisch niedrige Zinsniveau in jüngster Zeit setzte wieder ein Run auf Privatimmobilien ein.

7.1.1 Handwerkerkosten

Mieter und Wohnungseigentümer können Handwerkerleistungen steuerlich geltend machen, wenn sie die Arbeiten für eine Wohnung in Auftrag geben, die sie selbst nutzen. Das gilt auch dann, wenn sie in Deutschland ansässig (und damit steuerpflichtig) sind und innerhalb der EU einen (weiteren) Haushalt haben, für den sie den Steuerbonus in Anspruch nehmen. Begünstigt sind alle Renovierungs- und Sanierungsarbeiten, egal ob es sich um Erhaltungs- oder Modernisierungsarbeiten handelt. Beispiel: Modernisierung des Badezimmers oder das Verlegen von Fliesen im Eingangsbereich der Wohnung. Handwerkliche Tätigkeiten für einen Neubau können nicht steuerlich geltend gemacht werden. Dazu gehören alle Maßnahmen, die im Zusammenhang mit einer Wohnflächenschaffung beziehungsweise -erweiterung anfallen. Beispiel: ein Dachausbau, damit die Tochter eine eigene Etage hat.

Zu den handwerklichen Tätigkeiten zählen nach einem Erlass der Finanzverwaltung unter anderem

- Arbeiten an Innen- und Außenwänden,
- Arbeiten am Dach, an der Fassade, an Garagen,
- Reparatur oder Austausch von Fenstern und Türen,
- Streichen/Lackieren von Türen, Fenstern (innen und außen), Wandschränken, Heizkörpern und -rohren,
- Reparatur oder Austausch von Bodenbelägen wie Teppichboden, Parkett, Fliesen,
- Reparatur, Wartung oder Austausch von Heizungsanlagen, Elektro-, Gas- und Wasserinstallationen,
- Modernisierung oder Austausch der Einbauküche,
- Modernisierung des Badezimmers,
- Reparatur und Wartung von Gegenständen im Haushalt, also Waschmaschine, Geschirrspüler, Herd, Fernseher, Computer und anderen Gegenständen, die in der Hausratversicherung mitversichert werden können,
- Maßnahmen der Gartengestaltung,
- Pflasterarbeiten auf dem Wohngrundstück,

- Aufwendungen zur Überprüfung von Anlagen, zum Beispiel die Gebühr für den Schornsteinfeger oder für die Kontrolle von Blitzschutzanlagen; Aufwendungen für technische Prüfdienste (zum Beispiel für Heizungsanlagen) sind nicht begünstigt, weil sie vergleichbar sind mit Gutachtertätigkeiten,
- handwerkliche Leistungen für Hausanschlüsse (Kabel für Strom oder Fernsehen), soweit die Aufwendungen die Zuleitung zum Haus oder zur Wohnung betreffen. Das gilt sogar für den Fall, dass die Arbeiten auf einem angrenzenden öffentlichen Gelände anfallen (BFH-Urteil v. 20.3.2014, AZ: VI R 56/12).

20 Prozent der Aufwendungen bis 6.000 Euro, also maximal 1.200 Euro, können von der Steuerschuld (!) abgezogen werden (§ 35a Absatz 3 EStG). Liegen die Kosten (inklusive Anfahrt) unter 300 Euro, sind sie allerdings seit Anfang 2015 nicht mehr absetzbar.

Ein Fliesenleger kachelt das Badezimmer und stellt eine Rechnung über 2.000 Euro plus 19 Prozent Mehrwertsteuer aus. Davon betragen die Materialkosten 500 Euro plus Mehrwertsteuer (insgesamt 595 Euro), die Arbeitskosten 1.500 Euro zuzüglich Mehrwertsteuer (insgesamt 1.785 Euro). Die Summe, die bei der Steuer geltend gemacht werden kann, beträgt also 357 Euro (20 Prozent von 1.785 Euro). Die Steuerschuld bei der Einkommensteuer beläuft sich auf 10.000 Euro. Davon können die 357 Euro abgezogen werden – das ergibt schließlich eine Steuerschuld von 9.643 Euro.

Die Steuerermäßigung kann weder vor- noch zurückgetragen werden, falls der Auftraggeber zum Beispiel im laufenden Jahr nicht (einkommen-)steuerpflichtig ist. Diese Vorschrift ist aus Sicht des Bundesfinanzhofs auch nicht verfassungswidrig (BFH-Urteil v. 29.1.2009, AZ: VI R 44/08). Allerdings gibt es durchaus die Möglichkeit, die Steuervergünstigungen auf mehrere Jahre zu verteilen.

Wenn Sie größere Renovierungen auf mehrere Jahre verteilen, können Sie die Steuerermäßigung mehrfach in Anspruch nehmen.

Ehepaar Funke lässt die Außenfassade seines Eigenheims verputzen. Die Rechnung des Handwerkers erhalten sie zum Jahresende. Die gesondert ausgewiesenen Arbeitskosten betragen 8.000 Euro. Noch im Dezember überweisen die Funkes die erste Rate in Höhe von 6.000 Euro und sichern sich damit die maximale Steuerermäßigung für das alte Jahr in Höhe von 1.200 Euro. Den Restbetrag in Höhe von 2.000 Euro zahlen sie im folgenden Jahr und erhalten nochmals eine Steuerermäßigung von 400 Euro.

Wie das Beispiel zeigt: Wichtig ist, dass die Handwerkerrechnung Arbeits- und Materialkosten getrennt (und mit Mehrwertsteuer) ausweist. Der Rechnungsbetrag muss zum Nachweis der Zahlung auf das Konto des Handwerksbetriebs überwiesen werden. Barzahlung ist deshalb nicht möglich. Dieses Barzahlungsverbot hat inzwischen den höchstrichterlichen Segen des Bundesfinanzhofs, nachdem gegen die Regelung geklagt wurde (BFH-Urteil v. 20.11.2008, AZ: VI R 14/08). Als Nachweis dient ein Beleg des Kreditinstituts, also ein Überweisungsbeleg oder ein Kontoauszug.

Rechnungen und Überweisungsbeleg müssen inzwischen nicht mehr mit der Steuererklärung eingereicht werden. Allerdings muss man die Unterlagen jederzeit vorlegen können, wenn das Finanzamt dies verlangt. Die Belege müssen noch mindestens zwei Jahre aufgehoben werden, und zwar zwei Jahre ab Erhalt des Steuerbescheids, zu dem die Rechnungen eingereicht wurden.

Den Höchstbetrag der Steuermäßigung können zusammenveranlagte Ehepaare nur einmal in Anspruch nehmen, auch wenn sie mehrere Wohnungen nutzen (BFH-Urteil v. 29.7.2010, AZ: VI R 60/09). Das gleiche gilt für eine nicht-ehelichen Lebensgemeinschaft und eingetragene Lebenspartner mit einem gemeinsamen Haushalt. Sind beide Partner Auftraggeber, werden die Ausgaben dem Partner zugeordnet, der gezahlt hat, oder sie werden je zur Hälfte berücksichtigt.

Den Steuerabzug können Eigentümer selbst dann für Immobilien beanspruchen, wenn sie dort (noch) nicht wohnen, allerdings nur, wenn sie beabsichtigen, die Wohnung anschließend selbst zu nutzen. Soll hingegen die Immobilie nach der Renovierung vermietet werden, sind die Renovierungs- und Modernisierungskosten als Werbungskosten bei den Einkünften aus Vermietung und Verpachtung absetzbar (siehe Abschnitt 7.2).

Bei Wohnungseigentümern, die zu einer Eigentümergemeinschaft gehören, werden vom Hausgeld häufig auch Handwerkerarbeiten bezahlt. Auch die können steuermindernd geltend gemacht werden, allerdings, wie bereits erwähnt, nur die Fahrt- und Arbeitskosten. Ergeben sich die Beträge nicht aus der Jahresabrechnung, müssen sie nachgewiesen werden. Der Anteil des einzelnen Wohnungseigentümers muss dabei anhand seines Beteiligungsverhältnisses individuell errechnet und entsprechend vom Verwalter als anteilige Aufwendung bescheinigt werden.

Für das Erneuern des Dachs werden den Wohnungseigentümern – gleiche Anteile vorausgesetzt – jeweils 600 Euro in Rechnung gestellt. Aus der Rechnung ergibt sich, dass davon zwei Drittel Fahrt- und Arbeitskosten ausmachen; der Rest entfällt auf das Material. Die Wohnungseigentümer können also 80 Euro (400 Euro x 20 Prozent) von ihrer Steuerschuld abziehen.

Falls die Abrechnung des Verwalters einer Wohnungseigentümergemeinschaft (WEG) Zahlungen für Handwerkerleistungen enthält, hat der Eigentümer die Wahl, die Steueranrechnung im Jahr der Zahlung zu beantragen oder erst in dem Jahr, in dem ihm die Abrechnung des Verwalters zugeht. Das hat das FG Baden-Württemberg entschieden (FG Baden-Württemberg, Urteil v. 20.11.2012, AZ: 11 K 838/10).

7.1.2 Haushaltsnahe Dienstleistungen

Aufwendungen für Haushaltsnahe Dienstleistungen, wie zum Beispiel die Reinigung einer Wohnung oder das Streichen von Wänden, können ebenfalls steuerlich geltend gemacht werden. Die Entlastung beträgt 20 Prozent der Aufwendungen von bis zu 20.000 Euro, maximal also 4.000 Euro pro Jahr.

Begünstigt sind Haushaltsnahe Dienstleistungen wie Kinderbetreuung, Rasenmähen, Fensterputzen, Teppichreinigung und einfach zu verrichtende Handwerksarbeiten (Reparaturarbeiten) in der eigenen Wohnung. Auch die Entmüllung einer geerbten Immobilie zählt dazu, wird sie danach zu eigenen Wohnzwecken genutzt. Haushaltsnahe und handwerkliche Arbeiten sind nach dem Bundesfinanzhof klar voneinander abzugrenzen (BFH-Urteil v. 1.2.2007, AZ: VI R 77/05). „Haushaltsnah" sind danach Tätigkeiten, die gewöhnlich durch Mitglieder des privaten Haushalts oder entsprechend Beschäftigte erledigt werden und in regelmäßigen Abständen anfallen. Handwerkliche Tätigkeiten können im Regelfall nur von Fachkräften durchgeführt werden.

Außerdem muss die Dienstleistung im Haushalt des Antragstellers (in Deutschland oder in einem EU-Staat) erbracht werden. Wer seine Hemden zum Waschen und Bügeln in die Reinigung bringt, bekommt nichts vom Finanzamt. Personenbezogene Dienstleistungen sind ebenfalls nicht begünstigt, selbst wenn zum Beispiel die Friseurin oder die Kosmetikerin nach Hause kommt.

Zum Haushalt gehören auch eine selbst genutzte Zweit-, Wochenend- oder Ferienwohnung und eine Wohnung, die einem zu berücksichtigenden Kind (Anspruch auf Kindergeld) zur unentgeltlichen Nutzung überlassen wurde.

i Die Steuerermäßigung wird auch bei mehreren Wohnungen insgesamt nur einmal bis zum Höchstbetrag gewährt.

Bei Dienstleistungen sowohl auf öffentlichem als auch auf privaten Gelände, zum Beispiel wenn die Straße gereinigt oder im Winter gestreut wird, sind nur Aufwendungen begünstigt, die auf das Privatgelände entfallen. Das heißt: Wer sowohl öffentliche als auch private Wege von einem Dienstleister räumen und reinigen lässt, muss die Kosten aufteilen. Ausnahme: Wenn der Steuerzahler als Eigentümer oder Mieter zur Reinigung und Schneeräumung von öffentlichen Straßen und Wegen verpflichtet ist (BFH-Urteil v. 20.3.2014, AZ: VI R 55/12).

Für Aufwendungen, bei denen die Entsorgung im Vordergrund steht, gibt es keinen Steuerbonus. Ist die Entsorgung aber eine Nebenleistung – zum Beispiel wenn nach einer Neuverfliesung des Bades die alten Fliesen entsorgt werden –, kann die Steuerermäßigung genutzt werden.

Auch Bewohner eines Seniorenheims können von dieser steuerlichen Regelung profitieren, wenn sie dort in ihrer eigenen Wohnung leben. Beispiele für Haushaltsnahe Dienstleistungen in einem Seniorenheim: Kosten für die Reinigung der Wohnung oder für Betreuungsleistungen. Der Bundesfinanzhof hat diese Auslegung bestätigt (BFH-Urteil v. 29.1.2009, AZ: VI R 28/08).

Die Finanzverwaltung erkennt zudem Umzugskosten an, allerdings nicht, wenn der Umzug beruflich bedingt ist (dann sind die Kosten in voller Höhe als Werbungskosten abzugsfähig). Das bedeutet: wer zum Beispiel in sein neu erworbenes Eigenheim umzieht, kann die Aufwendungen für diesen privat veranlassten Umzug steuerlich berücksichtigen. Als Beleg verlangt das Finanzamt die Rechnung der Umzugsfirma und einen Kontoauszug, aus dem hervorgeht, dass die Rechnung auch tatsächlich gezahlt wurde – unbelegte Barzahlungen oder einfache Quittungen genügen nicht.

Apropos Barzahlungsverbot: für die steuerliche Anerkennung von Haushaltsnahen Dienstleistungen gelten selbstverständlich die gleichen Bedingungen wie für die Handwerkerleistungen, also neben dem Barzahlungsverbot auch die Nachweis- und Aufbewahrungspflicht von Rechnungen. Begünstigt sind auch hier nur Arbeits- und Fahrtkosten, nicht das Material. Aber es lohnt sich trotzdem, genauer auf die Rechnung zu schauen.

Verbrauchsmittel wie Schmier-, Reinigungs- oder Spülmittel sowie Streugut lassen sich steuerlich geltend machen.

Wohnungseigentümer, die zu einer Eigentümergemeinschaft gehören, können einen Teil der Aufwendungen beim Hausgeld als Haushaltsnahe Dienstleistungen steuermindernd geltend machen. Das gilt selbst dann, wenn der Hausverwalter den Auftrag vergeben hat. Zu den Haushaltsnahen Dienstleistungen zählen die Hof-, Gehweg- und Straßenreinigung, die Fenster- und Gebäudereinigung, die Gartenpflege, die Arbeiten eines Hausmeisters oder des Schornsteinfegers, aber auch die Heizungs- und Aufzugswartung. Voraussetzung ist, dass diese Aufwendungen aus einer detaillierten Jahresabrechnung hervorgehen und eine entsprechende Bescheinigung des Verwalters vorliegt.

Haushaltsnahe Dienstleistungen können durchaus von Angehörigen erledigt werden. Bedingung ist, dass der Beschäftigte nicht im selben Haushalt wohnt und der Arbeitsvertrag rechtlich wirksam zustande gekommen ist, einem Fremdvergleich standhält und tatsächlich wie vereinbart durchgeführt wird. Die Haushaltsnahe Dienstleistung muss in jedem Fall in selbstständiger Tätigkeit erbracht werden.

7.1.3 Handwerker- und Haushaltsnahe Dienstleistungen gemeinsam

Die Steueranrechnung für beide Leistungen wird doppelt gewährt, wenn zwei Steuerzahler im Laufe des Jahres erstmals einen gemeinsamen Haushalt begründen oder wenn der gemeinsame Haushalt während des Jahres aufgegeben wird. Das geht aus einem Schreiben der Senatsverwaltung für Finanzen hervor (Runderlass ESt-Nr. 20 vom 15.10.2010, AZ: III B S 2506 – 1/2007). Dies gilt für Ehepaare, für eingetragene Lebenspartner sowie für unverheiratete Paare.

Bei Handwerker- und Haushaltsnahen Dienstleistungen sind nur Renovierungs-, Erhaltungs- und Modernisierungsarbeiten begünstigt.

Doch durch geschicktes Timing können auch Leistungen für Arbeiten geltend gemacht werden, die eigentlich nicht in diese Kategorien fallen. Hintergrund ist ein Urteil des Bundesfinanzhofs (Urteil v. 13.7.2011, AZ: VI R 61/10). Der Kläger hatte sein Haus bezogen und erst danach den Garten erstmalig (!) anlegen lassen. Der BFH folgte seiner Argumentation, dass es sich um Leistungen für einen bereits bezogenen Haushalt handele.

Eine Baufirma stellt ein schlüsselfertiges Haus auf, ohne den Garten anzulegen und zu gestalten. Der Eigentümer bezieht das Haus und beauftragt erst danach eine Firma mit der erstmaligen Anlage des Gartens. In diesem Fall kann er Handwerkerleistungen für eine Steueranrechnung geltend machen. Allerdings wird das Finanzamt von ihm Nachweise verlangen, dass das Haus tatsächlich schon bezogen ist (zum Beispiel Umzugs-, Strom-, Telefonrechnung für den erstmaligen Anschluss).

Unter Umständen kann die Steueranrechnung auch für andere Maßnahmen gelten (bis zur Drucklegung des Buchs nicht geklärt):

- Anbau eines Wintergartens,
- Einbau einer Infrarotheizung oder Ähnlichem,
- Einbau einer kleinen Solaranlage (nur für die eigene Nutzung),
- Ausbau des Dachgeschosses,
- Schaffung eines echten Gästezimmers, indem das bisher offen zugängliche Zimmer im Obergeschoss durch Einbau einer Tür und einer Trennwand zu einer abschließbaren Einheit wird,
- Einbau eines Arbeitszimmers, Hobby- oder Partyraums im Kellergeschoss,
- Einbau einer Sauna,
- Vergrößerung eines Zimmers durch Einbau einer Dachgaube.

Fügen Sie Ihrer Steuererklärung ein Schreiben bei, in dem Sie den Anlass für die Steueranrechnung erläutern. Bisher soll das neue BFH-Urteil laut Finanzbehörden nur bei der Gartengestaltung angewandt werden und nicht bei Maßnahmen im Innern eines bestehenden Haushalts.

7.1.4 Gebäude in Sanierungsgebieten und Baudenkmale

Aufwendungen, die durch Sanierungsmaßnahmen an Gebäuden in förmlich festgelegten Sanierungsgebieten und städtebaulichen Entwicklungsbereichen entstanden sind sowie an selbst genutzten oder unentgeltlich überlassenen Baudenkmalen, werden steuerlich besonders gefördert. Die entsprechenden Gesetzestexte finden sich unter § 10f EStG.

Gebäude in Sanierungsgebieten

Bei Immobilien in Sanierungs- und Entwicklungsgebieten geht es um Modernisierungs- und Instandsetzungsmaßnahmen im Sinne von § 177 Baugesetzbuch, die die Gemeinde anordnet, um bestimmte im Gesetz definierte Missstände zu beseitigen beziehungsweise Mängel zu beheben. Als Eigentümer einer Immobilie ist man gegenüber der Gemeinde verpflichtet, diese Maßnahmen durchzuführen.

Missstände liegen insbesondere dann vor, wenn die bauliche Anlage nicht den allgemeinen Anforderungen an gesunde Wohn- und Arbeitsverhältnisse entspricht. Bei Mängeln durch Abnutzung, Alterung, Witterungseinflüsse oder Einwirkungen Dritter kommt es auf die Beeinträchtigung der bestimmungsgemäßen Nutzung der baulichen Anlage an. Außerdem werden Maßnahmen gefördert, die der Erhaltung, Erneuerung und funktionsgerechten Verwendung eines Gebäudes dienen, das wegen seiner geschichtlichen, künstlerischen oder städtebaulichen Bedeutung erhalten bleiben soll.

Voraussetzung für die steuerliche Förderung ist, dass der Eigentümer die Aufwendungen wirtschaftlich selbst getragen hat. Öffentliche Zuschüsse aus Sanierungs- oder Entwicklungsförderungsmitteln können nicht geltend gemacht, müssen also abgezogen werden. Außerdem muss die Gemeinde bescheinigen, dass die entsprechende Baumaßnahme auch tatsächlich durchgeführt wurde, und die Höhe der Kosten bestätigen.

Baudenkmale

Auch bei Baudenkmalen werden alle Maßnahmen gefördert, die dazu dienen, die schützenswerte Bausubstanz auf Dauer zu erhalten. Um in den Genuss der Steuervergünstigungen zu kommen, muss man sich für alle Maßnahmen mit den Behörden abgestimmt haben. Bei den Baudenkmalen wird ein förmliches Bescheinigungsverfahren vorgeschrieben, Ansprechpartner dafür ist die für Denkmalschutz und Denkmalpflege zuständige Behörde.

Auch die vom Wohnhaus getrennten Nebengebäude wie der Abstellraum für Gartenmöbel, die Hobbywerkstatt, ein Kleintierstall oder die Sattelkammer, also Gebäude, die nur mittelbar eigenen Wohnzwecken dienen, sind steuerbegünstigt. Die räumliche Trennung ist unbedeutend. So hat das Finanzgericht Niedersachsen entschieden (Urteil v. 9.2.2006, AZ: 11 K 11002/03).

Wer den Behörden-Hindernislauf – ob für Immobilien in Sanierungsgebieten oder für Baudenkmale – hinter sich hat, kann zehn Jahre lang jeweils 9 Prozent der Aufwendungen für die Baumaßnahmen als Sonderausgaben von der Steuer absetzen, beginnend mit dem Kalenderjahr, in dem die Baumaßnahmen abgeschlossen sind.

i Eine steuerliche Vergünstigung dieser Art erhalten Sie nur für ein Gebäude; falls Sie allerdings verheiratet und zusammen veranlagt sind, auch für zwei.

§ 10f EStG	
Geförderte Objekte	Baudenkmal oder Gebäude im Sanierungs-/Entwicklungsgebiet, Selbstnutzer, unentgeltliche Überlassung
Geförderte Person	Bauherr, Erwerber
Einkunftsgrenze	Keine
Objektbeschränkung	Einmal beziehungsweise zweimal bei Ehegatten
Bemessungsgrundlage	Aufwendungen für Baumaßnahmen, außerdem Erhaltungsaufwand
Beginn der Förderung	Fertigstellung beziehungsweise Abschluss der Bauarbeiten
Höchstbetrag	Keiner, aber Kürzung um Zuschüsse aus öffentlichen Mitteln
Abzugssätze	10 x 9 Prozent

7.1.5 Außergewöhnliche Belastung

Unter außergewöhnlicher Belastung versteht der Gesetzgeber, dass dem Steuerpflichtigen zwangsläufig größere Aufwendungen als der überwiegenden Mehrzahl der Steuerpflichtigen gleicher Einkommens- beziehungsweise gleicher Vermögensverhältnisse und gleichen Familienstands entstanden sind. Um Härten zu vermeiden, wird der Teil der Aufwendungen, der die zumutbare Belastung übersteigt, vom Gesamtbetrag der Einkünfte abgezogen. Dies geschieht auf Antrag bei der Einkommensteuererklärung. Dabei sind mehrere knifflige Dinge zu klären:

- welche Aufwendungen sind zwangsläufig, also wann kann man sich ihnen aus rechtlichen, tatsächlichen oder sittlichen Gründen nicht entziehen,
- wann sind die Aufwendungen den Umständen nach notwendig,
- wann sind Belastungen zumutbar,
- wie hoch ist der angemessene Betrag, den der Steuerpflichtige selbst zu tragen hat.

Umweltbelastung

Solche außergewöhnlichen Belastungen können auch im Zusammenhang mit Immobilieneigentum entstehen. So können Hauseigentümer zum Beispiel Aufwendungen wegen einer Umweltbelastung ihrer Immobilie (nach Abzug des zumutbaren Eigenanteils) als außergewöhnliche Belastung steuerlich geltend machen. Voraussetzung ist, dass diese Aufwendungen einen Gegenstand des existenznotwendigen Bedarfs betreffen, zudem eine konkrete Gesundheitsgefährdung besteht und wenn vor Beginn der Maßnahme ein amtsärztliches Gutachten eingeholt wurde (BFH-Urteil v. 20.12.2007, AZ: III R 56/04). Ein Abzug ist allerdings nur für eine angemessene Grundstücksgröße zulässig. Der BFH macht dazu keine genauen Quadratmeter-Angaben, nahm aber Bezug auf das Sozialgesetzbuch. Danach muss bei der Sozialhilfe ein selbst bewohntes „angemessenes“ Hausgrundstück nicht verwertet werden. Grundstücke bis 800 qm dürften daher ohne weiteres steuerlich noch als „angemessen“ durchgehen.

Auch Aufwendungen für die Beseitigung von Hausschwamm können als außergewöhnliche Belastungen abgezogen werden. Das ist allerdings an Bedingungen geknüpft: Durch die Sanierung wird die Immobilie wieder bewohnbar oder die Nichtbewohnbarkeit wird vermieden. Zudem darf der Schaden beim Kauf der Immobilie nicht bekannt gewesen sein, es bestehen keine realisierbaren Ersatzansprüche gegen Dritte mehr, und für die Immobilie wurde eine Wohngebäudeversicherung abgeschlossen (BFH-Urteil v. 29.3.2012, AZ: VI R 70/10).

Mängelbeseitigung

Sollte es aber nur um eine Mängelbeseitigung an der Immobilie gehen, können die Kosten dafür nicht als außergewöhnliche Belastung abgesetzt werden (BFH-Urteil v. 11.2.2009, AZ: IV B140/08). Dies ist nur möglich für Kosten, die „zwangsläufig", also unvermeidlich sind, entschied der Bundesfinanzhof in einem weiteren Fall (Urteil v. 19.6.2006, AZ: III B 37/05). Wurden dagegen beim Bau der Immobilie Baustoffe verwendet, die erst nach der Errichtung des Gebäudes verboten wurden, können die Aufwendungen als außergewöhnliche Belastung abgesetzt werden (BFH-Urteil v. 29.3.2012, AZ: VI R 21/11). Auch die Kosten für den Bau einer Hangmauer, die wegen eines Hangrutsches erforderlich wurde, kann als außergewöhnliche Belastung geltend gemacht werden. So ein Urteil des Finanzgerichts Rheinland-Pfalz (Urteil v. 19.10.2005, AZ: 1 K 2507/04), das in den Baumaßnahmen eine Schadensbeseitigung sah, ohne die das Gebäude nicht weiter benutzbar war.

Ersatzwohnung

Wird einem Immobilieneigentümer aufgrund von Baumängeln untersagt, in seinem Eigentum zu wohnen, kann er die für eine Ersatzwohnung gezahlte Kaltmiete als außergewöhnliche Belastung geltend machen (BFH-Urteil v. 21.4.2010, AZ: VI R 62/08). Das zuständige Bauordnungsamt hatte in dem Fall eine Einsturzgefahr aufgrund von Baumängeln festgestellt und den Besitzern der Eigentumswohnung untersagt, das Gebäude zu betreten. Ein Schadensersatzanspruch gegen die Verkäuferin der Wohnung war erfolglos geblieben.

Behinderungsbedingte Baumaßnahmen

Behinderungsbedingte Baumaßnahmen sind nach einer Entscheidung des Bundesfinanzhofs grundsätzlich als außergewöhnliche Belastungen abziehbar (Urteil v. 24.2.2011, AZ: VI R 16/10). Dafür gelten folgende Voraussetzungen:

- Die Umbaumaßnahmen müssen ausschließlich behinderungs- oder krankheitsbedingte Gründe haben.
- Die Aufwendungen sind sofort abzugsfähig. Die Möglichkeit der Verteilung auf mehrere Kalenderjahre ist ausgeschlossen.

Mehraufwendungen für den Neubau eines Hauses können ebenfalls als außergewöhnliche Belastung abgezogen werden, wenn diese aufgrund einer Behinderung unausweichlich waren. Das gilt nach einer Entscheidung des FG Niedersachsen insbesondere dann, wenn wegen der Behinderung mehr Quadratmeter Grund gekauft werden müssen, etwa weil nicht zwei- sondern eingeschossig und damit behindertengerecht gebaut werden konnte (FG Niedersachsen, Urteil v. 17.1.2013, AZ: 14 K 399/11).

7.1.6 Wohnraumförderungsgesetz

Es ist immer einen Versuch wert, sich ein (zusätzliches) Darlehen vom Staat zu besorgen. Denn neben dem zinslosen Familiendarlehen ist das die günstigste Art, Immobilieneigentum zu finanzieren. Staatliche Darlehen werden mit äußerst günstigen Konditionen geboten, teilweise sogar als Zuschüsse, die man nicht zurückzahlen muss. Außerdem übernehmen Bund und Länder Bürgschaften. Und auch die Gemeinden sind in diese Förderung eingebunden, indem sie verbilligtes Bauland zur Verfügung stellen, und zwar so, dass sie ihre „Wohnraumversorgungskonzepte“ zugrunde legen.

Geregelt wird dies durch das Wohnraumförderungsgesetz, kurz WoFG. Wie die Förderprogramme und die entsprechenden Richtlinien im Einzelnen ausgestaltet werden, bleibt jedem Bundesland überlassen. Was und ob man letztlich Geld bekommt, hängt also davon ab, wo die Immobilie gebaut oder gekauft wird. Über einzelne Maßnahmen muss man sich bei den zuständigen Behörden informieren.

Mit dem WoFG will man gezielt Wohnungen für Haushalte mit niedrigem Einkommen oder kinderreicher Familien und Alleinerziehender fördern. Auch der vorhandene Wohnungsbestand wird dabei berücksichtigt: Für kinderreiche Familien und andere Haushalte mit Kindern sowie Behinderte soll der Erwerb von gebrauchtem Wohneigentum gestärkt werden. Darüber hinaus werden auch diejenigen begünstigt, die über Erbbaupacht ein Grundstück erworben haben.

> **i** Wenn Sie zum Kreis der Begünstigten gehören, sollten Sie das Bauvorhaben sehr genau mit den zuständigen Behörden abstimmen, damit keine Fördergelder verloren gehen.

Förderpauschalen

Festgelegt sind die Förderbedingungen, unter denen dem Begünstigten Gelder zufließen sollen. Eine lautet zum Beispiel, dass man besonders kostensparend bauen soll. Entsprechend wird die Förderung auf einen bestimmten Betrag durch eine Pauschale begrenzt. Nicht notwendige oder übermäßige Aufwendungen des Bauherrn sollen damit unberücksichtigt bleiben. Die Höhe der Förderpauschale kann von Bundesland zu Bundesland verschieden sein. Außerdem werden Kostenobergrenzen bestimmt, deren Überschreiten die Förderung ausschließt.

Besonders bevorzugt werden Familien und andere Haushalte mit zwei und mehr Kindern sowie Haushalte, bei denen wegen einer Behinderung eines Haushaltsangehörigen oder aus sonstigen Gründen ein besonderer baulicher Bedarf besteht. Auch wer seine Immobilie in Selbsthilfe, also in Eigenleistungen erstellt, kann bevorzugt behandelt werden.

Eine Förderzusage gewährt die zuständige Stelle auf schriftlichen Antrag. In dieser Förderzusage wird vieles geregelt, zum Beispiel die Art und Höhe der Förderung, wie lange man die Förderbeträge erhält, wie die Verzinsung und Tilgung aussieht oder was passiert, wenn man die Immobilie verkauft.

i Es gibt keinen Rechtsanspruch auf Förderung, selbst wenn Sie alle Fördervoraussetzungen erfüllen. Die jährlichen Mittel sind je nach finanzieller Ausstattung des Bundeslandes begrenzt – und ist der Topf leer, haben Sie leider Pech gehabt.

Damit der Bauherr oder der Erwerber selbst genutzten Eigentums angemessen gefördert wird, soll die Förderung berücksichtigen, wie sich sein Einkommen entwickelt. Das macht unter Umständen eine jährliche Überprüfung der Einkünfte notwendig.

Gesamteinkommen

Ob man überhaupt zum Kreis der Begünstigten zählt, hängt vom Gesamteinkommen ab. Das ist die Summe der Jahreseinkommen der Haushaltsangehörigen abzüglich bestimmter Frei- und Abzugsbeträge. Es wird geprüft, wie hoch das Einkommen im Kalenderjahr vor der Antragstellung ist. Daraus leitet die Antragsbehörde dann ab, mit welchen Einkünften man in den nächsten zwölf Monaten rechnen kann, wobei zu erwartende Änderungen im laufenden Jahr mit berücksichtigt werden müssen.

Um das Jahreseinkommen zu ermitteln, werden von jedem Haushaltsangehörigen, zum Beispiel auch von Großeltern und Kindern, jeweils die positiven Bruttoeinkünfte addiert. Dazu zählen Zins- und Kapitalerträge, ohne Berücksichtigung des Sparerfreibetrags, oder auch steuerfreie Lohnzuschläge. Von dem somit ermittelten Jahresbruttoeinkommen werden dann pauschal 30 Prozent abgezogen:

- 10 Prozent für Steuern,
- 10 Prozent für die gesetzliche Krankenversicherung und
- 10 Prozent für die gesetzliche Rentenversicherung.

Zahlt man keine Steuern oder Beiträge an die Sozialversicherungen, werden pauschal jeweils höchstens bis zu 10 Prozent abgezogen.

Frei- und Abzugsbeträge

Weitere Frei- und Abzugsbeträge werden angerechnet: für im Haushalt lebende Schwerbehinderte (je nach Behindertengrad 2.100 Euro oder 4.500 Euro), bei Alleinerziehenden für jedes kindergeldberechtigte Kind unter zwölf Jahren (600 Euro), für Kinder mit eigenem Einkommen zwischen 16 und 24 Jahren (bis zu 600 Euro) und für Unterhaltspflichtige. Dabei wird entweder der volle Betrag akzeptiert oder bestimmte Pauschalsätze von bis zu 3.000 Euro beziehungsweise 6.000 Euro (speziell für geschiedene oder dauernd getrennt lebende Ehegatten). Außerdem werden Unterhaltspflichten für eine sonstige, nicht zum Haushalt zählende Person bis zu 3.000 Euro angerechnet. Ein besonderes Bonbon gibt es für junge Ehepaare, die noch keine fünf Jahre verheiratet sind und die beide noch nicht das 40. Lebensjahr vollendet haben. Sie bekommen einen Extra-Freibetrag von 4.000 Euro.

Das damit ermittelte Gesamteinkommen darf folgende Einkommensgrenzen nicht überschreiten:

- bei einem Einpersonenhaushalt 12.000 Euro;
- bei einem Zweipersonenhaushalt 18.000 Euro;
- für jede weitere, zum Haushalt zählende Person zuzüglich 4.100 Euro;
- für jedes Kind, das zum Haushalt zählt, weitere 500 Euro.

Haushaltsangehörige

Haushaltsangehörige sind der Antragsteller selbst, der Ehegatte, der Lebenspartner und der Partner einer sonstigen auf Dauer angelegten Lebensgemeinschaft sowie die Verwandten ersten und zweiten Grades, aber auch Pflegekinder und Pflegeeltern.

✔ Wenn Sie über der Einkommensgrenze liegen, können Sie sich zum Beispiel überlegen, die Großeltern mit in das Haus einziehen zu lassen. Dadurch vergrößert sich die Zahl der im Haushalt lebenden Personen und damit auch die entsprechende Einkommensgrenze, die der Förderung zugrunde gelegt wird.

Die Bundesländer werden aber durch das Gesetz ausdrücklich ermächtigt, von diesen Einkommensgrenzen abzuweichen, zum Beispiel wenn es die örtlichen Bedingungen bei der Förderung von selbst genutztem Wohneigentum für notwendig erscheinen lassen.

✔ In einigen Bundesländern wird man durchaus kulant sein und akzeptiert unter Umständen, dass Sie über der Einkommensgrenze liegen. Sie sollten sich also vor Ort genau informieren!

7.1.7 Kommunale Förderung

Einige Kommunen haben ihre eigenen Förderprogramme aufgelegt. Diese Zuwendungen gibt es unabhängig von anderen öffentlichen Mitteln.

Ist eine Gemeinde oder Stadt im Bund-Länder-Programm zur Städtebauförderung aufgenommen worden, gibt es außerdem über dieses Programm Geld von der Kommune. Die Immobilie, die man kaufen will, muss aber in einem Sanierungsgebiet liegen, denn nur dann bekommt man zusätzliche Mittel aus dem Topf der Städtebauförderung. Hier gilt: Im Rathaus nachfragen!

7.1.8 Förderprogramme der Kreditanstalt für Wiederaufbau (KfW)

Förderprogramme für Wohneigentum

Die staatseigene Bank KfW, die Kreditanstalt für Wiederaufbau, bietet bundesweit Förderprogramme für Wohneigentum an. Anspruchsberechtigt ist jeder, der privat eine Wohnimmobilie selbst nutzt, egal, ob er sie baut oder erwirbt. Von den Gesamtkosten werden derzeit bis zu 100 Prozent bezuschusst, maximal aber 50.000 Euro für den Bau oder Kauf von Immobilien. Das Darlehen läuft bis zu 35 Jahre, in der ersten Zeit ist es tilgungsfrei, die (günstigen) Zinssätze werden aber laufend an die auf dem Markt verlangten Zinsen angepasst. In den meisten Bundesländern kann man ein KfW-Darlehen zusätzlich zu anderen öffentlichen Darlehen bekommen.

Programme zur Reduzierung des Energieverbrauchs

Außerdem bietet die KfW ganz unterschiedliche Programme an, die der Reduzierung des Energieverbrauchs bei Gebäuden dienen. Ein weiteres Programm zielt auf die CO2-Minderung ab. Dabei wird im gesamten Bundesgebiet der Bau von Niedrigenergiehäusern gefördert, außerdem weitere Energiesparmaßnahmen wie eine Wärmedämmung oder ein Brennwertkessel.

Gebäudesanierungsprogramm

Für ein Gebäudesanierungsprogramm können statt zinsverbilligter Darlehen wahlweise auch Investitionszuschüsse in Anspruch genommen werden. Antragsberechtigt sind Eigentümer selbst genutzter oder vermieteter Ein- und Zweifamilienhäuser und Eigentumswohnungen. Dabei werden nach Maßgabe der Energieeinsparverordnung bis zu 25 Prozent der Investitionskosten, höchstens aber 18.750 Euro, pro Wohnung bezuschusst, wenn die Sanierung eines Altbaus Neubauniveau erreicht. Bei Einzelmaßnahmen beträgt der Zuschuss zehn Prozent beziehungsweise maximal 5.000 Euro. Neu ist zudem ein Kreditprogramm für den Einbau moderner Heizungen auf Basis erneuerbarer Energien wie etwa Solarthermie, Biomasse oder Wärmepumpen. Förderanträge müssen wie bei allen anderen KfW-Darlehen über die jeweilige Hausbank gestellt werden.

Daneben bietet die Kreditanstalt auch für Anlagen zur Strom- und Wärmeerzeugung Darlehen an, die niedrig verzinst sind und deren Tilgung in den ersten Jahren ausgesetzt werden kann. Gefördert wird hier, wer sich zum Beispiel eine Photovoltaik-Anlage errichten lässt und den Strom nicht selbst verbraucht – allerdings nicht Eigenbauanlagen, Prototypen oder gebrauchte Anlagen.

Altersgerechter Umbau

Auch für den altersgerechten Umbau einer Immobilie gibt es einen Zuschuss. Gefördert werden alle Maßnahmen, die das Wohnen im Alter erleichtern, vom Einbau eines Treppenlifts über Rampen für Rollstuhlfahrer bis zur Umgestaltung des Bades. Auch der Kauf gerade erst umgebauter Wohngebäude wird gefördert. Der maximale Kreditbetrag mit günstigen Zinskonditionen beträgt 50.000 Euro pro Wohneinheit.

Den Antrag für ein Darlehen von der KfW können Sie nur über ein Kreditinstitut stellen. Aktuelle Informationen zu KfW-Darlehen finden Sie im Internet unter www.kfw.de.

7.1.9 Zuschussprogramm Rückbau/Aufwertung

Erklärtes Ziel dieses Programms ist es, die städtischen Wohnungsmärkte in den neuen Bundesländern (Stadtumbau Ost) und in westdeutschen Kommunen (Stadtumbau West) durch den Rückbau leer stehender, dauerhaft nicht mehr benötigter Wohngebäude zu stabilisieren. Außerdem sollen Investitionen gefördert werden, die der Aufwertung von Stadtvierteln dienen, die von Rückbaumaßnahmen betroffen sind. Darunter wird unter anderem – und das ist für private Immobilieneigentümer interessant – auch die Aufwertung des vorhandenen Gebäudebestandes verstanden.

Wegen der Unterscheidung von Rückbau und Aufwertung dürfen die Mittel zur Aufwertung nicht genutzt werden, Wohnungen zum unmittelbaren Rückbau frei zu machen.

Förderungsfähig sind nur Baumaßnahmen in Fördergebieten, die durch Stadtumbaumaßnahmen nach § 171 BauGB oder mit Sanierungsgebieten nach § 142 BauGB sowie Erhaltungsgebieten nach § 172 BauGB festgelegt sind. Das Fördergebiet ist durch Beschluss der Gemeinde räumlich abzugrenzen. Wurde eine Stadt oder eine Gemeinde in das Förderprogramm aufgenommen, können Wohnungseigentümer dort einen Zuschuss beantragen. Auf die Förderung besteht kein Rechtsanspruch.

Rückbau

Beim Zuschuss für den Rückbau legt jedes Bundesland für sich einen Pauschalbetrag pro Quadratmeter rückgebauter Wohnfläche fest.

Der Zuschuss wird nur gewährt, wenn der Grundstückseigentümer auf mögliche Entschädigungsansprüche verzichtet, die durch Planungsschäden entstehen. Leistungen an Eigentümer, die den Wert rückgebauter Gebäude oder Gebäudeteile ausgleichen sollen, werden nicht gefördert.

Aufwertung

Bei der Aufwertung wird ein Zuschuss zu den unrentierlichen Kosten geleistet. Darunter werden alle Kosten verstanden, die nicht durch sanierungsbedingte Einnahmen oder auf sonstige Weise gedeckt werden. Über die Höhe des Zuschusses entscheidet die jeweilige Gemeinde. Darüber und über weitere Details geben Förderrichtlinien Auskunft, die jedes Bundesland für sich festlegt.

7.1.10 Lastenzuschuss

Von den bisher aufgezählten Zuwendungen des Staates unterscheidet sich der so genannte Lastenzuschuss in wesentlichen Aspekten. Erstens ist er bundesweit einheitlich geregelt. Und zweitens ist er nicht davon abhängig, wo und welche Immobilie man bauen oder kaufen möchte, sondern richtet sich allein nach den persönlichen Lebensverhältnissen. Im Fachdeutsch heißt das „Subjektförderung“, während alle anderen öffentlichen Mittel sich aus der „Objektförderung“ ergeben.

Wer die monatliche Belastung trotz der gewährten öffentlichen Zuwendungen nicht mehr tragen kann, kann zum Wohngeldamt gehen und dort einen Lastenzuschuss beantragen.

> Auf diesen Lastenzuschuss haben Sie als Eigentümer einer selbst genutzten Immobilie einen Rechtsanspruch, und zwar dann, wenn Ihr Einkommen bestimmte Grenzen unterschreitet.

Die Höhe des Lastenzuschusses hängt davon ab, wie hoch das Familieneinkommen ist, was man an monatlicher Belastung hat und wie groß die Familie ist. Und so ganz ohne Berücksichtigung der Immobilie gibt es den Lastenzuschuss dann doch nicht: Denn zum Beispiel auch die Ausstattung einer Immobilie beeinflusst die Höhe dieser staatlichen Zuwendung.

Familieneinkommen

Das Familieneinkommen ergibt sich aus allen Einnahmen, die eine Familie erzielt, egal, ob Arbeitslohn oder staatliche Unterstützung wie Arbeitslosengeld oder Rente. Und die monatliche Belastung errechnet sich aus den Aufwendungen für Zins- und Tilgungsleistungen, für Bausparbeiträge und Versicherungsprämien, die durch den Kauf oder Bau einer Immobilie, aber auch durch seine Modernisierung und Instandsetzung entstanden sind. Bewirtschaftungskosten werden ebenfalls berücksichtigt. Dazu zählen unter bestimmten Bedingungen auch Verwaltungskosten und die Grundsteuer.

7.1.11 Adressenliste

Es führt kein Weg daran vorbei: Wer erfahren will, ob und in welcher Höhe er öffentliche Zuwendungen in Anspruch nehmen kann, muss selbst aktiv werden. Denn jedes Bundesland hat, wie bereits erwähnt, mehrere Förderprogramme parallel laufen, und dazu kommen noch die Mittel von Städten und Gemeinden. Erste Ansprechpartner sind die Landesbehörden beziehungsweise die Kreditanstalten der Bundesländer selbst oder die mit dieser Aufgabe betrauten Verwaltungen der Kommunen. Die folgende Adressenliste zeigt die entsprechenden Ansprechpartner:

Baden-Württemberg

Landeskreditbank Baden-Württemberg (76113 Karlsruhe, Telefon 0721/1500, oder Börsenplatz 1, 70174 Stuttgart, Telefon 0711/1220); www.l-bank.de

Bayern

Landratsämter und Verwaltungen der kreisfreien Städte; www.labo-bayern.de

Berlin

Investitionsbank Berlin (Bundesallee 210, 10719 Berlin, Telefon 030/21250); www.investitionsbank.de

Brandenburg

Investitionsbank Brandenburg (Steinstraße 104–106, 14480 Potsdam, Telefon 0331/6600); www.ilb.de

Bremen

Amt für Wohnungs- und Städtebauförderung (Breitenweg 24–26, 28195 Bremen, Telefon 0421/3610); www.bremen.de

Hamburg

Hamburgische Wohnungsbaukreditanstalt (Besenbinderhof 31, 20097 Hamburg, Telefon 040/248460); www.wk-hamburg.de

Hessen

Wirtschafts- und Infrastrukturbank Hessen (mehrere Filialen in Hessen, Zentrale in Offenbach, Telefon 069/913203); www.wibank.de

Mecklenburg-Vorpommern

Landesförderinstitut Mecklenburg-Vorpommern (Werkstraße 213, 19061 Schwerin, Telefon 0385/63630); www.lfi-mv.de

Niedersachsen

Investitions- und Förderbank Niedersachsen (Günther-Wagner-Allee 12–16, 30177 Hannover, Telefon 0511/300310); www.nbank.de

Nordrhein-Westfalen

NRW.Bank (Kavalleriestraße 22, 40213 Düsseldorf, Telefon 0211/917410); www.nrwbank.de

Rheinland-Pfalz

Investitions- und Strukturbank Rheinland-Pfalz (Holzhofstraße 4, 55116 Mainz, Telefon 06131/6172-1991); www.isb.rlp.de

Saarland

Saarländische Investitionskreditbank (Franz-Josef-Röder-Straße 17, 66119 Saarbrücken, Telefon 0681/30330); sikb.de

Sachsen

Kreisverwaltungen; Sächsische Aufbaubank (Pirnaische Straße 9, 01069 Dresden, Telefon 0351/49100); www.sab.sachsen.de

Sachsen-Anhalt

Wohnungsbau-Förderungsstellen der Landkreise und Städte; Investitionsbank Sachsen-Anhalt (Domplatz 12, 39104 Magdeburg, Telefon 0391/5891745); www.ib-sachsen-anhalt.de

Schleswig-Holstein

Investitionsbank Schleswig-Holstein (Postfach 1128, 24100 Kiel, Telefon 0431/99050); www.ibank-sh.de

Thüringen

Thüringer Aufbaubank (Postfach 900244, 99105 Erfurt, Telefon 0361/74470); www.aufbaubank.de

7.1.12 Wohn-Riester

Der Staat unterstützt mit der „Riester-Rente" die private Altersvorsorge mit Zulagen. Fonds, Banksparpläne und Lebensversicherungen sind die klassischen Riester-Produkte. Aber auch Häuslebauer können die Förderung für die Tilgung ihres Immobilienkredits beantragen, Wohn-Riester oder Eigenheimrente genannt. Voraussetzung ist, dass sie ein Haus oder eine Wohnung gekauft haben und die Immobilie selbst nutzen, in Deutschland, aber auch in den meisten europäischen Ländern (nicht Türkei und die Schweiz). Gefördert wird zudem der Kauf von Anteilen an Wohnungsbaugenossenschaften.

Riester-Vermögen als Eigenkapital

Beim Wohn-Riester gibt es unterschiedliche Wege, die Förderung zu nutzen. Das bereits vorhandene Riester-Vermögen lässt sich zum einen als Eigenkapital beim Erwerb eines Hauses oder einer Wohnung verwenden. Anders als bei der Riester-Rente muss man bei Wohn-Riester das für die Immobilie entnommene Sparguthaben zum Rentenbeginn nicht wieder in den Vertrag einzahlen. Allerdings muss das Darlehen bis zum 68. Lebensjahr zurückgezahlt werden. Die Entnahme muss seit dem Veranlagungszeitraum 2014 nicht mehr in einem unmittelbaren zeitlichen Zusammenhang mit der Anschaffung oder Herstellung der Wohnung stehen.

Seit dem 1. Januar 2014 kann außerdem ein bestehendes Guthaben aus einem „normalen" Riester-Vertrag jederzeit verwendet werden, um die Schulden für eine Immobilie zu tilgen. Das Kapital kann entweder vollständig oder anteilig entnommen werden. Der entnommene Betrag muss mindestens 3.000 Euro betragen. Wird nur ein Teil entnommen, der Vertrag also samt staatlicher Förderung weiter geführt, müssen mindestens 3.000 Euro im Sparvertrag verbleiben.

Das sogenannte Altersvorsorge-Verbesserungsgesetz erlaubt seit dem 1. Januar 2014, auch behinderten- und altengerechte Umbauten in die Förderung einzubeziehen. Geld aus einem Riester-Vertrag darf jetzt auch für den altersgerechten Umbau einer selbst genutzten Immobilie verwendet werden. So lassen sich etwa Treppenlifte oder eine Modernisierung des Bads, die Barrieren verringert, (mit-)finanzieren. Dabei gilt: Mindestens 6.000 Euro können für Umbauten in den ersten 3 Jahren nach Bau oder Kauf der selbst genutzten Wohnimmobilie. Liegen Bau oder Kauf länger zurück, sind es mindestens 20.000 Euro.

Riester-Darlehensvertrag

Wer noch keinen Riester-Vertrag hat, kann einen speziellen Darlehensvertrag abschließen. Die laufenden Sparbeiträge und die staatlichen Zulagen werden dann für die Darlehenstilgung verwendet.

Riester-Bausparvertrag

Eine weitere Variante bieten Bausparkassen an. Für Sparbeiträge spezieller Bausparverträge werden die Riester-Zulage und zusätzlich eine Steuerermäßigung gewährt. Ist der Bausparvertrag in der Darlehensphase, gelten auch die Tilgungsleistungen für dieses Darlehen als Altersvorsorgebeiträge. Außerdem bieten Bausparkassen so genannte Kombikredite an. Sie bestehen aus einem Bausparvertrag und einem tilgungsfreien Darlehen, mit dem die Bausparkasse die vereinbarte Bausparsumme bis zur Zuteilung vorfinanziert.

Förderbeträge

Die staatliche Förderung beim Wohn-Riester ist dieselbe wie bei anderen Riester-Verträgen. Das sind im Jahr für jeden Erwachsenen 154 Euro, für jedes Kind 185 Euro und 300 Euro für jedes Kind, das nach dem 1. Januar 2008 geboren ist. Um die volle Förderung zu erhalten, muss der Sparer mindestens vier Prozent seines Bruttojahreseinkommens in den Vertrag stecken (inklusive Zulage), maximal 2.100 Euro pro Jahr. Wer als Single zum Beispiel ein Einkommen von 30.000 Euro hat, muss jährlich 1.200 Euro einzahlen, um die Maximalförderung zu erhalten, er selbst davon 1.046 Euro, der Rest von 154 Euro kommt als Zulage vom Staat. Kann er nur weniger als vier Prozent ansparen, verringern sich die Zulagen entsprechend. Die geförderten Einzahlungen sind bis zu einer Höhe von jährlich 2.100 Euro von der Steuer absetzbar. Wer zu Beginn des Kalenderjahres das 25.Lebensjahr noch nicht vollendet hat, erhält einen einmaligen Berufseinsteiger-Bonus, nämlich eine um 200 Euro erhöhte Grundzulage. Sollte nicht der volle Mindesteigenbeitrag gezahlt werden, wird der Berufseinsteigerbonus anteilig gekürzt.

Nachgelagerte Besteuerung

Riester-Verträge werden nachgelagert besteuert. Das heißt, die Steuer fällt erst im Rentenalter an, also zwischen dem 60. und 67. Lebensjahr. Der Vorteil: der persönliche Steuersatz ist im Ruhestand meist geringer als während der Lebensarbeitszeit. Die Besteuerung beim Wohn-Riester ist allerdings etwas knifflig. Da das Geld in den Hausbau geflossen ist, fallen ja keine echten Geldbeträge an. Deshalb wird schon während des laufenden Riester-Vertrags ein so genanntes Wohnförderkonto gebildet. Dort werden für das Finanzamt alle Zulagen sowie geförderten Tilgungsraten vermerkt. Die in das Wohnförderkonto gebuchten Gelder werden jeweils am Jahresende mit einem Sollzinssatz von zwei Prozent verzinst. Die so anfallenden Zinsen erhöhen den Stand des Wohnförderkontos und damit die später zu zahlende Steuerschuld. Wer also beispielsweise 25 Jahre lang den maximal förderfähigen Betrag von 2.100 Euro eingezahlt hat, für den weist das Wohnförderkonto zusammen mit den Sollzinsen einen Endbetrag von 68.600 Euro aus, obwohl er tatsächlich nur 52.500 Euro (25 x 2.100) eingezahlt hat.

Spätestens also mit Erreichen des 68. Lebensjahres wird das Wohnförderkonto aufgelöst – der Endbetrag muss versteuert werden. Dabei kann zwischen zwei Varianten gewählt werden: entweder wird das gesamte Kapital einmalig besteuert oder die Steuerschuld kann bis zum 85. Lebensjahr verteilt werden.

Wer seine Steuern in einem einzigen Betrag zahlt, erhält einen Rabatt von 30 Prozent. Der Rest wird dem zu versteuernden Einkommen hinzugerechnet und mit versteuert. Ob man dann tatsächlich Steuern zahlen muss, hängt von den übrigen Einkünften und persönlichen Umständen ab.

Achtung: Wer sich für diese Variante entscheidet, sollte daran denken, dass er unter Umständen einmalig sehr hohe Steuern zahlen muss, obwohl er eigentlich steuerfrei wäre, würde nur sein restliches Einkommen besteuert werden.

Wer sich für die Verteilung der Steuerpflicht entscheidet, erhält keinen Rabatt. In dem Beispielfall würden die 68.600 Euro auf dem Wohnförderkonto durch die Anzahl der Jahre geteilt und das steuerpflichtige Einkommen um einen jährlich festen Betrag erhöht.

Seit dem 1. Januar 2014 ist es möglich, sich nachträglich für die Einmalbesteuerung zu entschließen, selbst wenn man ursprünglich die Ratenzahlung vereinbart hatte. Selbst in einem solchen Fall gibt es einen Rabatt von 30 Prozent, natürlich nur noch auf den verbliebenen Betrag des Wohnförderkontos.

Bei der Frage, ob sich für Sie die Einmalbesteuerung oder doch die Verteilung der Steuerpflicht lohnt, kann Ihnen nur ein Steuerberater weiterhelfen. Außerdem kann er Ihnen ausrechnen, wann und ob es für Sie sinnvoll ist, in die Einmal-Besteuerung zu wechseln, falls Sie sich vorher für die Verteilungsvariante entschieden hatten.

Falls ein Eigentümer sich von seiner Immobilie trennt oder diese vermietet, muss er die Riester-Förderung zurückzahlen. Eine Ausnahme besteht, wenn er die Wohnung auf Grund einer beruflich bedingten Abwesenheit nicht selbst nutzen kann. Vermietet er in dieser Zeit, muss der Mietvertrag entsprechend befristet sein. Und er ist verpflichtet, die Wohnung spätestens mit Vollendung des 67. Lebensjahres wieder selbst zu nutzen. Seit 1. Januar 2014 entfällt die Rückerstattungspflicht außerdem, wenn bis fünf Jahre nach Verkauf einer Immobilie wieder in selbstgenutztes Wohneigentum investiert wird.

Stirbt der Immobilieneigentümer vor dem 85. Lebensjahr, verfällt seine Steuerschuld nicht, falls er sich für deren Verteilung entschieden hatte. Zurückzahlen müssen dann die Erben – allerdings zum Steuersatz des Verstorbenen.

Die Frage für alle Interessierten lautet nun: Lohnt sich der Wohn-Riester überhaupt? Allen drei bestehenden Finanzierungsvarianten unterliegt der Gedanke, dass ein Darlehen für die Immobilie mithilfe der staatlichen Zuschüsse schneller getilgt wird als ohne die Förderung. Je nach Einkommen und Alter, je nach Höhe des Darlehens, je nach Familienstand, also ob Single oder verheiratet, ob mit oder ohne Kinder, können dabei Finanzierungsvorteile von bis zu 50.000 Euro und mehr herauskommen – können, müssen aber nicht. Praktisch ist jeder Wohn-Riester-Vertrag ein Fall für sich. Doch um wenigstens grundsätzlich Vor- und Nachteile dieser Konstruktion auszuloten, hier zunächst ein möglicher Verlauf nach Abschluss eines solchen Vertrags.

Arbeitnehmer, 30 Jahre, Bruttoeinkommen 35.000 Euro, schließt einen Wohn-Riester-Bausparvertrag über 37.000 Euro ab. Er zahlt vier Prozent (= 1.400 Euro) seines Bruttogehalts pro Jahr ein, abzüglich der Zulage von 154 Euro monatlich umgerechnet also 103,83 Euro (1.400 Euro minus 154 Euro geteilt durch 12). Neben dieser Zulage bringt ihm der Vertrag eine Steuerersparnis von etwa 350 Euro, die er wieder anlegt. Nach knapp 13 Jahren kann er die Bausparsumme von 37.000 Euro in die Finanzierung einer selbst genutzten Wohnung einbringen.

Anschließend erfolgt in knapp elf Jahren die Rückzahlung des Bauspardarlehens mit monatlich etwa 150 Euro. In der Rate sind Zins und Tilgung enthalten, die Zulage gibt es jedoch nur auf den Tilgungsbeitrag (der vier Prozent des Bruttoeinkommens betragen muss, um die volle Zulage zu bekommen). Am Ende der Tilgung ist der Wohneigentümer 53 Jahre alt. Auf seinem Wohnförderkonto werden alle aufgelaufenen Förderbeiträge weiter (mit 2 Prozent) verzinst. Mit 60 geht er in Rente, auf seinem Wohnförderkonto hat sich bis dahin ein (fiktives) Guthaben von rund 50.000 Euro angesammelt. Bis zum 85. Lebensjahr hat er (auf 25 Jahre verteilt) etwa 2.000 Euro jährlich zu versteuern, macht bei einem Steuersatz von 25 Prozent eine jährliche Belastung von circa 500 Euro.

Was zeigt dieses Beispiel? Erstens: Je jünger man beim Abschluss eines solchen Vertrags ist, umso mehr kann man von den staatlichen Zulagen und den Steuervorteilen profitieren. Doch umso eher gilt: Wer einen Wohn-Riester-Vertrag abschließt, bindet sich jahrelang daran, unter Umständen ein Leben lang (in unserem Beispiel 55 Jahre!), will er voll in den Genuss der Zulagen kommen. Zweitens: Das Finanzierungsmodell funktioniert nur, wer während seines Berufslebens zwischendurch nicht arbeitslos geworden ist oder auch nur eine Zeit lang weniger verdient hat.

Dritter wichtiger Punkt: alle geförderten Beträge müssen spätestens mit Rentenbeginn versteuert werden. In der Beispielrechnung ist das Darlehen früher abbezahlt (also noch vor Rentenbeginn) als ohne Riester. Damit kann rechtzeitig Geld angelegt werden, um die anfallenden Steuern zu zahlen. Das funktioniert nicht immer so reibungslos. Viele Ruheständler bekommen Schwierigkeiten, von ihrer ohnehin kargen Rente auch noch Steuern zu zahlen.

Viertens: Die speziell für Riester zertifizierten Darlehen und Bausparverträge müssen mit den Zinsbedingungen „normaler" Darlehen so weit mithalten, dass ihre Laufzeit tatsächlich kürzer ist beziehungsweise dass staatliche Zulagen nicht durch höhere Zinsen beziehungsweise Gebühren aufgefressen werden. Dies ist häufig nicht der Fall. Gerade die Banken fordern wegen des Verwaltungsaufwands für das fiktive Wohngeldkonto höhere Zinsen als für einen „normalen" Kredit. Liegt der Zins für ein Wohn-Riester-Darlehen nur einen halben Prozentpunkt höher, ist der Vorteil der staatlichen Zulage futsch.

✔ Bevor Sie sich für ein Wohn-Riester-Darlehen entscheiden, vergleichen Sie zunächst Angebote verschiedener Kreditinstitute. Schauen Sie sich dabei auch die Konditionen „normaler" Darlehen an, denn unter Umständen sind die günstiger als die des Wohn-Riester-Darlehens mit Zulagen und Steuererleichterungen.

Die Angebote der Bausparkassen schnitten in der Vergangenheit oftmals besser ab und dabei besonders die bereits erwähnten Kombikredite (siehe oben). Der Grund: die vergleichsweise günstigen Zinsen. Doch sollte man sich gerade bei der Bauspar-Variante sicher sein, dass man später tatsächlich eine Immobilie erwerben möchte. Der Ansparzins ist wie bei „normalen" Bausparverträgen mager, dafür sichert man sich den günstigen Zins in der Darlehensphase. Wenn aber aus der Immobilie nichts wird, hat man in eine ziemlich miese Geldanlage investiert. Immerhin kann man in einem solchen Fall den

Riester-Bausparvertrag in einen herkömmlichen Riester-Vertrag mit monatlicher Rentenzahlung umwandeln lassen.

Mit der Bauspar-Variante lassen sich mit einem Trick Teile der gesetzlichen Vorgaben umgehen: Man schließt einen Wohn-Riester-Bausparvertrag ab und kassiert die Förderung. Wenn das Bauspardarlehen fällig wird, ruft der Riester-Bausparer nur das zinsgünstige Bauspardarlehen ab und lässt das Guthaben samt staatlichen Zulagen stehen. Er zahlt dann weiter in einen Riester-Folgevertrag ein.

Das Geld bleibt im Topf bis zur Rente. Erst dann lässt sich der Bausparer seine Riester-Einzahlungen plus Zulagen als normale Riester-Rente auszahlen. Der Vorteil: Man ist nicht mehr daran gebunden, bis zum Alter von 85 Jahren im Eigenheim leben zu müssen.

Unterm Strich zeigen aber die aufgeführten Punkte: Wohn-Riestern ist mit vielen bürokratischen Hürden und Auflagen verbunden. Viele Unwägbarkeiten, die einem im Leben widerfahren – Arbeitslosigkeit, Scheidung, Jobwechsel, Umzug –, können den schönen Riester-Plan über den Haufen werfen.

i Lassen Sie sich Zeit für die Entscheidung! Ein großes Problem beim Wohn-Riestern ist die nachgelagerte Besteuerung. Denn anders als bei den übrigen Riester-Verträgen fallen hier ja keine tatsächlichen Zahlungen an, aus denen man die Steuern speisen könnte. Im Grunde müssen Sie schon bei Abschluss des Vertrags – also in der Regel in jungen Jahren – wissen, ob Sie sich die finanziellen Belastungen im Alter werden leisten können. Das können Sie in der Regel gar nicht vorhersagen. Schon allein deshalb sollten Sie Vorsicht walten lassen, ob man sich auf Wohn-Riestern einlässt.

7.2 Staatliche Förderung für Kapitalanleger

Wie wirkt sich Immobilieneigentum auf die Einkommensteuer aus? Sie belastet das Einkommen, das in einem Kalenderjahr erzielt wird. Unter anderem zählen Einkünfte aus Vermietung und Verpachtung dazu. Von den Einnahmen werden die Ausgaben abgezogen. Sind diese höher als die Einnahmen, sind Einkünfte negativ. Das sind dann Verluste.

7.2.1 Verlustausgleich

Im deutschen Steuerrecht können Verluste innerhalb einer Einkunftsart unbeschränkt ausgeglichen werden. Verluste aus einzelnen Einkunftsarten dürfen zudem mit positiven Einkünften anderer Einkunftsarten vor der endgültigen Besteuerung verrechnet werden. Schließlich dürfen Verluste, die im Entstehungsjahr nicht mit (positiven) Einkünften verrechnet werden können, in den vorangegangenen Veranlagungszeitraum zurückgetragen und in diesem mit (positiven) Einkünften ausgeglichen werden. Dies allerdings nur im Rahmen der gesetzlichen Verlustrücktragsgrenzen in Höhe von 511.500 Euro für Alleinstehende und 1.023.000 Euro bei zusammen veranlagten Ehegatten.

Wer Verluste weder im aktuellen noch im vorhergehenden Veranlagungszeitraum mit Einnahmen ausgleichen konnte, kann sie in den kommenden Veranlagungszeitraum „mitnehmen". Allerdings: Die Grenze für Verlustvorträge beträgt 1.000.000 Euro für Alleinstehende und 2.000.000 Euro bei zusammen veranlagten Ehegatten. Für Einkünfte, die darüber liegen, ist nur noch ein Verlustausgleich bis zu 60 Prozent möglich; 40 Prozent sind also zu versteuern.

Etwas knifflig ist das Verrechnen von Gewinnen und Verlusten verschiedener Einkunftsarten. So können zum Beispiel Verluste aus einer Vermietung mit Gewinnen verrechnet werden, die durch Aktien- oder auch durch Immobilienverkäufe (beides als so genannte private Veräußerungsgeschäfte) entstanden sind. Doch der umgekehrte Fall geht nicht: Verluste aus privaten Veräußerungsgeschäften lassen sich nicht mit Gewinnen aus der Vermietung ausgleichen. Immerhin können alternativ solche Veräußerungsverluste mit (positiven) Einkünften aus vorhergehenden oder nachfolgenden Veranlagungszeiträumen verrechnet werden (siehe oben).

Variante 1: Ein Immobilieneigentümer hat durch die Vermietung seiner Wohnung einen Verlust von 20.000 Euro gemacht, gleichzeitig durch den Verkauf einer anderen Immobilie einen Gewinn von 30.000 Euro erzielt. Nach Verrechnung des Verlustes ist er bei seinen Einkünften aus Veräußerungsgewinnen nur noch für 10.000 Euro steuerpflichtig.

Variante 2: Ein Immobilieneigentümer hat durch die Vermietung seiner Wohnung einen Gewinn von 20.000 Euro erwirtschaftet, gleichzeitig durch den Verkauf einer anderen Immobilie einen

Verlust von 30.000 Euro erzielt. Diesen Verlust kann er bei seinen Vermietungseinkünften nicht geltend machen. Er hat aber im vergangenen Veranlagungszeitraum aus dem Verkauf einer weiteren Immobilie einen Gewinn von 10.000 Euro erwirtschaftet, den er dort mit dem Verlust verrechnen kann.

Mit dieser Regelung haben Immobilieneigentümer Gestaltungsmöglichkeiten, an die man sich aber nur zusammen mit einem gewieften Steuerfachmann heranwagen sollte.

Mehrere Miteigentümer einer Immobilie können sich darauf einigen, dass nur einer von ihnen Vermieter ist. Das kann beim Erwerb der Immobilie geschehen, aber auch wenn sich das Objekt schon im Eigentum befindet. Gewinne oder Verluste werden dann steuerlich nur bei dem einen Eigentümer erfasst. Dies macht zum Beispiel Sinn, wenn die Immobilie Gewinn abwirft und die einzelnen Eigentümer unterschiedlich hohe Steuer-Progressionen haben. Im Verlustfall kommt diese Gestaltung in Betracht, wenn einer der Eigentümer steuerpflichtige Einkünfte verrechnen möchte.

Dies gilt auch für eine Erbengemeinschaft, hat der Bundesfinanzhof entschieden (Urteil v. 5.8.2004, AZ: IX B 60/04). Sie muss vertraglich festlegen, dass nur dem einen Miterben das Verwaltungsrecht und das so genannte „Fruchtziehungsrecht“ zustehen sollen. Alle anderen Miterben müssen aus ihren mietvertraglichen Rechten und Pflichten entlassen werden. Konkret bedeutet das: Der Mietvertrag muss so geändert werden, dass nur noch dieser eine Miterbe als Vermieter ausgewiesen wird. Er muss alle Mieten kassieren und alle Kosten des Grundstücks tragen. Der Zahlungsverkehr darf nicht mehr über ein gemeinschaftliches Konto abgewickelt werden. Und der Erbe muss eine Überschusserzielungsabsicht glaubhaft machen können.

7.2.2 Einkunftserzielungsabsicht

Sind also die Ausgaben höher als die Mieteinnahmen, hat man entsprechende Verluste aus der Vermietung. Nun wird man dagegenhalten: Wenn die Immobilie ein Renditeobjekt sein soll, wird man wohl kaum negative Einkünfte haben, also Verluste machen. Aber das stimmt so nicht! Denn nicht jeder Verlust, der die Einkommensteuer mindert, tritt auch tatsächlich auf. Das, was das Finanzamt als Verlust anerkennt, und das, was man real an Ausgaben hat, sind zwei verschiedene Dinge.

Das lässt sich an einem Beispiel nachvollziehen: Das Finanzamt geht bei den Ausgaben einer Vermietung davon aus, dass eine Immobilie in 50 Jahren nichts mehr wert ist. Unterm Strich kann man damit laufend einen steuerlichen Verlust (als Werbungskosten) geltend machen. Tatsächlich aber wird ein gut ausgewähltes Vermietungsobjekt über Jahre hinweg an Wert steigen: Der Verlust wird also in Wirklichkeit gar nicht eintreten.

i

Als Immobilienanleger müssen Sie genau diese Situation ansteuern: Die Immobilie steigt im Wert, gleichzeitig machen Sie einen steuerlichen Verlust geltend.

Man muss also ganz legal einen steuerlichen Verlust herbeiführen. Kritische Stimmen werden nun vielleicht anmerken: Wer lange Jahre nur Verluste bei der Vermietung geltend macht, dem wird das Finanzamt irgendwann einen Strich durch die Rechnung machen und „Liebhaberei“ unterstellen oder, wie es im Amtsdeutsch heißt, „fehlende Einkunftserzielungsabsicht“. Doch darüber sollte man sich wenig Sorgen machen. Allein die Tatsache, dass man die Immobilie langfristig vermietet, muss dem misstrauischen Finanzbeamten genügen. Denn der Bundesfinanzhof hat in einem Grundsatzurteil (BFH-Urteil v. 30.9.1997, AZ: IX R 80/94) entschieden: Bei der auf Dauer angelegten Vermietung einer Immobilie ist grundsätzlich davon auszugehen, dass der Steuerpflichtige letztlich einen Einnahmeüberschuss erwirtschaften will. Eine längere Verlustphase steht dieser Absicht nicht entgegen. Dies gilt auch unter bestimmten Bedingungen bei einer verbilligten Vermietung an Angehörige (siehe unten).

Der Bundesfinanzhof begründet diese Ansicht damit, dass beim Erwerb von Immobilien die Werbungskosten in den ersten Jahren nach dem Kauf häufig die Mieteinnahmen übersteigen. Die Einkunftserzielungsabsicht eines Vermieters kann damit nur infrage gestellt werden, wenn besondere Umstände wie bei Ferienwohnungen oder bei Bauherrenmodellen mit Rückkaufangebot oder Verkaufsgarantie dagegen sprechen.

Leerstand

So hat der Bundesfinanzhof in einem Urteil festgestellt, dass ein Werbungskostenabzug grundsätzlich möglich ist, selbst wenn eine Wohnung längere Zeit leer steht. Einzige Voraussetzung: Der Eigentümer muss sich definitiv dazu entschlossen haben, die Wohnung zu vermieten und darf von dieser Absicht nicht mehr abrücken (Beschluss v. 21.9.2000, AZ: IX B 75/00).

Wenn eine Immobilie längere Zeit leer steht und/oder abgerissen und durch eine neue ersetzt wird, bedeutet das nicht, dass die Einkunftserzielungsabsicht wegfällt. Dies hat der Bundesfinanzhof klargestellt (Urteil v. 19.12.2007, AZ: IX R 50/07). Zwar bringt der Vermieter mit dem Abriss zum Ausdruck, dass er das Grundstück mit der vorhandenen Bebauung nicht mehr vermieten will. Entscheidend ist aber, ob er das Grundstück mit einer neuen Bebauung nach wie vor vermieten und Einkünfte erzielen will. Das muss das Finanzamt unabhängig von der Beseitigung der Bausubstanz prüfen.

✔ Legen Sie dem Finanzamt Baupläne vor, mit dem Sie dokumentieren, dass Sie schon vor beziehungsweise kurz nach dem Abriss wieder Pläne für den Bau eines neuen Vermietungsobjekts aufgenommen haben. Das spricht für eine weiterhin bestehende Einkunftserzielungsabsicht.

Wer über Jahre hinweg regelmäßig Anzeigen geschaltet oder einen Makler beauftragt hat, für den muss das Finanzamt den Werbungskostenabzug trotz Leerstand anerkennen. Das gilt auch, wenn die Immobilie wegen erfolgloser Vermietung gleichzeitig zum Verkauf angeboten wird (BFH-Urteil v. 9.7.2003, AZ: IX R 102/00).

Ein Vermieter hat auch dann eine Einkunftserzielungsabsicht, wenn er die vermietete Wohnung zwar verkaufen will, der Verkauf aber vom Auszug des Mieters abhängig ist und dieser trotz festgelegter Räumungsfrist die Wohnung noch nicht verlassen hat. Der Vermieter erzielt bis zum Tag der – in diesem Fall vom Vermieter veranlassten – Zwangsräumung Einkünfte aus Vermietung und Verpachtung, selbst wenn zwischen Kaufvertrag und Räumungstermin lange Zeit vergangen ist, urteilte das Finanzgericht Hessen (Urteil v. 6.4.2006, AZ: 3 K 1524/04). Die Aufwendungen für die Zwangsräumung dürfen allerdings nicht als Werbungskosten geltend gemacht werden.

Ferienwohnung

Der Bundesfinanzhof hat ebenfalls Regeln festgelegt, wie eine Überschusserzielungsabsicht bei Ferienwohnungen unterstellt werden kann, auch wenn eine solche Immobilie teilweise selbst genutzt wird (Urteil v. 6.11.2001, AZ: IX R 97/00). Danach ist eine solche Absicht gegeben, wenn die Summe der Mieteinnahmen auf lange Frist – der Bundesfinanzhof geht hier von 30 Jahren aus – die Summe der Werbungskosten übersteigt. Nun dürfte es wohl relativ schwierig sein, eine Überschussprognose für die nächsten 30 Jahre abzugeben. Da hilft ein Blick zurück: Basis ist der Durchschnittswert der Einnahmen und Ausgaben der zurückliegenden fünf Jahre. Für jedes Jahr müssen die Zeiten ermittelt werden, wann vermietet und wann selbst genutzt wird. Im Verhältnis dieser Zeiträume müssen dann auch die Zeiträume aufgeteilt werden, in denen die Wohnung leer steht.

Eine Überschusserzielungsabsicht vorausgesetzt, werden Ausgaben wie Abschreibungen, Schuldzinsen oder Versicherungsbeiträge auf die Zeiträume Vermietung beziehungsweise Eigennutzung verteilt. Ausnahmen sind Ausgaben, die ohnehin eindeutig der Vermietung zuzuordnen sind (zum Beispiel Zeitungsinserate).

Sie sollten alles aufbewahren, was Ihre Vermietungsbemühungen dokumentiert, zum Beispiel Vermietungsinserate in örtlichen Zeitungen. Im Zweifel können Sie diese dann beim Finanzamt vorlegen.

Bei einer ausschließlich an wechselnde Feriengäste vermieteten und in der übrigen Zeit hierfür dauerhaft bereit gehaltenen Ferienwohnung wird Überschusserzielungsabsicht angenommen, unabhängig davon, ob man die Ferienwohnung in Eigenregie oder durch Einschalten eines Vermittlers vermietet. Dann werden die Leerstandszeiten der Vermietung zugerechnet.

Wird jedoch die ortsübliche Vermietungszeit um mindestens 25 % unterschritten und gibt es keine Gründe dafür – zum Beispiel wegen Renovierungsarbeiten –, ist ein Nachweis der Einkunftserzielungsabsicht mittels Überschussprognose erforderlich (BFH-Urteil v. 26.10.2004, AZ: IX R 57/02, DStR 2005 S. 324). Ist eine ortsübliche Vemietungszeit vom Finanzamt nicht feststellbar, muss der Vermieter selbst recherchieren oder seine Einkunftserzielungsabsicht durch eine Prognoserechnung nachweisen (BFH-Urteil v. 19.8.2008, AZ: IX R 39/07).

Diese Ertragsprognose ist selbst dann notwendig, wenn sich der Vermieter vertraglich eine Zeit der Selbstnutzung vorbehalten hat. Dabei ist es unerheblich, ob er den Vorbehalt der Selbstnutzung einzelvertraglich vereinbart hat oder ob sich der Vorbehalt aus einer Klausel im formularmäßigen Mustervertrag ergibt. Es spielt auch keine Rolle, ob er von seinem Eigennutzungsrecht Gebrauch macht und die Wohnung tatsächlich selber nutzt (BFH-Urteile v. 16.4.2013, IX R 26/11 und IX R 22/12).

Befristeter Mietvertrag

Ein befristeter Mietvertrag schließt allerdings eine dauerhafte Vermietung nicht grundsätzlich aus. So jedenfalls hat der Bundesfinanzhof entschieden (Urteil v. 2.4.2008, AZ: IX R 63/07, Urteil v. 14.12.2004, AZ: IX R 1/04) – denn der Vertrag kann ja verlängert werden. Vorsicht allerdings, wer mit seinem Mieter einen befristeten Vertrag abschließt und dies auch schriftlich damit begründet, dass er die Immobilie nach Ablauf der Frist verkaufen möchte. In einem solchen Fall kann das Finanzamt von einer fehlenden Einkunftserzielungsabsicht ausgehen und Verluste aus der Vermietung nicht anerkennen. Deshalb empfiehlt sich als Vorsichtsmaßnahme:

✔ **Bei befristeten Verträgen sollten Sie darauf verzichten, als Begründung den geplanten Verkauf der Immobilie anzugeben.**

Bei befristeter Vermietung verlangt der Fiskus eine Prognoserechnung, um die Einkunftserzielungsabsicht nachweisen zu können. In diesem Fall muss eine Prognoserechnung nur für den tatsächlich vermieteten Zeitraum abgegeben werden. Damit bleiben auf der Einnahmenseite Gewinne aus früheren Mietverhältnissen sowie mögliche Gewinne aus dem Verkauf der Immobilie unberücksichtigt. Dagegen müssen auf der Ausgabenseite, also bei den Werbungskosten, die tatsächlich genutzten Abschreibungssätze angesetzt werden, also auch die bei der erhöhten AfA (Absetzung für Abnutzung, siehe Abschnitt 7.2.5).

Ein weiteres Urteil des Bundesfinanzhofs beschäftigt sich mit der Einkunftserzielungsabsicht bei kurzfristiger Vermietung, wenn man die Immobilie schon kurz nach dem Kauf wieder veräußert (Urteil v. 9.7.2002, AZ: IX R 47/99). Hat der Immobilieneigentümer endgültig den Entschluss gefasst, auf Dauer zu vermieten, wird die Einkunftserzielungsabsicht auch nicht mehr infrage gestellt, wenn er nach dem Beginn seiner Vermietungstätigkeit das bebaute Grundstück doch wieder veräußert, zum Beispiel weil neue, nicht vorhersehbare Umstände eingetreten sind.

Wer allerdings das Objekt binnen fünf Jahren wieder verkauft, bei dem muss nach Einschätzung des Bundesfinanzhofs „sehr nachdrücklich“ davon ausgegangen werden, dass von Anfang an keine Einkunftserzielungsabsicht vorlag. Je kürzer der zeitliche Abstand zwischen Anschaffung beziehungsweise Errichtung und Verkauf der Immobilie, umso mehr spricht gegen eine auf Dauer angelegte Vermietungstätigkeit. Der Immobilieneigentümer steht dabei in der Beweispflicht (Feststellungslast). Er muss hieb- und stichfeste Gründe vorweisen können, weshalb er sich, anders als ursprünglich beabsichtigt, vorzeitig von der Immobilie trennt.

Wer nach kurzer Zeit eine Immobilie selbst nutzt oder Angehörigen überlässt, hat die gleichen Probleme. Deshalb gilt auch hier:

Bei befristeten Mietverträgen sollten Sie nie als Begründung hineinschreiben, dass Sie die Immobilie später selbst nutzen möchten.

Wer sich sehr bald nach Abschluss der Verlustphase von einer Immobilie trennen möchte, muss das Finanzamt davon überzeugen können, dass der Verkauf oder eine Schenkung in der Familie nicht vorhersehbar oder geplant war. Andernfalls unterstellt das Finanzamt fehlende Einkunftserzielungsabsicht. Dies geht auf ein Urteil des Bundesfinanzhofs zurück (Urteil v. 19.4.2005, AZ: IX R 15/04).

Kaufverträge zwischen Ehegatten oder Angehörige

Immobilienkaufverträge zwischen Ehegatten werden übrigens steuerlich anerkannt, wenn sie im Großen und Ganzen wie zwischen fremden Dritten vereinbart und durchgeführt werden. Schuldzinsen und die Abschreibung müssen dann bei dem Ehepartner, der die Immobilie gekauft hat, vom Finanzamt als Werbungskosten anerkannt werden. Entscheidend ist, dass der gezahlte Kaufpreis eindeutig ins Vermögen des Ehepartners übergegangen ist, der die Immobilie veräußert hat, und er alleinige Verfügungsgewalt darüber hat. Dies geht auf eine Entscheidung des Bundesfinanzhofs zurück (Urteil v. 21.9.2004, AZ: IX R 5/03).

Ehegatten oder Angehörige sollten bei Veräußerungsgeschäften auf eine saubere Kontentrennung achten. Das Geld sollte von einem alleinigen Konto des Erwerbers auf ein alleiniges Konto des Verkäufers überwiesen werden. Als Veräußerer sollten Sie dann das Geld auf eigene Rechnung verwenden (zum Beispiel Wertpapiere im eigenen Depot oder Festgeldanlage im eigenen Namen).

7.2.3 Einnahmen

Um zu klären, wie man Steuern sparen oder besser gesagt: die Verluste optimal gestalten kann, sollte man zunächst die Einnahmenseite betrachten, also das, was eigentlich zu den Einnahmen aus der Vermietung (Verpachtung soll hier vernachlässigt werden) gehört. Dabei geht es zunächst ganz allgemein um Wohnobjekte, also um Ein-, Zwei- und Mehrfamilienhäuser sowie um die Eigentumswohnung. In einem gesonderten Kapitel wird die Situation für den betrachtet, der als Eigentümer eines Zwei- und Mehrfamilienhauses einen Teil selbst nutzt und den anderen vermietet hat (siehe dazu Abschnitt 7.3 *Mischnutzung*).

Zu den Mieteinnahmen zählen nach dem Gesetz alle Zuflüsse in Geld oder Geldeswert, die aus der Vermietung erzielt werden (§ 8 Abs. 1 EStG). Was das heißt, kann man sich an einigen Einnahmeposten anschauen, die zu den wichtigeren gehören und steuerlich interessant sind.

Monatsmiete

Der größte Brocken ist natürlich die mit dem Mieter vertraglich vereinbarte Monatsmiete – egal, ob sie für ein Haus, eine Wohnung, eine Garage oder ein Grundstück gezahlt wird. Normalerweise handelt es sich dabei um Kaltmieten. Daher hat man als Vermieter mit den Abrechnungen von Strom, Wasser und Gas meist nichts zu tun (sind allerdings Warmmieten vereinbart, trägt der Vermieter auch solche Kosten und kann diese dann in vollem Umfang steuerlich geltend machen).

Mietumlagen

Mietumlagen müssen ebenfalls auf der Einnahmenseite verbucht werden. Mit diesen Zahlungen werden laufende Betriebskosten auf die Mieter umgelegt. Dazu zählen zum Beispiel die Kosten für Heizung, Wasserverbrauch, Müllabfuhr, Straßenreinigung, Grundsteuer und so weiter.

Mietzuschüsse

Ein unter steuerlichen Gesichtspunkten wichtiger Punkt sind Mieterzuschüsse. Wenn sich der Mieter an den Herstellungskosten beteiligt und die Zuschüsse mit seiner Miete verrechnet werden, hat man zwei Möglichkeiten.

Werden Mieterzuschüsse mit der Miete verrechnet, können Sie die in dem Jahr berücksichtigen, in dem der Mieter die Zuschüsse gezahlt hat. Wenn Sie jedoch die Einnahmen möglichst gleichmäßig verteilen wollen, können Sie beim Finanzamt beantragen, dass diese Zuschüsse erst jeweils in den Verrechnungsjahren erfasst werden.

Übrigens: Wenn sich der Mieter mit seinen Zuschüssen am Erhaltungsaufwand beteiligt, sind das für den Fiskus keine steuerpflichtigen Einnahmen.

Noch anders lässt sich verfahren, wenn die Mieterzuschüsse nicht mit der späteren Miete verrechnet werden.

Werden Mieterzuschüsse nicht mit der Miete verrechnet, lassen sie sich in dem Jahr ansetzen, in dem sie Ihnen zufließen. Sie können aber die Mieterzuschüsse auf Antrag auch auf die voraussichtliche Dauer des Mietverhältnisses gleichmäßig verteilen.

Die Mieterzuschüsse werden dann als tilgungsfreies Darlehen angesehen und können auf einen Zeitraum von bis zu zehn Jahren verteilt werden; wobei der Fiskus aus Vereinfachungsgründen unterstellt, dass ein Zuschuss in Höhe einer Jahresmiete in vier Jahren verbraucht ist.

Der Mieter zahlt Vorschüsse in Höhe von 18.000 Euro. Die Jahreskaltmiete beträgt 9.000 Euro. Die Mietzuschüsse können dann, auf maximal acht Jahre verteilt, mit jeweils 2.250 Euro als Einnahmen steuerlich angesetzt werden.

Mietvorauszahlungen

Mit Mietvorauszahlungen, die man erst bei ihrer Verrechnung mit der Miete erfassen lassen muss, kann man in gleicher Weise verfahren.

Zuschüsse aus öffentlichen Mitteln

Zuschüsse aus öffentlichen Mitteln gelten dann als Einnahmen, wenn es sich bei den bezuschussten Aufwendungen um Erhaltungsaufwand oder Schuldzinsen handelt. Man spricht hier von Aufwandszuschüssen. Dazu zählen Zinsverbilligungen aus dem Förderprogramm der

Kreditanstalt für Wiederaufbau (KfW) oder Aufwendungszuschüsse der Bundesländer, mit denen laufende Betriebskosten gesenkt werden. Solche Zuschüsse müssen im Kalenderjahr ihres Zuflusses angesetzt werden.

Anders die öffentlichen Zuschüsse zur Finanzierung von Herstellungskosten: Solche Zuschüsse kürzen die Bemessungsgrundlage bei der Gebäudeabschreibung, und entsprechend mindert sich auch die Höhe der Abschreibungen.

Hausmeistertätigkeit

Weil es relativ häufig vorkommt, sei außerdem erwähnt: Wenn ein Mieter die Hausmeisterfunktion übernimmt und dessen Miete sich dadurch verringert, müssen seine Leistungen bewertet und als Einnahmen verbucht werden (wenn er für diese Funktion extra bezahlt wird, sind das Werbungskosten). Bei der Bewertung muss man sich daran orientieren, was ein Hausmeister normalerweise in vergleichbarer Funktion vor Ort verdient.

Abschließend sei noch auf einen besonderen Aspekt für den selbst genutzten Teil (beziehungsweise für den Selbstnutzer generell, wenn er eine Zeit lang seine Immobilie vermietet) bei Zwei- oder Mehrfamilienhäusern hingewiesen: Bringt man einen Mieter bei sich unter, müssen die Einnahmen nicht versteuert werden, falls diese im Kalenderjahr unter 520 Euro bleiben.

7.2.4 Werbungskosten

Das Gesetz versteht unter Werbungskosten alle Aufwendungen zur Erwerbung, Sicherung und Erhaltung der Einnahmen (§ 9 EStG). Bei Immobilien sind dies alle Finanzierungskosten, außerdem Verwaltungs-, Betriebs- und Instandhaltungskosten – also alle Aufwendungen, die mit der Vermietung direkt in engem Zusammenhang stehen.

Vorweggenommene Werbungskosten

Interessanterweise macht der Bundesfinanzhof dabei Ausnahmen (Urteil v. 31.5.2000, AZ: IX R 6/96): Wenn jemand umfangreiche Instandsetzungsarbeiten an einer Mietimmobilie durchführen lässt, die ihm zwar fest versprochen, aber noch nicht auf ihn übertragen wurde, kann er die Kosten dafür als vorweggenommene Vermietungsverluste geltend machen. Um sicher zu gehen, empfiehlt es sich trotz dieses Urteils mit den Reparaturen erst nach der Eigentumsübertragung zu beginnen.

Die Kosten für eine bislang selbst bewohnte und jetzt leer stehende und noch nicht vermietete Wohnung können ebenfalls steuermindernd als vorweggenommene Werbungskosten bei den Vermietungseinkünften abgesetzt werden (BFH-Urteil v. 28.10.2008, AZ: IX R 1/07). Bedingung: Der Eigentümer muss sich endgültig entschlossen haben, die Wohnung zu vermieten, und muss diese Absicht auch belegen können. Den Entschluss zur Vermietung muss er durch ernsthafte und nachhaltige Vermietungsbemühungen belegen. Dabei ist die Würdigung des Finanzgerichts für den BFH in der Regel verbindlich. In einem solchen Fall muss der Eigentümer das Finanzgericht von der Vermietungsabsicht überzeugen.

Je mehr Sie Ihre Absicht zur Vermietung belegen können – zum Beispiel durch wiederholte Vermietungsinserate –, umso deutlicher spricht das für eine ernsthafte und nachhaltige Vermietungsabsicht.

Wer als Eigentümer Aufwendungen trägt für ein Grundstück, das mit einem Nießbrauch belastetet ist, kann sie ausnahmsweise als vorweggenommene Werbungskosten geltend machen. Bedingung: Er hat diese Aufwendungen im eigenen Interesse als künftiger Nutzer der Immobilie getätigt, und der Nießbrauch soll in nächster Zeit aufgehoben werden. Das hat der Bundesfinanzhof entschieden (BFH-Urteil v. 25.2.2009, AZ: IX R 3/07). Das Urteil gilt nicht nur zwischen Kindern und Eltern, sondern zwischen allen Angehörigen.

Aufwendungen für die Entmüllung einer geerbten Immobilie gelten ebenfalls als vorweggenommene Werbungskosten, wird das Haus oder die Wohnung danach vermietet (FG Baden-Württemberg-Urteil v. 18.12.2014, AZ: 7 K 1377/14). Anders verhält es sich, wird die Immobilie dann verkauft: Dann müssen die Kosten als Haushaltsnahe Dienstleistungen steuerlich angerechnet werden, weil bis zum Verkauf der Haushalt des Erblassers zu dem des Erben zählt.

Vergebliche Werbungskosten

Es gibt auch so genannte vergebliche Werbungskosten. Ein konkretes Beispiel: Ein Bauherr hat für ein geplantes Vermietungsobjekt schon Anzahlungen geleistet an einen Bauunternehmer, der dann Pleite geht. Daraufhin wird der Bau der Immobilie von einem anderen

Unternehmen umgesetzt. Dann darf der Bauherr die Anzahlungen als vergebliche Werbungskosten geltend machen. Das hat sogar der Bundesfinanzhof höchstrichterlich entschieden (Urteil v. 17.5.2000, AZ: X R 87/98).

i Wenn Sie dem Finanzamt durch entsprechende Unterlagen glaubhaft nachweisen können, dass Sie ein ernsthaftes Interesse an einer Immobilie hatten, der Kauf aber geplatzt ist, können Sie die dadurch entstandenen Kosten steuerlich geltend machen. Dazu zählen zum Beispiel Telefonkosten, Fahrtkosten zur Besichtigung der Immobilie, Architekten- oder Bauingenieurhonorare.

Gleiches gilt, wenn man in diesem Zusammenhang einen Kreditvertrag rückabwickeln muss. Die Bereitstellungszinsen und die Nichtabnahmeentschädigung, die das Kreditinstitut dafür verlangt, können ebenfalls steuerlich geltend gemacht werden (BFH-Urteil v. 5.11.2001, AZ: IX B92/01).

Instandhaltungskosten: Erhaltungsaufwand vs. Anschaffungsnaher Aufwand

Als Grundregel gilt: Werbungskosten sollten so über die Jahre verteilt werden, dass unter steuerlichen Gesichtspunkten Einkünfte aus Vermietung und Verpachtung möglichst gering gehalten werden. Hat man also einmalig hohe Einnahmen, müssen auch einmalig hohe Ausgaben ausgewiesen werden können. Hat man gleichmäßig hohe Einnahmen, müssen die Ausgaben über mehrere Jahre verteilt werden können. Dabei geht es weniger um die laufenden (Betriebs- und Verwaltungs-)Aufwendungen, als vielmehr um die Instandhaltungskosten (Erhaltungsaufwand). Im Folgenden werden nur bestimmte Bestandteile der Werbungskosten herausgepickt und die Abschreibungen ihrer Bedeutung wegen im nachfolgenden Kapitel gesondert behandelt.

Beim Kauf einer Gebrauchtimmobilie hat es in der Vergangenheit häufig Auseinandersetzungen mit dem Finanzamt gegeben, ob bestimmte Renovierungskosten als Erhaltungsaufwand oder als nachträgliche Herstellungskosten (Anschaffungsnaher Aufwand) zu verstehen sind. Erhaltungsaufwand ist nämlich über die Werbungskosten sofort absetzbar, nachträgliche Herstellungskosten sind auf die voraussichtliche Nutzungsdauer der Immobilie zu verteilen, erhöhen also nur die Bemessungsgrundlage für deren Abschreibung.

Erhaltungsaufwand

Als Erhaltungsaufwand werden normalerweise alle Instandhaltungsarbeiten verstanden, die durch die gewöhnliche Nutzung des Gebäudes entstehen. Dazu zählen zum Beispiel die Ausbesserung des Dachs, der Fenster oder die Erneuerung sanitärer Anlagen. Auch der Einbau einer Solaranlage zur Brauchwassererwärmung in eine bereits vorhandene Gaswärmeversorgung gilt zum Beispiel als Erhaltungsaufwand (nach einem Urteil des BFH v. 14.7.2004, AZ: IX R 52/02).

Schwierig wird es bei höheren Ausgaben. Man kann zwar durchaus auch Teile ergänzen oder erneuern lassen, die bereits bei den Herstellungs- beziehungsweise Anschaffungskosten berücksichtigt sind – egal, ob diese Teile nun verbraucht sind oder nicht. Dazu zählt zum Beispiel der Austausch von Fenstern mit Holz- gegen solche mit Aluminiumrahmen oder der Einbau von Heizungsmessgeräten in Wohnungen. Doch:

> Achten Sie darauf, dass durch diese Arbeiten der Wohnkomfort nur an den heutigen Standard angepasst wird. Diese Arbeiten dürfen weder den Wert einer Immobilie deutlich steigern noch zusätzlichen Wohnraum schaffen.

Sollte das nämlich der Fall sein, versteht das Finanzamt die entstehenden Aufwendungen als Herstellungskosten (mehr zur Abgrenzung weiter unten). Dagegen akzeptiert das Finanzamt Ausgaben bis 4.000 Euro netto (also ohne Mehrwertsteuer) pro Jahr auf Antrag hin problemlos als Erhaltungsaufwand. Mit einer Ausnahme, nämlich wenn der Aufwand der Fertigstellung einer vermieteten Immobilie dient.

Doch selbst wenn fein säuberlich zwischen Herstellungs- und Erhaltungskosten getrennt wird, sind dem Immobilieneigentümer bei der Anerkennung von Erhaltungsaufwendungen enge Grenzen gesetzt. So akzeptieren Finanzämter Instandhaltungskosten, die innerhalb von drei Jahren nach Erwerb der Immobilie entstanden sind, nur dann als Erhaltungskosten, wenn sie nicht 15 Prozent der Anschaffungskosten (ohne Mehrwertsteuer) übersteigen. Nur dann darf dieser Aufwand als Werbungskosten sofort abgesetzt werden.

> Sind die Instandhaltungskosten höher als 15 Prozent des Kaufpreises, sollten Sie dem Finanzamt gegenüber nur den Teil nachweisen, der darunter liegt. Dann können Sie den Aufwand sofort steuerlich geltend machen.

Aber Vorsicht: Alle Aufwendungen, die innerhalb der drei Jahre anfallen, werden addiert. Und das kann dazu führen, dass ein anfänglicher Erhaltungsaufwand doch noch zu einem Anschaffungsnahen Aufwand wird. Aufwendungen wie Schönheitsreparaturen, also zum Beispiel Tapezieren und Streichen, werden nicht in die 15-Prozent-Grenze eingerechnet.

Was also nicht unbedingt notwendig ist an Reparaturen, sollte auf die Zeit nach den ersten drei Jahren verschoben werden. Auch hier heißt es aufpassen: Außerhalb der Drei-Jahres-Frist muss man wieder darauf achten, dass durch die Arbeiten der Standard der Immobilie nicht erhöht wird und das Finanzamt von Herstellungskosten ausgeht (siehe oben).

Wer jetzt auf die Idee kommt, den Drei-Jahres-Zeitraum dadurch zu umgehen, dass er Baurechnungen später stellt oder zahlt, hat Pech gehabt: Dem hat das Bayerische Landesamt für Steuern in einem „Bund-Länder-Erlass“ den Riegel vorgeschoben (Verfügung v. 6.8.2010, AZ: S 2211.1,1-4/2 St32). Darin wird klargestellt, dass immer auch (anteilig) Aufwendungen zu berücksichtigen sind, die auf Maßnahmen entfallen, die innerhalb der Drei-Jahres-Frist durchgeführt wurden. Dies gilt auch, wenn die Baumaßnahmen zum Ende des Drei-Jahres-Zeitraums weder abgeschlossen noch abgerechnet oder bezahlt sind.

Anschaffungsnaher Aufwand = nachträgliche Herstellungskosten

Liegen die Kosten über der 15-Prozent-Grenze, geht das Finanzamt von einem Anschaffungsnahen Aufwand aus, der lediglich die Bemessungsgrundlage für die Abschreibung vergrößert. Die Aufwendungen werden also wie nachträgliche Herstellungskosten behandelt.

Kauf einer Immobilie als Vermietungsobjekt für 225.000 Euro im Jahr 2015, davon beträgt der Gebäudeanteil 200.000 Euro. Im Jahr 2016 wird das Dach für 20.000 Euro repariert und die Heizungsanlage für 15.000 Euro saniert.

Beide Aufwendungen gelten zwar als Erhaltungsaufwand, sie fallen aber innerhalb der ersten drei Jahre nach dem Kauf an. Deshalb prüft das Finanzamt, in welchem Verhältnis die Erhaltungsaufwendungen zum Kaufpreis des Gebäudes stehen. Die Aufwendungen werden hier als Anschaffungsnaher Aufwand angesehen, da sie zusammen die 15-Prozent-Grenze übersteigen (35.000 Euro = 17,5 Prozent von 200.000 Euro). Sie können nur als Abschreibung geltend gemacht werden.

Die Abschreibung im Jahr 2015 beträgt 2 Prozent von 200.000 Euro (Gebäudeanteil), das macht 4.000 Euro. Ab dem folgenden Jahr erhöht sich die Bemessungsgrundlage auf 235.000 Euro (Gebäude plus Anschaffungsnaher Aufwand), davon 2 Prozent ergeben 4.700 Euro pro Jahr als Abschreibungssumme.

Gleichzeitiger Erhaltungs- und Anschaffungsnaher Aufwand

Schwierigkeiten gibt es, wenn Erhaltungsaufwand und nachträgliche Herstellungskosten (Anschaffungsnaher Aufwand) in einem engen räumlichen und zeitlichen Zusammenhang stehen. Denn dann akzeptiert die Steuerbehörde unter Umständen den Erhaltungsaufwand nicht, mit der Folge, dass er nicht als Werbungskosten abgesetzt werden darf. Wenn zum Beispiel eine Baufirma damit beauftragt wird, die Wohnung im Dachgeschoss eines Hauses auszubauen (nachträgliche Herstellungskosten), gleichzeitig dort aber auch die Fenster zu erneuern (Erhaltungsaufwand), kann es Probleme geben: Die Erneuerung der Fenster zählt der Fiskus zum Herstellungsaufwand, und die Kosten sind nicht sofort abzugsfähig.

Sie sollten sich die Maßnahmen, die räumlich zusammenfallen und sowohl Erhaltungs- als auch Herstellungsaufwand sind, vom Bauunternehmen getrennt abrechnen und entsprechend belegen lassen. Dann ist der Erhaltungsaufwand sofort steuerlich absetzbar.

Anders wird das gesehen, wenn Arbeiten zwar zeitlich aufeinander fallen, aber räumlich getrennt sind. Dazu ein ähnliches Beispiel wie eben: Die Fenster im Dachgeschoss werden erneuert (Erhaltungsaufwand), es wird aber das Erdgeschoss ausgebaut (nachträgliche Herstellungskosten). Hier ist der Erhaltungsaufwand sofort abzugsfähig.

Doch wenn die Bauarbeiten zwar in verschiedenen Stockwerken stattfinden, bautechnisch aber zusammenhängen, macht der Fiskus wieder einen Strich durch die Rechnung. Wenn im Keller die Gebäudefundamente erneuert werden (Erhaltungsaufwand) und parallel das Erdgeschoss ausgebaut wird (Nachträgliche Herstellungskosten), wird der Erhaltungsaufwand zu den Herstellungskosten hinzugerechnet, da nach Ansicht des Finanzamtes ohne die Fundament-Erneuerung ein Umbau nicht möglich gewesen wäre.

Wenn es möglich ist, sollten Sie bautechnisch zusammengehörende Arbeiten auf verschiedene Jahre verteilen. Die Instandsetzungsarbeiten sollten zuerst erledigt und als Werbungskosten angesetzt werden. Erst im folgenden Jahr sollten Sie alle Arbeiten erledigen lassen, die zum Herstellungsaufwand zählen.

Wer nach einer Generalrenovierung der Immobilie (Erhaltungsaufwand) die Miete für die Wohnungen deutlich erhöht, dem unterstellt das Finanzamt bei einem solchen Schritt Herstellungsaufwand ohne sofortige Abzugsmöglichkeit. Begründung: Der Gebrauchswert der Immobilie ist gestiegen und die Arbeiten gingen über die reine Substanzerhaltung hinaus.

Falls Sie nach einer Renovierung eine Mieterhöhung planen, sollten Sie mit Ihren Mietern eine schrittweise Erhöhung über mehrere Jahre vereinbaren. Dann akzeptiert das Finanzamt die Renovierungsarbeiten als Erhaltungsaufwand.

Sind Aufwendungen als Erhaltungsaufwand sofort absetzbar, bietet das Gesetz die Möglichkeit, bei größeren Erhaltungsaufwendungen alle Kosten gleichmäßig auf zwei bis fünf Jahre zu verteilen (§ 82b EStDV). Das setzt allerdings voraus, dass das Gebäude nicht zu einem Betriebsvermögen gehört und überwiegend zu Wohnzwecken vermietet wird. Eine Nutzung zu Wohnzwecken liegt vor, wenn dafür die gesamte Fläche inklusive Keller und Hobbyräumen zu mehr als 50 Prozent verwendet wird. Einzelgaragen sind dem Wohnbereich zuzuordnen, Doppelgaragen oder weitere zusätzliche Unterstellmöglichkeiten dagegen nicht.

Der Erhaltungsaufwand muss gleichmäßig auf die Kalenderjahre verteilt werden. Von dieser Regel muss man allerdings abweichen, wenn das Gebäude während dieses Zeitraums veräußert, nicht mehr vermietet oder in ein Betriebsvermögen eingebracht wird. In solchen Fällen werden die noch verbliebenen Kosten im Jahr der Änderung in einem Restbetrag abgezogen.

Was letztlich steuerlich günstiger ist, nämlich Erhaltungsaufwand in einem Einmalbetrag sofort abzusetzen oder über mehrere Jahre zu verteilen, hängt von Ihrer Einkommenssituation in den Folgejahren ab.

Beiträge zur Instandhaltungsrücklage kann der Wohnungseigentümer erst in dem Steuerjahr als Werbungskosten für seine vermietete Eigentumswohnung geltend machen, in dem der Verwalter sie tatsächlich für Erhaltungsmaßnahmen ausgegeben hat; so ein Beschluss des Bundesfinanzhofs, der damit seine bisherige Rechtsprechung bestätigt (Beschluss v. 9.12.2008, AZ: IX B 124/08). Begründung: Erst bei Verwenden der Rücklage könne beurteilt werden, ob die Maßnahmen zu Erhaltungsaufwand (= sofort abziehbare Werbungskosten) oder zu Herstellungskosten führen.

Schon allein aus diesem Grund sollten Sie beim Verkauf einer Immobilie Beiträge zur Instandhaltungsrücklage, die noch nicht verausgabt sind, bei der Höhe des Kaufpreises berücksichtigen.

Disagio

Für Vermieter kann es – anders als für den Selbstnutzer – steuerlich attraktiv sein, ein Disagio (Damnum) bei der Darlehensaufnahme zu vereinbaren. Das Disagio ist als Werbungskostenbetrag sofort abzugsfähig. Voraussetzung dafür ist ein „marktübliches" Damnum, nach Definition des Bundesfinanzministeriums ein Disagio von bis zu 5 Prozent bei einer Zinsbindungsfrist von mindestens fünf Jahren.

Darlehen 165.000 Euro, Zinsbindungsfrist 5 Jahre, Disagio: 8 Prozent = 13.200 Euro. Abschluss am 1.4.2016. Davon sofort abzugsfähig 8.250 Euro (= 5 Prozent).

Der Rest von 4.950 Euro verteilt sich auf die Laufzeit des Darlehens wie folgt:

- vom 1.4.2016 bis 31.12.2016: 742,50 Euro;
- in den Jahren 2017 bis 2019: jeweils 990 Euro;
- im Jahr 2020: der Rest von 247,50 Euro.

Für das Jahr 2016 können also insgesamt 8.992,50 Euro steuerlich abgesetzt werden.

Wer ein Disagio vereinbart, hat eine vergleichsweise hohe Steuerersparnis im Finanzierungsjahr. Gleichzeitig muss er aber bedenken, dass damit beim Darlehen der Nominalzins verringert und die Steuervorteile während der Zinsbindungsdauer und damit auch während der Vermietungsdauer reduziert werden.

i Ein (hohes) Disagio macht für Sie nur dann Sinn, wenn Sie im Finanzierungsjahr eine hohe Steuerprogression haben, die anschließend während der Vermietungsphase geringer ist. Haben Sie aber einen gleichbleibend hohen Steuersatz, bringt ein Disagio letztlich steuerliche Nachteile. Rechnen Sie wiederum damit, dass die Einnahmen in den nächsten Jahren steigen werden, sollten Sie auf ein Disagio eher (ganz) verzichten.

Übrigens: Erstattet der Käufer einer Immobilie dem Verkäufer ein Disagio, weil er das Darlehen auf sich umschreiben lässt, betrachtet der Bundesfinanzhof den Erstattungsbetrag als Finanzierungskosten. Ein Disagio kann dann sofort als Werbungskosten abgezogen werden (BFH-Urteil v. 12.5.2009, AZ: IX R 40/08). Bedingung allerdings: Die Vereinbarung über die Erstattung des Disagios wurde unabhängig vom Kaufvertrag getroffen und ist somit nicht als Bestandteil des Kaufpreises anzusehen. Das gilt selbst dann, wenn der Verkauf einer Immobilie und die Erstattung des Disagios in einer gemeinsamen Notar-Urkunde vereinbart werden.

Vorfälligkeitsentschädigung

Bei vorzeitiger Kündigung eines Darlehens wird der Kreditgeber in vielen Fällen eine Vorfälligkeitsentschädigung verlangen, weil er sich für den entgangenen Gewinn bezahlen lassen möchte (ausführliche Erläuterungen im 6. Kapitel *Anschlussfinanzierung*). Unter Umständen kann eine solche Vorfälligkeitsentschädigung als Werbungskosten steuerlich abgesetzt werden.

In jedem Fall abzugsfähig ist eine Vorfälligkeitsentschädigung, wenn der Kredit nur umgeschuldet und die Immobilie nicht veräußert wird (BFH-Urteil v. 14.1.2004, AZ: IX R 34/01). Etwas kniffliger ist die Sache, wenn die Immobilie verkauft wird. Da muss der Einzelfall betrachtet werden, zumal mehrere Senate des Bundesfinanzhofs, die sich mit dem Thema aus unterschiedlichem Anlass beschäftigt haben, nicht zu einheitlichen Urteilen gekommen sind. Danach müssen im Veräußerungsfall ganz bestimmte Voraussetzungen erfüllt sein, um eine Vorfälligkeitsentschädigung als Werbungskosten geltend zu machen.

Zum einen muss die vorzeitige Vertragsauflösung damit zu tun haben, dass ein neues, bereits konkret ins Auge gefasstes Vermietungsobjekt gekauft werden soll. Wenn man den Vertrag kündigt und dann erst sucht, gibt es diese Möglichkeit nicht. Man muss also schon bei der Veräußerung des alten Objekts geplant haben, das neue zu kaufen. Zum anderen muss man sich darauf festgelegt haben, das neue Objekt mithilfe des Erlöses aus dem Verkauf der alten Immobilie zu erwerben, spätestens aber beim Abschluss des Verkaufsvertrags für das Altobjekt.

Unter diesen Bedingungen kann dem Fiskus gegenüber glaubhaft gemacht werden, dass der Verkauf der alten Immobilie tatsächlich dem Kauf der neuen dient und hinter der Vertragsauflösung somit eine Einkunftserzielungsabsicht steht. Dabei kann man sich auf ein Urteil des Bundesfinanzhofs stützen (BFH-Urteil v. 23.4.1996, AZ: IX R 5/94).

Abzugsfähig ist die Vorfälligkeitsentschädigung zum Beispiel dann, wenn man beim Verkauf der alten Immobilie deutlich macht (eventuell sogar im Vertragstext), dass man den dabei erzielten Preis zum Kauf einer neuen Immobilie nutzen möchte.

Anders sieht es der Bundesfinanzhof, wenn das Darlehen abgelöst wird, weil die Immobilie veräußert wird, um den erzielten Kaufpreis in eine andere Einkunftsart zu investieren, zum Beispiel in Wertpapiere. Das Gleiche gilt, wenn das Geld gar nicht mehr angelegt werden soll, zum Beispiel um schuldenfrei zu sein. Wer nur Verbindlichkeiten tilgt, dem fehlt die Einkunftserzielungsabsicht, so das Argument der Finanzgerichte.

Wer den Verkauf einer vermieteten Immobilie plant und deswegen das Darlehen vorzeitig tilgt, um die Immobilie lastenfrei verkaufen zu können, kann die dabei anfallende Vorfälligkeitsentschädigung generell nicht als Werbungskosten abziehen. Der Bundesfinanzhof begründet seine Entscheidung damit, dass die Vorfälligkeitsentschädigung wegen des Verkaufs der Immobilie anfällt und nicht im Zusammenhang mit den bisherigen Vermietungseinkünften steht (BFH-Urteil v. 11.2.2014, AZ: IX R 42/13).

Wenn Sie also planen, eine vermietete Immobilie vorzeitig zu verkaufen, sollten Sie vorher rechtzeitig mit Ihrem Steuerberater reden!

Wenn der Eigentümer eine Immobilie innerhalb der zehnjährigen Spekulationsfrist verkauft und einen (Spekulations-) Gewinn erzielt, kann er die Vorfälligkeitsentschädigung aber auf andere Weise steuerlich geltend machen: Als Veräußerungskosten mindert sie den steuerpflichtigen Veräußerungsgewinn (siehe Abschnitt 7.2.9).

Werbungskosten-Abc

Neben den bereits erwähnten Aufwendungen, die als Werbungskosten sofort steuerlich abzusetzen sind, gibt es eine Fülle von Kosten, die man in dieser Form beim Fiskus geltend machen kann. Deshalb im Folgenden eine Auflistung aller relevanten Werbungskosten:

- **Abbruchkosten:** Wer ein bislang vermietetes Gebäude abreißen lässt, weil es aufgrund von Mängeln nicht mehr vermietet werden kann, darf die Abbruchkosten und den Restwert des Gebäudes als Werbungskosten bei den Vermietungseinkünften abziehen. Das gilt auch, wenn man anschließend ein selbstgenutztes Gebäude errichtet (BFH-Urteil v. 31.7.2007, AZ: IX R 51/05);
- **Abfindungszahlungen** an Mieter, damit dieser seine Wohnung räumt – vorausgesetzt, der Eigentümer will auch weiterhin mit dem Gebäude Einkünfte erzielen;
- Kosten für **Altlasten** wie Sanierungsaufwendungen oder Schadensersatzleistungen bei vermieteten Gebäuden;
- Kosten für die **Asbestsanierungen** von Mietimmobilien;
- **Aufwendungen**, die für den Bau oder Kauf eines noch zu errichtenden Vermietungsobjekts entstehen, gelten als vorab entstandene Werbungskosten. Der Abzug bleibt sogar erhalten, wenn noch vor der Fertigstellung der Immobilie die Vermietungsabsicht aufgegeben wird, um das Objekt selbst zu nutzen. Es muss allerdings dem Finanzamt die Vermietungsabsicht glaubhaft gemacht werden können. Ab dem Zeitpunkt, wo die Vermietungsabsicht aufgegeben wird, ist kein Werbungskostenabzug mehr möglich (BFH-Urteil v. 4.11.2003, AZ: IX R 55/02);
- **Aufwendungen** können auch als nachträgliche Werbungskosten abzugsfähig sein, beispielsweise die nach Aufgabe der Vermietungstätigkeit gezahlten Schuldzinsen. Dies gilt immer dann, wenn mit dem Darlehen sofort abziehbare Aufwendungen (häufig also Erhaltungsaufwand) finanziert wurden. So hat der Bundesfinanzhof mehrfach entschieden (zuletzt Urteil v. 12.10.2005, AZ:

IX R 28/04). Das Bundesfinanzministerium hat inzwischen einen entsprechenden Erlass an die Finanzverwaltung geschickt (BMF-Schreiben v. 3.5.2006, AZ: IV C 3 –S 2211 – 11/06);

- Finanzierungskosten für den Erwerb von **Bauerwartungsland**, wenn eine konkrete Bauabsicht besteht und damit zu rechnen ist, dass das Grundstück in absehbarer Zeit bebaut werden soll (BFH-Urteil v. 4.6.1991, AZ: IX R 30/89, BstBI 1991 II, 761);
- Abschlussgebühren für einen **Bausparvertrag**, wenn er der Finanzierung einer Mietimmobilie dient;
- Kosten für die **Bewirtschaftung** (Heizung, Müllabfuhr, Wasser und so weiter) einer vermieteten Immobilie. Werden die Kosten allerdings auf die Mieter umgelegt, müssen die Beträge als Einnahmen aus Vermietung und Verpachtung versteuert werden (BFH-Urteil v. 14.12.1999, AZ IX R 69/98, DStR 2000, 46);
- ein **Breitbandverteileranschluss**, wenn er nachträglich in eine bestehende Immobilie nachgerüstet wird. Bei einem Neubau zählt er zu den Herstellungskosten des Gebäudes;
- Ist die **Dämmung** einer Außenwand bei einem gemischt genutzten Gebäude nur beim vermieteten Teil verstärkt worden, sind die Aufwendungen in voller Höhe als Werbungskosten anrechenbar. Anders zum Beispiel bei der Reparatur eines Daches, weil diese Maßnahme sowohl dem vermieteten als auch dem selbst genutzten Teil zugutekommt;
- Kosten für neue **Einbaumöbel**, wenn die alten in einem bestehenden Gebäude ausgetauscht werden;
- laufende **Erbbauzinsen**;
- **Erschließungskosten**, soweit sie als Beiträge für die Modernisierung oder Erweiterung bestehender Anlagen anfallen;
- **Fahrtkosten**, Mehraufwand für Verpflegung oder Übernachtungskosten im Zusammenhang mit der Vermietung einer Immobilie;
- Kosten für **Ferienhäuser und -wohnungen** können selbst bei Leerstandszeiten in voller Höhe abgesetzt werden, wenn die Immobilie ausschließlich vermietet wird. Anders sieht es aus, wenn die Ferienwohnung auch teilweise selbst genutzt wird;
- Aufwendungen für die Instandhaltung eines **Gartens**;
- Mitgliedsbeiträge zu Haus- und **Grundbesitzervereinen**;

- Notar-Gebühren, die dadurch anfallen, dass ein Vermieter zum Beispiel durch Sicherung eines Darlehens eine **Grundschuld** eintragen lässt, sind als Nebenkosten der Geldbeschaffung absetzbar (BFH-Urteil vom 1.10.2002, AZ: IX R 72/99);
- **Grundsteuer**, soweit sie nicht auf den Mieter umgelegt wurde;
- **Hausverwaltung** (keine Eigenleistungen!);
- **Heizkosten**;
- Kosten für einen nachträglichen **Kabelanschluss** bei einem bestehenden Gebäude;
- Dient eine **Kapitallebensversicherung** der Rückzahlung eines Immobiliendarlehens, sind die Zinsen für ein zur Finanzierung der Versicherungsbeiträge aufgenommenes Darlehen als Werbungskosten abziehbar (BFH-Urteil v. 25.2.2009, AZ: IX R 62/07);
- die während eines **Leerstands** entstandenen Kosten (Schuldzinsen, laufende Kosten), wenn die Immobilie nach dem Auszug eines Mieters vorübergehend leer steht und wieder vermietet werden soll. Dies gilt selbst dann, wenn sich der Eigentümer gleichzeitig um den Verkauf der Immobilie bemüht, vorausgesetzt, er kann belegen, dass seine Vermietungsbemühungen ernsthaft und nachhaltig waren (BFH-Urteile v. 9.7.2003, AZ: IX R 102/00, v. 11.12.2012, AZ: IX R 14/12);
- **Maklerprovision**, aber nur für die Vermittlung eines neuen Mieters, nicht für die Vermittlung einer Immobilie;
- Kann ein Gebäudeteil aufgrund einer **Nutzungsuntersagung** nicht vermietet werden, sind die auf diesen Gebäudeteil entfallenden Aufwendungen dennoch als Werbungskosten abziehbar. So entschied das Finanzgericht Berlin-Brandenburg (rechtskräftiges Urteil v. 16.4.2008, AZ: 14 K 2286/05 B);
- **Prozesskosten**, soweit sie Mietangelegenheiten betreffen;
- Auch **Rechtsanwaltskosten**, die im Zusammenhang mit einem Darlehen für den Immobilienkauf entstehen, sind Werbungskosten (BFH-Urteil v. 25.6.2009, AZ: IX R 47/08). Wenn ein Darlehen durch die Einkunftserzielung veranlasst war, können auch mögliche Anwaltskosten als Werbungskosten bei den Vermietungseinkünften abgezogen werden, so die Begründung;

- **Schadensersatzzahlungen**, wenn sie zum Beispiel durch den Rücktritt vom Kaufvertrag entstehen;
- Aufwendungen für ein **Schadstoffgutachten**, aber nur, wenn das Gutachten nicht im Zusammenhang mit Veräußerungsabsichten in Auftrag gegeben wurde;
- **Schönheitsreparaturen** in einer vermieteten Wohnung;
- Wer eine Wohnung zu eigenen Wohnzwecken nutzt, kann **Schuldzinsen** für Darlehen steuerlich nicht abziehen. Wer sich jedoch während der Bauphase dafür entscheidet, die Immobilie nach der Fertigstellung zu vermieten, darf die während der Bauphase entstandenen Zinsen zu den Herstellungskosten des Gebäudes rechnen und im Rahmen der Gebäudeabschreibung steuerlich geltend machen (BFH-Urteil v. 23.5.2012, AZ: IX R 2/12);
- Als nachträgliche Werbungskosten können **Schuldzinsen** geltend gemacht werden, wenn der Preis, der beim Verkauf erzielt wird, nicht dazu ausreicht, die Hypothek für den ursprünglichen Kauf der Immobilie zu tilgen, so ein Urteil des Bundesfinanzhofs (BFH-Urteil v. 20.6.2012, AZ: IX R 67/10). Dies gilt sowohl für die (ursprünglichen) Anschaffungs- oder Herstellungskosten wie auch für Erhaltungsaufwendungen. In jedem Fall muss aber der Verkaufserlös zu 100 Prozent zur Tilgung des Darlehens genutzt worden sein. Hat jedoch der Eigentümer zuvor aus der Vermietung jahrelang Verluste erzielt und deswegen seit längerem versucht, die Immobilie wegen fehlender Rentabilität zu verkaufen, fehlt es nach Ansicht des Bundesfinanzhofs an der Einkunftserzielungsabsicht, und zwar ab dem Zeitpunkt, ab dem die Verkaufsbemühungen aufgenommen wurden. Dies geht aus einem weiteren BFH-Urteil hervor (Urteil v. 21.1.2014, AZ: IX R 37/12). Die fehlende Einkunftserzielungsabsicht vor dem Immobilienverkauf führt dazu, dass keine nachträglichen Schuldzinsen steuerlich absetzbar sind;
- **Steuerberatungskosten**, die im Zusammenhang mit den Einkünften aus Vermietung und Verpachtung anfallen;
- **Telefonkosten**, die durch die Vermietungstätigkeit entstehen;
- Prämien für **Versicherungen** (zum Beispiel Rechtsschutzversicherung, Gebäudeversicherung, Gebäudehaftpflichtversicherung, Bauwesen- oder Bauherren-Haftpflichtversicherung);
- **Zweitwohnungsteuer**, soweit sie bei Vermietung und Verpachtung anfällt, bei Selbstnutzung entsprechend anteilig gekürzt (Finanzgericht Niedersachsen, Urteil v. 4.9.2000, AZ: 15 K 91/98).

7.2.5 Abschreibungen

Steuern sparen lassen sich auch durch Abschreibungen (Absetzung für Abnutzung, AfA) als Teil der Werbungskosten. Normalerweise verteilen sich die Beträge, die der Eigentümer absetzen kann, gleichmäßig auf die Nutzungsdauer der Immobilie. Unter steuerlichen Gesichtspunkten geht der Fiskus nämlich von einem beständigen Wertverlust des Objektes aus (faktisch sollte das allerdings nicht der Fall sein), und zwar bei einer angenommenen Nutzungsdauer von 50 beziehungsweise 40 Jahren je nach Fertigstellungsdatum. Unter besonderen Umständen geht der Fiskus von einer verkürzten Nutzungsdauer aus.

Was darf überhaupt abgeschrieben werden? Grundsätzlich muss zwischen dem Bau und dem Kauf einer Immobilie unterschieden werden. In dem einen Fall spricht man von Herstellungskosten (Bau), in dem anderen von Anschaffungskosten (Kauf) eines Objekts. Diese Unterscheidung bereitet normalerweise eigentlich keine Probleme. Wer allerdings schlüsselfertig bauen lässt, dem stellt sich schnell die Frage: Wurde gebaut oder doch gekauft? Der Gesetzgeber hat es so definiert: Ein Bauherr baut oder lässt auf eigene Rechnung und Gefahr bauen und „beherrscht“ das Baugeschehen. Warum das so wichtig ist, wird bei den verschiedenen Abschreibungsmöglichkeiten noch deutlich werden.

Herstellungskosten

Herstellungskosten sind alle Aufwendungen, die durch den Bau einer Immobilie entstehen. Typischerweise zählen dazu Maurer-, Zimmermanns- oder Dachdeckerarbeiten sowie Baumaterial, außerdem diverse Baunebenkosten wie Architektenhonorare, Bauabnahmegebühren oder die Fahrtkosten zur Baustelle. Das Gesetz zählt außerdem weitere Herstellungskosten auf: vom Anschluss an das Stromversorgungsnetz über Küchenspülen und Bauplanänderungen bis hin zu Materialverlust durch Diebstahl oder die Richtfestkosten. Im Prinzip geht es um alle Kosten, die weder das Grundstück noch die Finanzierungskosten betreffen.

Nachträgliche Herstellungskosten

Nachträgliche Herstellungskosten sind Aus- und Umbauten, Erweiterungen und Modernisierungsmaßnahmen, die den Substanzwert der Immobilie deutlich vergrößern oder verbessern. Diese Kosten erhöhen die Bemessungsgrundlage für die Abschreibungen. Um die Begriffsbestimmung und die steuerliche Behandlung solcher Kosten in Abgrenzung zum Erhaltungsaufwand hat es in den vergangenen Jahren häufig rechtliche Auseinandersetzungen gegeben (siehe dazu Abschnitt 7.3.4 *Erhaltungsaufwand*).

Anschaffungskosten

Zu den Anschaffungskosten zählen alle Aufwendungen, die durch die Anschaffung eines Wohnobjekts entstanden sind, zum Beispiel auch ein Darlehensbetrag, der vom Verkäufer des Objekts übernommen wurde. Doch in erster Linie geht es um den Kaufpreis. Dabei wird der Preis des Gebäudes von dem des Grundstücks getrennt. Der Grund dafür ist, dass es bei dem einen Wertverzehr gibt, bei dem anderen nicht. Abschreiben lassen sich demnach nur die Anschaffungskosten, die für das Gebäude anfallen, nicht aber die für das Grundstück. Das Problem dabei ist, dass im Kaufvertrag normalerweise nur ein Preis für beides ausgewiesen wird.

Deshalb muss der Verkehrswert des Gebäudes und der des Grundstücks getrennt ermittelt werden. Das geschieht mit der so genannten Verkehrswertmethode (zur Ermittlung des Verkehrswerts). Je nachdem, in welchem Verhältnis beide Werte stehen, wird der Kaufpreis für Gebäude und Grundstück aufgeteilt.

Umstritten, aber dennoch nicht selten angewendet wird die alternative Restwertmethode. Dabei wird der Bodenwertanteil ermittelt und vom Gesamtkaufpreis abgezogen. Der Bundesfinanzhof sieht diese Methode jedoch als nicht unbedingt gesetzeskonform an.

Als Eigentümer sollten Sie Ihre gekaufte Immobilie nach der Verkehrswertmethode bewerten lassen. Andernfalls laufen Sie Gefahr, dass der Gebäudewert zu niedrig angesetzt wird und sich damit die Abschreibungsmöglichkeiten verringern.

Hilfestellung bei der Ermittlung der Verkehrswerte gibt es beim Finanzamt. Dort kann man erfahren, was je nach Objekt und Region üblicherweise als Verkehrswert beim Gebäudeanteil anzusetzen ist. Alternativ lässt sich der Verkehrswert über den Bodenrichtwert herleiten, indem durch Zu- und Abschläge der Zustand und die Lage der Immobilie berücksichtigt wird. Informationen dazu gibt es beim Gutachterausschuss, der bei den Kreisen oder Städten mit einer Geschäftsstelle vertreten ist.

✔ Das Finanzamt darf aber nach Urteilen mehrerer Finanzgerichte nicht einfach den Differenzbetrag zwischen dem Gesamtkaufpreis und den ermittelten Bodenrichtwerten als Gebäudewert ansetzen (BFH-Urteile v. 15.1.1985, AZ: IX R 81/83, v. 22.4.1997, AZ: IX R 73/94, v. 10.10.2000, AZ: IX R 86/97; FG Thüringen, Urteil v. 29.2.2008, AZ: III 740/05). Sie können eine Minderung zum Beispiel dadurch plausibel machen, dass der höhere Kaufpreis-Anteil für das Gebäude sich aus der luxuriösen Innenausstattung ergibt.

Der Immobilienerwerber kann sich schließlich auch mit dem Bauträger im Kaufvertrag oder nachträglich darauf einigen, wie sich der Kaufpreis Gebäude und Grundstück verteilt. So kann er einen möglichen Streit um die Höhe des Verkehrswerts umgehen.

✔ Vereinbaren Sie mit dem Bauträger vertraglich eine Aufteilung des Kaufpreises auf den Gebäudeanteil sowie den Anteil an Grund und Boden. Das Finanzamt akzeptiert diese Aufteilung, wenn sie ihm einigermaßen plausibel erscheint.

Der Bundesfinanzhof hat deutlich gemacht, dass eine solche Vereinbarung im „beiderseitigen Interesse" von Käufer und Verkäufer sein müsse. Ansonsten werde die Zustimmung zu dieser vertraglichen Regelung verweigert (Urteil v. 15.3.2001, AZ: II R 39/99).

Wird der Kaufpreis für eine Immobilie bereits im Notarvertrag in einen Kaufpreis für den Grund und Boden und einen Kaufpreis für den Gebäudeanteil aufgeteilt, ist das Finanzamt grundsätzlich an diese Aufteilung gebunden. Voraussetzung ist jedoch, dass die Aufteilung nicht zu einer unangemessenen Bewertung führt (BFH-Urteil v. 18.1.2006, AZ: IX R 34/05).

✔ Folgende Faustformel gilt bei den Finanzämtern: Unterschreitet der von Ihnen ermittelte Wert für den Grund und Boden den Bodenrichtwert um bis zu zehn Prozent, ist die Abweichung als unwesentlich einzustufen. Erst wenn die Abweichung größer ist, ändert das Finanzamt die Kaufpreisaufteilung.

Zu den Anschaffungsnebenkosten für das Gebäude zählen alle mittelbaren Kosten wie Notarkosten, Maklercourtage oder Grundbuchgebühren sowie die Grunderwerbsteuer. Entfallen solche Nebenkosten auf Gebäude und Grundstück gemeinsam, müssen die Anteile nach der Verkehrswertmethode herausgerechnet werden.

Nachträgliche Anschaffungskosten

Nachträgliche Anschaffungskosten bei Immobilien entstehen für Aufwendungen, die nach dem rechtswirksamen Abschluss eines Kaufvertrags durchgeführt werden, um das Gebäude in einen betriebsbereiten Zustand zu versetzen. Die Rechtsprechung orientiert sich dabei an den Vorschriften des § 255 HGB (mehr dazu im Abschnitt 7.2.4 *Werbungskosten*).

Lineare Abschreibung

Diese Abschreibungsmethode kann man als Bauherr eines Neubaus wie auch als Käufer von Gebrauchtimmobilien auf alle vermieteten Wohnobjekte anwenden. Bemessungsgrundlage sind die Herstellungs- beziehungsweise Anschaffungskosten. Hat man sich einmal für die lineare Abschreibung entschieden, muss diese Methode während der gesamten Nutzungsdauer der Immobilie beibehalten werden.

Die Höhe des Abschreibungssatzes hängt vom Alter der Immobilie ab:

- bei Immobilien, die nach dem 31.12.1924 fertiggestellt wurden, beträgt sie 2 Prozent;
- bei Immobilien, die vor dem 1.1.1925 fertiggestellt wurden, 2,5 Prozent.

Höhere Abschreibungssätze sind möglich, wenn die voraussichtliche Nutzungsdauer nur noch sehr gering ist (§ 7 Abs. 4,2 EStG) – das muss aber gegenüber dem Finanzamt glaubhaft gemacht werden können. Normalerweise reicht es, wenn man die Abweichung vom Normalfall darlegt (zum Beispiel wegen erhöhter Beanspruchung) und die Nutzungsdauer schätzt. Das Finanzamt kann das nur verwerfen, wenn die Schätzung „eindeutig außerhalb des angemessenen Schätzrahmens" liegt.

Sie sind auf der absolut sicheren Seite, wenn Sie sich die Nutzungsdauer der Immobilie durch einen Gutachter schätzen lassen. Nach einem Urteil des Finanzgerichts Köln muss das Finanzamt ein solches Gutachten als ausreichenden Beleg akzeptieren (Urteil v. 23.1.2001, AZ: 8 K 6294/95).

Nachträgliche Herstellungs- und Anschaffungskosten vergrößern die Bemessungsgrundlage. Der neue Gesamtbetrag wird dann wieder mit 2 beziehungsweise 2,5 Prozent abgeschrieben. Im Endeffekt verlängert man damit die unterstellte Abschreibungsdauer von 50 beziehungsweise 40 Jahren.

Erhöhte Abschreibung

Eine erhöhte Abschreibung gibt es nur noch für sehr wenige vermietete Wohnobjekte, die jetzt erst fertiggestellt werden. Diese Abschreibungsmöglichkeit beschränkt sich derzeit auf:

- Gebäude in Sanierungsgebieten (§ 7h EStG)
- Gebäude als Baudenkmale (§ 7i EStG)
- Gebäude mit außergewöhnlicher Abnutzung

Ebenso wie selbst genutzte Immobilien werden auch vermietete Wohnobjekte in Sanierungs- beziehungsweise städtebaulichen Entwicklungsgebieten besonders gefördert, in diesem Fall durch erhöhte Abschreibungen (§ 7h EStG). Dabei ist es egal, ob es sich um ein ganzes Gebäude oder Teile davon, um eine Eigentumswohnung oder um einzelne Räume handelt.

Erhöhte Abschreibungen kann nur in Anspruch nehmen, wer eine entsprechende Bescheinigung der Gemeindebehörde vorweisen kann. Fehlt diese Bescheinigung, hat das Finanzamt unter Hinweis auf eine BFH-Entscheidung (Urteil vom 14.5.2014, AZ: X R 7/12) das Recht, die erhöhten Abschreibungen nicht als Werbungskosten anzuerkennen, wenn den Sachbearbeitern im Finanzamt die notwendige Sachkunde fehlt. Aus der Bescheinigung muss hervorgehen, dass das Gebäude in einem Sanierungsgebiet liegt, in welcher Höhe Aufwendungen entstanden sind und ob beziehungsweise wie hohe Zuschüsse man erhalten hat. Diese werden aus der Bemessungsgrundlage herausgerechnet.

Für alle Baumaßnahmen nach dem 31.12.2003 gelten folgende Abschreibungssätze: Im Jahr der Herstellung und in den folgenden sieben Jahren können jeweils 9 Prozent der Herstellungskosten und in den folgenden vier Jahren jeweils 7 Prozent abgesetzt werden.

Begünstigt werden die (nachträglichen) Herstellungskosten, also Modernisierungs- und Instandsetzungskosten, sowie Aufwendungen, die der Erhaltung, Erneuerung und funktionsgerechten Verwendung eines Gebäudes nützen, um es wegen seiner geschichtlichen, künstlerischen und städtebaulichen Bedeutung erhalten zu können. Anschaffungsnaher Aufwand – also Erhaltungsaufwand, der über 15 Prozent des Kaufpreises liegt – kann damit ebenfalls steuerlich erhöht abgesetzt werden.

Anders als bei der Sonderabschreibung für Baudenkmale (siehe unten) muss die Bescheinigung nicht zwingend die Höhe der begünstigten Herstellungskosten ausweisen (BFH-Urteil v. 4.5.2004, AZ: XI R 38/01).

Erhöhte Abschreibungsmöglichkeiten gibt es auch für Baumaßnahmen an vermieteten Wohnobjekten, die Baudenkmale sind (§ 7i EStG). Um in den Genuss der Steuervergünstigungen zu kommen, muss man sich für alle diese Maßnahmen mit den zuständigen Behörden abgestimmt haben. Bei den Baudenkmalen wird ein Bescheinigungsverfahren vorgeschrieben, das ausweist, welche Aufwendungen man hatte und, falls geschehen, wie hoch die geflossenen Zuschüsse sind. Ansprechpartner dafür ist die für Denkmalschutz und -pflege zuständige Behörde.

Die erhöhten Abschreibungen betragen hier ebenfalls im Jahr der Herstellung und in den folgenden sieben Jahren jeweils 9 Prozent sowie in den darauf folgenden vier Jahren jeweils 7 Prozent für alle Baumaßnahmen, mit denen nach dem 31.12.2003 begonnen wurde. Gefördert werden alle Arbeiten, die nach Art und Umfang zur Substanzerhaltung des Baudenkmals oder zu seiner sinnvollen Nutzung erforderlich sind, außerdem die Wiederherstellung eines beschädigten Baudenkmals oder seine Umgestaltung sowie unter Umständen eine Umsetzung. Keine erhöhten Abschreibungen dieser Art gibt es für Ausbauten und Erweiterungen. Begünstigt werden also die nachträglichen Herstellungskosten von Baumaßnahmen (Anschaffungsnaher Aufwand).

i

Unter steuerlichen Gesichtspunkten macht es keinen Sinn, dass Sie ein bereits fertig renoviertes Baudenkmal kaufen, um es zu vermieten. Denn dann lässt sich keine erhöhte, sondern nur die normale, lineare Abschreibung vornehmen.

Falls bei einem Umbau bestimmte Gebäudeteile entfernt oder ein Gebäude abgerissen werden muss, kann schließlich auch die Abschreibung für außergewöhnliche Abnutzung in Anspruch genommen werden.

Diese erhöhte Abschreibungsmöglichkeit gilt jedoch nicht, wenn Sie auf einem neu erworbenen Grundstück ein Gebäude abreißen, das technisch oder wirtschaftlich nicht verbraucht ist – etwa um eine neue Immobilie zu errichten oder um ein unbebautes Grundstück veräußern zu können.

Außerdem kann diese Abschreibungsart angewendet werden, wenn das Objekt durch Naturereignisse wie Brand, Wasser, Bergschäden, Schwammbildung oder Holzfäule beschädigt oder zerstört wurde (Außergewöhnliche Abnutzung). Dabei ist es egal, ob das Gebäude vorher linear oder degressiv abgeschrieben wurde.

Die Höhe der Abschreibung wird nach den Kosten bemessen, die anfallen würden, um die Schäden zu beseitigen. Einen festen Abschreibungssatz gibt es nicht. Der geschätzte Wertverlust kann in voller Höhe abgesetzt werden, danach wird die lineare oder degressive Abschreibung fortgesetzt.

Werden die Schäden tatsächlich beseitigt, darf man die Aufwendungen sofort als Erhaltungsaufwand absetzen. Fallen nach einer erhöhten Abschreibung wegen außergewöhnlicher Abnutzung wieder Herstellungskosten an, muss die neue Bemessungsgrundlage anhand folgender Formel ermittelt werden:

Ursprüngliche Anschaffungs-/Herstellungskosten

– erhöhte Abschreibung

+ neue Herstellungskosten

Danach muss wieder die alte Abschreibungsmethode angewendet werden, es sei denn, das Gebäude wurde komplett abgerissen und ein neues erstellt.

In der folgenden Tabelle finden Sie die verschiedenen Abschreibungsmöglichkeiten noch einmal zusammengefasst:

	Lineare AfA	Erhöhte AfA (§§ 7h, i EStG)
Geförderte Objekte	sämtliche vermietete Wohnobjekte	Baudenkmal oder Gebäude im Sanierungs-/Entwicklungsgebiet, außergewöhnliche Abnutzung
Geförderte Person	Bauherr, Erwerber	Bauherr, Erwerber
Bemessungsgrundlage	Anschaffungs-/Herstellungskosten des Gebäudes	Herstellungskosten, außerdem Erhaltungsaufwand
Beginn der Förderung	im Jahr der Fertigstellung/Anschaffung	Bei Fertigstellung bzw. Abschluss der Bauarbeiten
Abschreibungssätze	50 Jahre 2 % oder 40 Jahre 2,5 %	8 Jahre 9 %, 4 Jahre 7 % bei außergewöhnlicher Abnutzung bis zu 100 %

7.2.6 Wechsel von Selbstnutzung zur Vermietung

Es kommt häufig vor, dass eine ursprünglich selbst genutzte Immobilie später einmal vermietet wird. Dann stellt sich die Frage, wie das vermietete Wohnobjekt steuerlich behandelt werden muss.

Für die Abschreibungssumme wird unterstellt, dass von Anfang an eine steuerliche Abschreibung vorgenommen wurde. Mit anderen Worten: Bemessungsgrundlage sind zunächst die ursprünglichen Herstellungs- oder Anschaffungskosten zum Zeitpunkt des Baus oder Kaufs der Immobilie. Davon müssen aber die Beträge abgezogen werden, die bei entsprechender Anwendung der linearen oder degressiven Abschreibung auf den Zeitraum entfallen, in dem die Immobilie noch selbst genutzt wurde. Man bildet quasi einen hypothetischen Restwert beziehungsweise Buchwert zum Zeitpunkt des Übergangs von der Selbstnutzung zur Vermietung.

Entsprechend ist auch bei der Abschreibungsmethode zu verfahren, also entweder die lineare oder die degressive AfA anzuwenden, und zwar unter den Bedingungen, wie sie in den vorangegangenen Abschnitten beschrieben wurden.

Herstellungskosten einer neuen Immobilie: 250.000 Euro, auf den Gebäudeteil entfallen 210.000 Euro, das Wohnobjekt wird vier Jahre selbst genutzt, anschließend vermietet.

Ursprüngliche Herstellungskosten: 210.000 Euro, degressive AfA von 4 x 4 Prozent, ergibt einen Buchwert nach vier Jahren von 176.400 Euro. Mit diesem Betrag wird die Immobilie zu Beginn der Vermietungsphase bewertet. Die degressive Abschreibung wird an dieser Stelle fortgesetzt; es kann also noch weitere sechs Jahre mit dem 4-Prozent-Satz abgeschrieben werden.

7.2.7 Wechsel von Vermietung zur Selbstnutzung oder Verkauf

Wer eine bisher vermietete Immobilie selbst nutzen oder verkaufen möchte, kann den in diesem Zusammenhang angefallenen Renovierungsaufwand nur steuermindernd geltend machen, wenn er noch auf die Vermietungszeit entfällt. Die Grenzen sind dabei eng gezogen.

Werden Instandsetzungen erst nach dem Ende des Mietvertrags durchgeführt, können dadurch entstandene Aufwendungen nicht mehr als Werbungskosten bei den Vermietungseinkünften abgezogen werden, weil sie bereits untrennbar mit der geplanten Eigennutzung der Immobilie zusammenhängen. Das gilt auch dann, wenn der Mieter die im Mietvertrag vereinbarten Schönheitsreparaturen nicht durchgeführt hat und zahlungsunfähig ist, sodass der (ehemalige) Vermieter seine Ansprüche nicht mehr durchsetzen kann (BFH-Urteil v. 17.12.2002, AZ: IX R 6/99).

Absehbare Instandsetzungsarbeiten sollten Sie noch vor Ende der Vermietung durchführen lassen. Dann können die entsprechenden Aufwendungen noch als Werbungskosten bei den Vermietungseinkünften berücksichtigt werden.

Wenn ein Verkäufer Instandsetzungen im Zusammenhang mit der Veräußerung noch während der Vermietungszeit durchführen lässt, dürfen die Aufwendungen dafür nicht als Werbungskosten abgezogen werden (BFH-Urteil v. 14.12.2004, AZ: IX R 34/03). Besonders schlechte Karten hat man, wenn dies auch noch ausdrücklich im Kaufvertrag geregelt ist. Deshalb:

Solche Arbeiten sollten Sie nicht im Kaufvertrag regeln und möglichst viel Zeit bis zum Notartermin verstreichen lassen. Dann wird das Finanzamt schwerlich belegen können, dass die Instandsetzung nur wegen des späteren Verkaufs erfolgt ist.

Steuerliche Probleme kann es übrigens durch Abstandszahlungen geben, mit denen Vermieter den Auszug eines Mieters beschleunigen wollen. Die Zahlungen sind nicht als Werbungskosten abzugsfähig, wenn der Vermieter die Immobilie nach dem Auszug des Mieters selbst bewohnt (BFH-Urteil v. 7.7.2005, AZ: IX R 38/03).

7.2.8 Vermietung unter Marktmiete

Einige Immobilieneigentümer möchten ihren Kindern oder anderen Angehörigen, möglicherweise auch guten Freunden, das Wohneigentum günstiger überlassen, also unter den üblichen Marktpreisen vermieten. Inwieweit dann Werbungskosten voll steuerlich geltend gemacht werden können, hängt entscheidend davon ab, dass die Miete nicht zu niedrig angesetzt ist.

Miete über 66 Prozent

Die gesetzliche Regelung seit 2012 besagt: Beträgt die Miete mindestens 66 Prozent der ortsüblichen Marktmiete, wird der Werbungskostenabzug voll anerkannt. Ohne Prüfung wird eine Gewinnerzielungsabsicht unterstellt.

Doch auch wenn die 66-Prozent-Hürde unterschritten wird, können Sie versuchen, beim Finanzamt Argumente vorzubringen, warum die ortsübliche Miete nicht als Vergleichsmaßstab herangezogen werden kann, etwa wegen des schlechten Zustandes der Immobilie, der schlechten Lage oder wegen Fluglärms.

Miete unter 66 Prozent

Liegt die Miete unter 66 Prozent und kann man keine „guten Gründe" dafür vorbringen, verliert man einen Teil der abzugsfähigen Kosten. Der Fiskus interpretiert das nämlich so, dass man seine Wohnung teilweise unentgeltlich überlässt, und dafür können dann auch keine Werbungskosten geltend gemacht werden. Für den entgeltlichen Teil wird die Einkunftserzielungsabsicht dann nicht noch einmal geprüft

(BFH-Urteil v. 22.7.2003, AZ: IX R 59/02). Die Finanzverwaltung hat dabei klargestellt, dass man zum Vergleich den untersten Wert innerhalb einer Mietpreisspanne wählen kann (OFD Rheinland, Kurzinformation Einkommensteuer 82/2007 v. 17.12.2007).

Eine Wohnung wird für 300 Euro vermietet. Tatsächlich bekäme man als Marktmiete 750 Euro. Das Finanzamt legt das so aus, dass 60 Prozent der Wohnung unentgeltlich überlassen wurden. Für diesen Teil können keine Werbungskosten geltend gemacht werden. Mit anderen Worten: Nur 40 Prozent der tatsächlichen Werbungskosten werden steuerlich anerkannt.

Bei Erhaltungsaufwand steht man vor dem gleichen Problem. Liegt die Miete unter 66 Prozent der ortsüblichen Vergleichsmiete, so können die Aufwendungen nur in eingeschränktem Maße abgesetzt werden. Auf das obige Beispiel bezogen, würde der Erhaltungsaufwand wieder nur zu 40 Prozent anerkannt.

Diese Regelung kann aber ebenso gut auch zum eigenen Vorteil umgemünzt werden: Wenn Sie an Freunde oder Verwandte vermieten, sollten Sie knapp über 66 Prozent der Marktmiete und mindestens 66 Prozent der umgelegten Betriebskosten verlangen. Dann haben Sie geringere Mieterträge und können dennoch die Werbungskosten voll und ganz beim Fiskus geltend machen. Ein steuersparender Verlust ist sicher. Sie sollten aber daran denken, diese Vorzugsmiete bei Mieterhöhungen auf dem Markt ebenfalls anzuheben, sonst rutschen Sie schnell unter die 66-Prozent-Grenze.

Einen so genannten Gestaltungsmissbrauch sieht das Finanzamt, wenn das Mietmodell einzig und allein dazu dient, geltendes Recht zu umgehen, zum Beispiel durch eine „Überkreuzvermietung“. Dabei werden nahezu identische Wohnungen gegenseitig vermietet.

Keinen Gestaltungsmissbrauch sieht der Bundesfinanzhof dagegen, wenn zum Beispiel jemand ein Haus kauft und an seine Eltern vermietet, selbst aber unentgeltlich im Haus seiner Eltern wohnt. Bedingung: Die Vermietung an die Eltern muss den fremdüblichen (ortsüblichen) Bedingungen entsprechen. Der Bundesfinanzhof begründet sein Urteil sinngemäß damit, dass durch die unentgeltliche Überlassung an die Eltern nur mit einem der beiden Immobilien steuerliche Verluste generiert werden (Urteil v. 14.1.2003, AZ: IX R 5/00).

Grundsätzlich akzeptiert das Finanzamt anfängliche Verluste bei dem Vermieter, der glaubhaft machen kann, dass er langfristig einen Überschuss erzielen möchte. Das bedeutet: Über mehrere Jahre gerechnet müssen auch beim Vermieten an Freunde und Angehörige die Einnahmen die Werbungskosten übersteigen.

Vermietung an die eigenen Kinder

Im Übrigen hat der Bundesfinanzhof das Vermieten einer Wohnung an die eigenen Kinder steuerrechtlich bessergestellt. Danach ist ein Mietvertrag mit einem unterhaltsberechtigten, erwachsenen und noch nicht verheirateten Kind auch dann anzuerkennen, wenn das Kind die Miete – und das ist das Neue – aus dem Barunterhalt der Eltern zahlt. Die Eltern können Verluste aus der Vermietung steuerlich geltend machen (Urteile v. 19.10.1999, AZ: IX R 30/98 und IX R 39/99). Jetzt ist es möglich, dass die Eltern dem Kind den Unterhalt voll bar zahlen, und das Kind überweist ihnen die Miete im Wesentlichen mit Mitteln aus diesem Barunterhalt zurück.

Sie können als Elternteil sogar den geschuldeten Barunterhalt nicht voll an Ihr Kind überweisen, sondern bereits gekürzt um die monatliche Warmmiete.

Allerdings verknüpft der Fiskus die volle steuerliche Anerkennung an gewisse Bedingungen:

- Der Mietvertrag muss so gestaltet sein, als wäre er mit Fremden abgeschlossen worden (Fremdvergleich). Er muss also zivilrechtlich wirksam geschlossen sein und in einer Art und Weise, wie er üblicherweise auch mit Dritten vereinbart wird. Dabei muss der Vertrag keineswegs schriftlich fixiert sein, sondern er kann auch formlos und mündlich geschlossen worden sein. Wichtig ist nur, dass die vertraglichen Hauptpflichten, also die Überlassung der Wohnung sowie die Zahlung der Miete, erfüllt sind. Dies geht aus einem weiteren Urteil des Bundesfinanzhofs hervor (Urteil v. 19.10.1999, AZ: IX R 80/97).
- Eine verbilligte Miete ist nicht in den Fremdvergleich einzubeziehen, sondern ein Kriterium bei der Prüfung der Einkunftserzielungsabsicht (BFH-Urteil v. 31.7.2007, AZ: IX R 8/07).
- Die Vermietung an das Kind darf kein Scheingeschäft sein. Man darf also mit dem Kind keine Vereinbarungen treffen, dass es gar

nicht von der Miete belastet wird, also zum Beispiel durch Rücküberweisungen letztlich gar keine Miete zahlt.

- Die Mietwohnung muss sich außerhalb des elterlichen Hausstandes befinden, darf also zum Beispiel nicht Teil einer von den Eltern selbst genutzten Immobilie sein.
- Und natürlich gilt hier erst recht die 66-Prozent-Regel zur ortsüblichen Vergleichsmiete (siehe oben).

Übrigens Vorsicht, falls man auf die Idee verfallen sollte, dem Kind beziehungsweise Angehörigen die Miete zu stunden und sie sich später zum Beispiel in einem Einmalbetrag zahlen zu lassen. Solche und ähnliche Konstruktionen sieht der Fiskus gar nicht gerne. Einem solchen Mietverhältnis hat das Finanzgericht München die Anerkennung verweigert (Urteil v. 13.7.2000, AZ: 10 K 4502/97).

7.2.9 Steuerfallen

Wer sich an bestimmte Spielregeln hält, kann als Vermieter von Immobilien sehr viel von Steuervorteilen profitieren. Es gibt auf der anderen Seite aber auch ganz grundlegende Regeln, nach denen man sich richten sollte, um nicht in eine Steuerfalle zu geraten.

Spekulationsfrist

Der Verkauf einer Immobilie ist steuerfrei, solange zwischen Kauf und Verkauf eine bestimmte Frist liegt. Diese Spekulationsfrist für Veräußerungsgewinne beträgt bei privaten Grundstücken zehn Jahre.

> Eine Ausnahme von der 10-jährigen Frist gilt, wenn Sie die Immobilie zwischen Anschaffung beziehungsweise Fertigstellung und Veräußerung oder aber im Jahr der Veräußerung und den beiden vorangegangenen Jahren ausschließlich selbst genutzt haben.

Bei unentgeltlichem Erwerb wird dem Einzelrechtsnachfolger die Anschaffung durch den Rechtsvorgänger zugerechnet. In diesem Fall also Achtung: Auch der Einzelrechtsnachfolger kann bei einem Verkauf des Grundstücks in die Spekulationsbesteuerung geraten.

Spekulationsgewinn

Wer die Spekulationsfrist nicht einhält, erzielt in den Augen des Fiskus bei einem Überschuss einen so genannten Spekulationsgewinn – und da wird kräftig zugelangt. Ausschlaggebend ist das jeweilige Datum der beiden Kaufvertragsabschlüsse beim Notar.

Ein Spekulationsgewinn kann anfallen, wenn eine Immobilie voll-, teil- oder unentgeltlich vermietet wurde. Die Spekulationsfrist spielt also keine Rolle, wenn der Verkäufer die Immobilie zwischen Kauf beziehungsweise Fertigstellung und Verkauf zu eigenen Wohnzwecken genutzt hat. Es genügt aber auch, wenn er sie im Jahr der Veräußerung und in den beiden vorangegangenen Jahren ausschließlich selbst genutzt hat.

Wer seinem Kind, für das er Kindergeld beziehungsweise -freibeträge bekommt, eine Immobilie unentgeltlich zu Wohnzwecken überlässt, wird vom Finanzamt so behandelt, als hätte er die Immobilie zu eigenen Wohnzwecken genutzt. Anders verhält es sich, wenn er die Wohnung oder das Haus anderen (unterhaltsberechtigten) Angehörigen überlässt.

Eine Aufteilung ist auch notwendig, wenn eine Mischnutzung der Immobilie vorliegt, wer also einen Teil der Immobilie zu eigenen Wohnzwecken genutzt und einen Teil vermietet hat. Die Aufteilung erfolgt nach dem Verhältnis der Nutzflächen, es sei denn, die Aufteilung nach Nutzflächen führt zu einem unangemessenen Ergebnis, weil zum Beispiel die selbst genutzte Wohnung im Gegensatz zur vermieteten Wohnung sehr hochwertig ausgestattet ist (siehe Abschnitt 7.3).

Steuerminderungen, die für den vermieteten Teil der Immobilie durch Abschreibungen in Anspruch genommen wurden, werden durch einen Verkauf innerhalb der Spekulationsfrist quasi wieder rückgängig gemacht. Denn die Abschreibungen reduzieren ja den ursprünglichen Kaufpreis, ergo sind die Differenz zum Verkaufspreis und damit der (zu versteuernde) Spekulationsgewinn höher.

Ähnlich wie bei einer Mischnutzung verhält es sich, wenn man die Immobilie unter Marktmiete vermietet hatte (siehe auch Abschnitt 7.2.8 *Vermietung unter Marktmiete*). Abschreibungen, die für den entgeltlichen Teil geltend gemacht wurden, erhöhen im Nachhinein den Spekulationsgewinn.

Bis 512 Euro bleibt ein Spekulationsgewinn steuerfrei. Wird dieser Betrag überschritten, muss die gesamte Summe versteuert werden. Dabei ist es dem Fiskus egal, ob man wirklich die Absicht hatte, zu spekulieren, oder ob man aus finanziellen Gründen gezwungen ist, zu verkaufen.

Spekulationsverlust

Haben Sie in diesen zehn Jahren einen Verlust erlitten, das heißt also einen Spekulationsverlust, kann dieser nicht mit anderen Einkünften verrechnet werden. Die einzige Möglichkeit, die Ihnen bleibt, besteht darin, einen solchen Verlust mit einem Spekulationsgewinn zu verrechnen.

Für Spekulationsverluste ist ein Verlustvortrag auf kommende Steuerjahre möglich. Dieser Verlustvortrag wirkt auf alle noch nicht bestandskräftig veranlagten Jahre zurück.

Berechnung des Spekulationsgewinns/-verlusts

Ein Spekulationsgewinn/-verlust wird nach folgender Methode berechnet: Vom Verkaufspreis werden die Anschaffungskosten abgezogen, dazu die durch den Verkauf entstandenen Werbungskosten. Auf diesen Betrag werden die Abschreibungsbeträge addiert, die bis zum Verkauf in Anspruch genommen wurden. Das Ergebnis ist der Spekulationsgewinn oder -verlust.

Kaufpreis einer neuen Immobilie: 225.000 Euro, Verkaufspreis: 260.000 Euro nach knapp sechs Jahren (innerhalb der Spekulationsfrist). Als Werbungskosten können 4.000 Euro geltend gemacht werden. Der Gebäudeanteil (200.000 Euro) wurde bis dahin degressiv abgeschrieben (6 x 5 Prozent), damit ergeben sich Abschreibungsbeträge von insgesamt 60.000 Euro. Die Rechnung:

Verkaufspreis	260.000 Euro
– Kaufpreis	225.000 Euro
– Werbungskosten	4.000 Euro
+ Abschreibungsbeträge	60.000 Euro
= Spekulationsgewinn	91.000 Euro

Diesen Spekulationsgewinn muss man nun mit seinem persönlichen Einkommensteuersatz nach der Anlage KSO versteuern – und das wird sicher nicht wenig sein, weil man mit den zusätzlichen Einkünften schlagartig in eine sehr hohe Progression geraten kann.

Vorsicht übrigens, wenn Sie eine Immobilie kurz nach der Spekulationsfrist verkaufen. Dann besteht die Gefahr, dass das Finanzamt einen geltend gemachten Werbungskostenüberschuss (beispielsweise durch Schuldzinsen oder Renovierungskosten) für die Jahre der Vermietung nicht anerkennt. Der Fiskus unterstellt nämlich dann, dass Sie die Immobilie von vornherein veräußern und in der Zeit zwischen Kauf und Verkauf gar keine Einkünfte erzielen wollten.

Drei-Objekte-Grenze

Wer allzu häufig Immobilien kauft und wieder verkauft, wird unter Umständen ebenfalls Probleme mit dem Finanzamt kriegen. Ab einem bestimmten Punkt geht der Fiskus nämlich von einem gewerblichen Immobilienhandel aus und nimmt dem Eigentümer die private Vermögensverwaltung nicht mehr ab.

Aus der Rechtsprechung heraus hat sich die so genannte Drei-Objekte-Grenze entwickelt, die besagt: Man darf innerhalb von fünf Jahren problemlos drei Objekte verkaufen, ob Ein- und Zweifamilienhäuser oder Eigentumswohnungen. Bei Ehepaaren gilt diese Grenze jeweils für beide, das heißt, jeder Ehepartner kann drei Objekte steuerfrei veräußern. Aber Vorsicht mit dieser Definition:

Bei Klärung der Frage, ob gewerblicher Immobilienhandel vorliegt, ist sehr viel wichtiger, ob der Fiskus eine Veräußerungsabsicht schon beim Kauf einer Immobilie unterstellt. In diesem Fall hilft es wenig, wenn Sie beteuern, dass dies nicht so gewesen ist.

Wer ererbten Grundbesitz veräußert, für den gilt grundsätzlich die Drei-Objekt-Grenze nicht.

Knifflig wird die Sache, wenn ein Grundstück oder ein Mehrfamilienhaus gekauft wird, um es in mehrere Parzellen oder Eigentumswohnung aufzuteilen und wieder zu verkaufen. Dann gilt jedes davon als Objekt, denn es wird für den ursprünglichen Kauf eine

Veräußerungsabsicht unterstellt. Anders die Situation, wenn ein Mehrfamilienhaus mindestens zehn Jahren zur Vermietung genutzt wurde. Wird das Objekt dann in Eigentumswohnungen umgewandelt, um es an verschiedene Erwerber zu verkaufen, ist der Gewinn daraus steuerfrei. Dann liegt nach Ansicht des Fiskus keine Veräußerungsabsicht zugrunde.

Insofern kann die Drei-Objekte-Grenze allenfalls als Faustregel dienen.

i Wenn Sie befürchten, als Gewerblicher eingestuft zu werden, sollten Sie vorher beim Steuerberater nachfragen oder, noch besser, gleich beim Finanzamt. Denn in einem solchen Fall müssen Sie nicht nur Einkommen-, sondern auch Gewerbesteuer zahlen.

Übrigens: Wer beruflich direkt oder indirekt mit der Baubranche zu tun hat, bei dem legen die Finanzbehörden sehr viel strengere Maßstäbe an. Dies gilt nicht nur für Makler oder Bauunternehmer, sondern auch für Bauingenieure oder Architekten.

Bauabzugsteuer

Alle Unternehmer, die Bauleistungen in Deutschland in Auftrag geben, müssen bei Zahlungen 15 Prozent der Rechnung (inklusive Mehrwertsteuer) einbehalten und als so genannte Bauabzugsteuer an das Finanzamt der Baufirma überweisen. Zu den Bauleistungen zählt alles, was gemäß der Baubetrieb-Verordnung zur Herstellung, Instandsetzung und -haltung, der Änderung und der Beseitigung von Bauwerken dient.

Mit der Bauabzugsteuer soll die Schwarzarbeit am Bau eingedämmt werden. Wer als Unternehmer eine Baufirma beauftragt, haftet für die korrekte Zahlung. Verstößt er gegen die Regelung, muss er mit einem hohen Bußgeld bis zu 25.000 Euro rechnen.

Von der Bauabzugsteuer kann auch jemand betroffen sein, der die Immobilie als Selbstständiger überwiegend zu beruflichen Zwecken nutzt. Das Gleiche gilt, wenn man eine Immobilie bewohnt, gleichzeitig andere Teil des Mehrfamilienhauses vermietet und daraus Einkünfte erzielt. Aber es gibt eine wichtige Einschränkung:

i Als privater Vermieter sind Sie in der Regel nur betroffen, wenn mehr als zwei Wohnungen im Privatbesitz sind.

Doch auch wer sich auf das Dach seines Eigenheims eine Fotovoltaik-Anlage installieren lässt, um den erzeugten Strom gegen Vergütung ins Netz eines Stromanbieters einzuspeisen, gilt für das Finanzamt als gewerblicher Unternehmer und muss seit Anfang 2016 Bauabzugsteuer abführen.

Aufträge unter 15.000 Euro im Jahr sind allerdings generell von der Bauabzugsteuer nicht betroffen. Das heißt aber: Wer von ein und derselben Firma über das ganze Jahr hinweg Arbeiten machen lässt, die insgesamt den Wert von 15.000 Euro übersteigen, muss die Bauabzugsteuer abführen, und zwar nicht nur für den letzten Auftrag, sondern – im Nachhinein – auch für alle anderen Aufträge. Das Geld muss er über einen amtlichen Vordruck an das zuständige Finanzamt abführen.

Sie haften als Immobilieneigentümer dafür, falls die Höhe der Bauabzugsteuer zu gering angesetzt ist. Deshalb sollten Sie besser mehr als weniger ans Finanzamt überweisen.

Dieses komplizierte Prozedere kann man sich sparen, wenn die Baufirma eine Freistellungsbescheinigung vorlegen kann. Die bekommt die Firma, wenn sie pünktlich ihre Steuer gezahlt hat.

Falls sich im Nachhinein herausstellen sollte, dass die Bescheinigung unrechtmäßig oder möglicherweise sogar gefälscht war, sind Sie aus der Haftung raus.

Schenkungsteuer

Bei Schenkung einer Immobilie fällt unter Umständen Schenkungsteuer an, je nach Wert des Grundstücks oder des Gebäudes und je nach Verwandtschaftsverhältnis zwischen Schenker und Beschenktem. Schenkungen unter Ehegatten bleiben normalerweise steuerfrei, wenn die Immobilie ausschließlich zu eigenen Wohnzwecken genutzt wird und sich der Lebensmittelpunkt dort befindet. Das sieht anders aus, wenn in dem Haus eine Wohnung vermietet wird. Dann fällt nach einer Entscheidung des Finanzgerichts Rheinland-Pfalz für das komplette Gebäude Schenkungsteuer an (Urteil v. 18.2.1999, AZ: 4 K 2180/98).

✔ Um nicht in diese Falle hineinzutappen, sollten Sie das Haus möglichst zu einem Zeitpunkt übergeben, in dem die vermietete Wohnung leer steht, zum Beispiel wegen eines Mieterwechsels. Bei der Schenkungsteuer gilt nämlich das Stichtagprinzip.

Eine Immobilienschenkung ist steuerrechtlich gesehen erst ausgeführt, wenn der Beschenkte jederzeit verlangen kann, dass die Eigentumsänderung im Grundbuch eingetragen wird. Das gilt selbst dann, wenn die Auflassung bereits beurkundet wurde und der Schenker die Eigentumsumschreibung im Grundbuch bewilligt hat. Dies hat der Bundesfinanzhof entschieden (BFH-Urteil v. 2.2.2005, AZ: II R 26/02). Entsprechend wird das dann zu diesem Zeitpunkt gültige Schenkungsteuergesetz angewendet, auch wenn die Schenkung selbst schon Jahre zurück liegt.

Ein ähnliches Problem stellt sich, wenn eine noch zu errichtende Wohnung Gegenstand einer mittelbaren Grundstückschenkung ist. Die gilt nämlich dann erst als ausgeführt, wenn die Auflassung erklärt, die Eintragung ins Grundbuch bewilligt und die Immobilie fertig gestellt ist, so ein BFH-Urteil (Urteil v. 23.8.2006, AZ: II R 16/06). Erst wenn alle drei Voraussetzungen erfüllt sind, wird die Schenkungsteuer fällig. Daraus mag zunächst ein Zinsvorteil erwachsen, weil die Steuer erst später gezahlt werden muss, doch der Beschenkte geht natürlich das Risiko ein, dass sich inzwischen die Steuergesetzgebung zu seinen Ungunsten verändert hat.

Und noch eine Steuerfalle: Wird ein Geldbetrag erst zu einem Zeitpunkt verschenkt, an dem der Kaufvertrag für eine Immobilie bereits unterzeichnet ist, liegt keine mittelbare Grundstücksschenkung vor. Das gilt selbst dann, wenn sich Schenker und Beschenkter schon vor dem Notartermin einig waren, dass es zur Schenkung kommen soll und dass das Geld zur Kaufpreistilgung eingesetzt werden muss (BFH-Urteil v. 1.6.2004, AZ: IX R 61/03) Folge: Bei der Schenkungsteuer ist der gesamte geschenkte Geldbetrag zu versteuern und nicht nur der niedrigere Steuerwert des Grundstücks. Immerhin: Wird die Immobilie später vermietet, gehört der geschenkte Betrag zu den Anschaffungskosten und wirkt sich über die Gebäudeabschreibung steuermindernd aus.

7.2.10 Finanzierungsstrategie für Vermieter

Für Selbstnutzer von Immobilien sind Versicherungsdarlehen ziemlich ungeeignet, und zwar wegen der damit einhergehenden Risiken, die der Darlehensnehmer (unnötigerweise) auf sich nimmt (siehe Abschnitt 5.2). Dies hängt vor allem damit zusammen, dass ein Versicherungsdarlehen bis zum Ende der Zinsbindungsfrist tilgungsfrei, der Schuldenberg also konstant hoch bleibt.

Was sich dort als Nachteil erweist, ist für den Vermieter von Immobilien hingegen ein Vorteil, denn er kann seine Schuldzinsen steuerlich voll absetzen. Wie beim Versicherungsdarlehen üblich, wird während der Laufzeit nicht getilgt, sondern erst am Ende in einem Betrag mithilfe der Versicherungssumme und der angesammelten Überschussanteile. Diese Erträge sind zumindest zur Hälfte steuerfrei (Halbeinkünfteverfahren), wenn die Laufzeit der Verträge mindestens 12 Jahre beträgt und die Auszahlung frühestens ab dem vollendeten 62. Lebensjahr erfolgt. Das heißt, der Vermieter kann unter Umständen doppelt von einem Versicherungsdarlehen profitieren: zum einen vom Schuldzinsenabzug, zum anderen von den steuerfreien Zinserträgen.

Um zu wissen, wann sich ein Versicherungsdarlehen für Sie als Vermieter lohnt, oder ob es doch mehr Sinn macht, ein normales Hypothekendarlehen aufzunehmen, müssen Sie die Rendite einer angebotenen Versicherung mit den Zinsersparnissen vergleichen, die sich durch die Tilgung eines Darlehens ergeben (nach Abzug des persönlichen Steuersatzes).

Die Rendite einer Versicherung sind die Habenzinsen. Die Zinsersparnisse sind eingesparte Sollzinsen, die man sich, zumindest theoretisch, wie Habenzinsen vorstellen muss, frei nach dem Motto: Geld, das man nicht ausgibt, hat man. Weil sich dies zunächst etwas kompliziert anhört, hier ein Beispiel:

Es wird eine Versicherung angeboten, die eine steuerfreie Rendite von 3,5 Prozent ausweist. Gleichzeitig besteht die Möglichkeit, ein Hypothekendarlehen mit einem Zinssatz von 4 Prozent aufzunehmen. Der persönliche Steuersatz liegt bei 30 Prozent. Was ist nun besser, die (steuerfreien) Zinserträge bei der Versicherung oder die Zinsersparnisse (nach Steuern) bei Tilgung des Darlehens?

Zunächst wird ermittelt, was beim Hypothekendarlehen nach Abzug der Einkommensteuer auf die Zinserträge (Rechenungenauigkeiten durch Sparerfreibeträge bleiben unberücksichtigt) effektiv an Zinsen zu sparen ist. Die Rechnung:

4 Prozent x (100 – 30) = 2,8 Prozent

Das Ergebnis besagt, dass die Tilgung des Hypothekendarlehens effektiv eine Zinsersparnis von 2,8 Prozent bringen kann. Verglichen mit der Rendite der Lebensversicherung von 3,5 Prozent zeigt sich: Der Abschluss des Versicherungsdarlehens ist günstiger. Es macht mehr Sinn, Beiträge in die Versicherung einzuzahlen, um Zinsen zu bekommen, als Tilgungsbeiträge beim Hypothekendarlehen zu leisten, um Zinsen zu sparen.

i Eine Lebensversicherung bietet sich für die Finanzierung eines vermieteten Objekts umso eher an, je niedriger das aktuelle Zinsniveau und je höher Ihr persönlicher Steuersatz ist.

Allerdings muss man sich dabei im Klaren sein, dass Risiken, die für Selbstnutzer gelten, auch auf den Vermieter zutreffen. Zum einen gibt es Probleme, wenn man die Immobilie vorzeitig verkaufen möchte. Das reduziert die Ablaufleistung einer Versicherung erheblich und kann sogar bedeuten, dass man bei einer Kündigung kurz nach der Vertragsunterzeichnung eine negative Rendite hat – trotz der Steuervorteile. Dazu kommt, dass diese Steuervorteile nur wirklich genutzt werden können, wenn der Vertrag länger als zwölf Jahre läuft. Bei vorzeitiger Kündigung hält der Fiskus nachträglich die Hand auf.

Letzten Endes garantiert auch niemand die Ablaufleistung. Es kann durchaus sein, dass die Ablaufleistung und damit die Rendite der Versicherung deutlich geringer ausfallen als vom Versicherer vorhergesagt.

7.3 Mischnutzung

Es gibt die „reinen“ Formen einer Vermietung oder die einer Selbstnutzung der Immobilie, daneben natürlich immer wieder Fälle, bei denen beides möglich ist. Eine Mischnutzung liegt vor, wenn man zum Beispiel in einem Mehrfamilienhaus eine der Wohnungen selbst bezieht und die anderen vermietet. Oder man ist Eigentümer eines Einfamilienhauses mit Einliegerwohnung. Eine weitere Möglichkeit:

Der eine Teil des Hauses wird zu eigenen Wohnzwecken genutzt, in den übrigen Räumen ist die eigene Arztpraxis oder das Architekturbüro untergebracht.

7.3.1 Anschaffungs-/Herstellungskosten

Bei einer Mischnutzung müssen in der Regel die Anschaffungs- oder Herstellungskosten des Gesamtobjektes aufgeteilt werden. Maßstab für die Aufteilung des Objektes ist das Nutzflächenverhältnis des eigenbewohnten Teils zum anders genutzten. Neben der Wohnfläche zählen alle Zubehörräume wie Keller, Speicher und Garage dazu. Allerdings ist die Aufteilung nach Flächen nicht zwingend. Sind die Gebäudeteile unterschiedlich gut nutzbar, ist auch deren Aufteilung nach Verkehrswerten zulässig. Dies kommt insbesondere in Betracht, wenn die Aufteilung nach Flächen wegen der unterschiedlichen Nutzbarkeit zu einem sachwidrigen Ergebnis führt, urteilt der BFH (Urteil v. 25.5.2005, AZ: IX R 46/04). Der Verkehrswert bei Mietwohngrundstücken kann dann sowohl durch das Sachwert- als auch das Ertragswertverfahren ermittelt werden.

Beim Bau einer Immobilie ist wichtig, welche Kosten eindeutig auf den vermieteten Teil entfallen, und welche dem ganzen Gebäude zuzuordnen sind. Auf den vermieteten Teil entfallende Herstellungskosten müssen gesondert abgerechnet werden. Alle Zahlungen, die eindeutig zugerechnet werden können, wie Aufwendungen für Fliesen, Teppichboden oder Sanitärinstallationen, sollten deshalb gesondert ausgewiesen werden.

> ✔ Bei der Herstellung der Immobilie sollten Sie von vornherein darauf achten, dass die Handwerker für beide Gebäudeteile getrennte Rechnungen vorlegen. Überlegenswert ist außerdem, für beide Gebäudeteile getrennte Bau- beziehungsweise Werkverträge abzuschließen.

Wer ein gemischt genutztes Gebäude kaufen will, sollte den Gesamtkaufpreis auf die einzelnen Wohnungen aufteilen und dies auch ausdrücklich im notariellen Vertrag festhalten. Optimal ist es dabei, wenn ein Darlehen, das für den vermieteten Teil genutzt wird, bis auf den Cent mit dem Anschaffungspreis übereinstimmt, der nach dem Notar-Vertrag auf die Mietwohnung entfällt.

Einen besonderen Trick gibt es, falls eine Immobilie unter dem Verkehrswert erworben wird, die zum Teil selbst genutzt und teilweise vermietet werden soll. Durch geschicktes Aufteilen des Kaufpreises kann nämlich ein höherer Werbungskostenabzug gesichert werden: Im Kaufvertrag wird festgelegt, dass die Wohnungen, die später vermietet werden sollen, zum tatsächlichen Verkehrswert erworben werden, während der selbst genutzte Teil unter dem Verkehrswert gekauft wird. Eine solche Aufteilung ist nach dem Bundesfinanzhof zulässig (Urteil v. 1.4.2009, AZ: IX R 35/08). Sie wäre steuerlich nur dann nicht anzuerkennen, wenn es sich um eine Scheinvereinbarung handelt oder für die vermieteten Wohnungen mehr bezahlt wird, als sie tatsächlich wert sind.

7.3.2 Abschreibungen

Entsprechend dem Nutzflächenverhältnis darf der Immobilieneigentümer für den vermieteten (oder gewerblich genutzten) Teil auch Abschreibungen geltend machen.

Der Eigentümer baut ein Zweifamilienhaus, Herstellungspreis 400.000 Euro, zwei gleich große Wohnungen, die eine nutzt er selbst, die andere vermietet er. Der Gebäudeanteil an den Kosten beträgt 325.000 Euro.

In diesem recht vereinfachten Beispiel soll davon ausgegangen werden, dass auch die Zubehörräume genau 50:50 aufgeteilt sind und damit auch das Nutzungsverhältnis. Das bedeutet:

Für den vermieteten Teil hat man Einkünfte aus Vermietung und Verpachtung und kann entsprechend Abschreibungen vornehmen. Aber Vorsicht: Bemessungsgrundlage sind hier nur die Anschaffungskosten für den Gebäudeteil, also umgerechnet 162.500 Euro (325.000 Euro geteilt durch 2).

Hier noch ein Steuertrick, mit dessen Hilfe ein Ehepaar ein teils vermietetes, teils eigengenutztes Zweifamilienhaus auf das Kind übertrug und ihm dabei die größtmögliche Gebäudeabschreibung sicherte. Die Eltern vermachten ihrer Tochter das Eigentum an ihrem Zweifamilienhaus mit zwei etwa gleich großen Wohnungen. An der Erdgeschosswohnung behielten sie sich ein lebenslanges Wohnrecht vor und nutzten die Wohnung weiterhin selbst. Das Dachgeschoss war und blieb fremdvermietet, Vermieter war jetzt die Tochter. Vor der Übertragung des Hauses ermittelten die Eltern nur den Wert der Dachgeschosswohnung einschließlich des darauf entfallenden Anteils am Grund und Boden. Dann verkauften sie die Dachgeschosswohnung zum Verkehrswert an die Tochter. Das Eigentum an der Erdgeschosswohnung sollte nach dem Kaufvertrag unentgeltlich auf die Tochter übergehen. Der Kaufpreis wurde also voll der Dachgeschosswohnung zugeordnet. Dies führte zu einer höheren Abschreibung der vermieteten Wohnung.

Der Bundesfinanzhof segnete dieses Steuersparmodell ab (Urteil v. 27.7.2004, AZ: IX R 54/02). Er begründete das damit, dass steuerlich gesehen die Immobilie aus zwei unterschiedlich genutzten Wirtschaftsgütern bestehe. Werden beide Wohnungen „getrennt" verkauft, müsse das Finanzamt das anerkennen. Dies sei keine unzulässige Aufteilung eines möglichen Gesamtkaufpreises. Finanziert die Tochter aus diesem Beispiel den Kaufpreis fremd, darf sie auch die dabei anfallenden Finanzierungskosten voll als Werbungskosten absetzen (siehe unten). Voraussetzung ist, dass sie den Kaufpreis auch tatsächlich zahlt, der Kaufpreis also nicht nur pro forma im Kaufvertrag steht.

Falls ein Wohnrecht vom Inhaber nicht mehr ausgeübt wird und die Eigentümer die Immobilie mit seiner Zustimmung an Dritte vermieten, sind die Einnahmen den Eigentümern zuzurechnen. Deswegen können sie die im Vorfeld der Vermietung angefallenen Aufwendungen als Werbungskosten abziehen (FG Hessen, Urteil v. 30.7.2009, AZ: 13 K 1121/07).

> Solche Steuertricks sollte man nie ohne vorherige Beratung mit dem Steuerberater machen, denn allzu schnell kann man sich dabei in irgendwelchen Steuerfallstricken verheddern.

7.3.3 Schuldzinsenabzug

Eigentümer einer gemischtgenutzten Immobilie können nur für den fremdgenutzten Teil Werbungskosten ansetzen. Das gilt auch für den Schuldzinsenabzug. Entscheidend dabei ist: Für den eigengenutzten Teil ist der Schuldzinsenabzug nicht möglich, bei dem vermieteten Teil können die Schuldzinsen hingegen als Werbungskosten voll geltend gemacht werden. Der Bundesfinanzhof hat in mehreren Urteilen zum Zinsabzug eine endgültige Regelung vorgeschrieben (Urteil v. 27.10.1998, AZ: IX R 44/95, IX R 19/96 und IX R 29/96). Danach kann ein Bauherr Darlehenszinsen prinzipiell als Werbungskosten abziehen, wenn der Kredit tatsächlich zur Finanzierung für den vermieteten Hausteil verwendet wurde. Das Hauptproblem dürfte allerdings sein, dem Finanzamt diese Trennung zwischen eigen- und fremdfinanziertem Teil sowie die entsprechende Zuordnung auf den eigen- und fremdgenutzten Bereich der Immobilie plausibel zu machen.

Bei einer gemischtgenutzten Immobilie sollten Sie den selbst genutzten Teil möglichst aus Eigenmitteln finanzieren, den vermieteten Teil aus dem Fremddarlehen, um die Schuldzinsen steuerlich absetzen zu können.

Bau eines Zweifamilienhauses, Herstellungspreis 400.000 Euro, zwei gleich große Wohnungen, die eine wird selbst genutzt, die andere vermietet. Um das Rechenbeispiel wieder zu vereinfachen: Zur Finanzierung dieser Immobilie steht Eigenkapital von 200.000 Euro zur Verfügung, die andere Hälfte wird über ein Darlehen finanziert, Zinssatz 4 Prozent. Das macht umgerechnet eine jährliche Belastung von 8.000 Euro.

Diese Schuldzinsen von 8.000 Euro im Jahr können nun als Werbungskosten voll abgesetzt werden. Bei einem Steuersatz von 35 Prozent ist das immerhin eine jährliche Steuerersparnis von 2.800 Euro.

Schwierigkeiten können auftreten, wenn die Mittel nicht reichen, um den eigengenutzten Teil komplett aus eigener Tasche zu finanzieren. In diesem Fall sollte man zwei Darlehensverträge abschließen: Der eine dient der Vollfinanzierung des zur Vermietung genutzten Immobilienteils, der andere zur Restfinanzierung des selbst genutzten Teils.

Sinnvollerweise sollten Sie alle Tilgungsleistungen dann zunächst ausschließlich in das Darlehen für den selbstgenutzten Bereich stecken, um bei dem anderen möglichst lange den Schuldzinsenabzug zu bekommen.

Die Rechnungen für den fremdgenutzten Teil müssen eindeutig mit den Darlehensmitteln gezahlt werden. Daher müssen für beide Immobilienteile getrennte Konten eingerichtet werden. Alle Rechnungen für Kosten, die direkt dem fremdgenutzten Teil zuzuordnen sind, werden vom Darlehenskonto bedient. Alle Aufwendungen für den eigengenutzten Teil werden mit Eigenmitteln bezahlt, also vom laufenden Girokonto oder von Ersparnissen. Unter Umständen ist es sinnvoll, für den vermieteten Teil als Kredit speziell ein Versicherungsdarlehen abzuschließen.

7.3.4 Erhaltungsaufwand

Ähnlich sollte man als Hauseigentümer einer gemischt genutzten Immobilie mit den Reparaturen (Erhaltungsaufwand) verfahren, wobei Kosten nicht immer eindeutig dem vermieteten Gebäudeteil zuzuordnen sind – zum Beispiel die Ausgaben für den Dachstuhl oder für eine Heizungsanlage. Diese Kosten müssen in der Regel nach dem Verhältnis der Wohn- beziehungsweise Nutzflächen aufgeteilt werden.

Doch auch das Prinzip ist nicht immer so eindeutig, wie folgendes Urteil belegt: Wird eine Fassadenverkleidung angebracht und lassen sich die Aufwendungen dafür eindeutig einem vermieteten Obergeschoss zuordnen, sind die Aufwendungen in voller Höhe sofort als Werbungskosten abziehbar, selbst wenn dabei für das ganze Gebäude der Dachüberstand verlängert und die Regenrinnen erneuert werden müssen (BFH-Urteil v. 25.9.2007, AZ: IX R 43/06). Im Urteilsfall ging es um ein Zweifamilienhaus, bei dem die Vermieter selbst im Erdgeschoss wohnten.

Die Selbstnutzung einer Immobilie wird heute – von wenigen Ausnahmen abgesehen – steuerlich nicht mehr gefördert. Stattdessen greift der Staat mit verbilligten Darlehen und Zuschüssen unter die Arme. Mit dem Wohn-Riester wird derzeit – mäßig erfolgreich – versucht, Immobilieneigentum als eine Form der privaten Altersvorsorge mit staatlichen Mitteln zu unterstützen.

Kapitalanleger, die in Immobilien investieren, können dagegen in unterschiedlicher Form davon steuerlich profitieren. Allerdings müssen sie dabei auf jedes Detail achten, damit ihnen das Finanzamt und Finanzgerichte keinen Strich durch die Rechnung machen.

8. Kapitel

8

Rechtliche Grundlagen

Immer wieder wird man auf dem Weg zur eigenen Immobilie neben den finanziellen und steuerlichen Aspekten mit rechtlichen Fragen konfrontiert. Das soll Thema dieses Kapitels sein, wobei nur jene juristischen Probleme angesprochen werden sollen, die direkt mit der Immobilienfinanzierung verknüpft sind. Das betrifft in erster Linie den Kreditvertrag, und zwar von der Darlehensanfrage bis hin zur Auszahlung. Doch auch bei Unterzeichnung eines Kauf- oder Bauvertrags sollte man sich an einige Regeln halten, die später Kummer ersparen.

8.1 Kreditvertrag

Wer ein passendes Grundstück zum Bauen oder eine Wunschimmobilie zum Kaufen gefunden hat, wird sich auf die Suche nach einem Darlehensgeber machen. Dazu müssen zunächst alle dafür notwendigen Beleihungsunterlagen zusammengesucht werden. Ohne diese Unterlagen wird kein seriöser Kreditgeber irgendein Darlehen vergeben.

Wichtig sind in jedem Fall die persönlichen Papiere. Je nachdem, für welche Art Immobilienerwerb und für welche Objekte man ein Darlehen haben möchte, müssen viele weitere Dokumente und Nachweise vorgelegt werden. Deshalb hier zwei kurze Checklisten für die Beleihungsunterlagen:

Checkliste: Persönliche Unterlagen

Einkommensnachweis	▪ *bei Arbeitnehmern die vergangenen drei Gehaltsabrechnungen, letzte(r) Einkommensteuererklärung/-bescheid* ▪ *bei Selbstständigen Bilanzen der vergangenen zwei Jahre sowie aktuelle Zahlen, dazu jüngste(r) Einkommensteuererklärung/-bescheid*
Eigenkapitalnachweis	*Depotauszüge, Sparkonten, Bauspar-/Versicherungsverträge*
Selbstauskunft	*bisherige Kreditengagements*

Checkliste: Objektunterlagen

Kauf eines Hauses	*Kauf einer Wohnung*	*Bau*
☐ *Baupläne* ☐ *Wohn- und Nutzflächenberechnung* ☐ *Berechnung des umbauten Raums* ☐ *Lageplan mit Gebäude* ☐ *Baubeschreibung* ☐ *aktueller Grundbuchauszug* ☐ *Flurkarte* ☐ *Auszug des Liegenschaftsbuches* ☐ *Gebäudeversicherungsnachweis* ☐ *Fotos des Gebäudes* ☐ *Verkaufspreis*	☐ *Grundrisszeichnung der Wohnung* ☐ *Verkaufsprospekt* ☐ *Teilungserklärung* ☐ *Hausgeldabrechnung bei Gebrauchtimmobilie* ☐ *Baupläne* ☐ *Lageplan mit Gebäude* ☐ *Baubeschreibung* ☐ *aktueller Grundbuchauszug* ☐ *Flurkarte* ☐ *Auszug des Liegenschaftsbuches* ☐ *Gebäudeversicherungsnachweis* ☐ *Fotos des Gebäudes* ☐ *Verkaufspreis* ☐ *Kaufvertrag oder Kaufvertragsentwurf (bei endgültiger Darlehenszusage)* ☐ *bei Vermietungsobjekt Mietverträge und Mieteinnahmenverzeichnis*	☐ *Baupläne* *Wohn- und Nutzflächenberechnung* ☐ *Berechnung des umbauten Raums* ☐ *Lageplan mit Gebäude* ☐ *Baubeschreibung* ☐ *Kostenvoranschlag/-aufstellung* ☐ *Werkvertrag* ☐ *aktueller Grundbuchauszug oder Ausfertigung des Grundstückskaufvertrags*

8.1.1 Kreditanfrage

Auf der Suche nach einem Kreditgeber kann man sich direkt an ein Institut wenden. Eine solche Darlehensanfrage ist kostenlos, da sie zunächst ganz unverbindlich ist.

Sie sollten wenigstens fünf oder sechs verschiedene Institute auf ihre Angebote ansprechen und Konditionen vergleichen.

Es können aber auch Kreditvermittler eingeschaltet werden. Diese haben meist ein Kontingent von mehreren Kreditgebern im Angebot. Die Vermittler sind nicht unabhängig, weil sie Provisionen von den Instituten kassieren. Doch lohnt es sich durchaus, dort unverbindliche Angebote einzuholen. Kosten entstehen dabei zunächst nicht. Und wer dem eigenen Institut ein besseres Vergleichsangebot vorlegen kann, erhält vielleicht noch einmal bessere Konditionen.

Man sollte allerdings darauf achten, dass der Kreditgeber auch wirklich alle Kosten seines Darlehensangebots nennt.

Das Angebot sollte wenigstens die wichtigsten Informationen über das Darlehen enthalten, also den Auszahlungsbetrag, die Zinsbindungsfrist, den Tilgungssatz, den Nominal- und Effektivzins sowie die Restschulden nach der Zinsbindungsfrist. Besonders wichtig ist, ob noch weitere Gebühren, also Nebenkosten anfallen werden, die nicht im Effektivzins enthalten sind.

Liegen verschiedene Angebote vor und kann vergleichen, sollte man noch trotzdem nicht direkt zuschlagen – Verhandlungsgeschick ist nun gefragt:

Auf jeden Fall sollten Sie das Angebot eines Instituts nicht sofort annehmen, selbst wenn es von allen das günstigste sein sollte. Denn in Verhandlungen wird der Kreditgeber möglicherweise bereit sein, weitere Zugeständnisse zu machen.

Das Institut, das letztlich den Zuschlag erhält, wird eine vorläufige Kreditzusage machen. Dabei wird es diese Zusage entweder für unverbindlich erklären – „freibleibend" heißt das in der Fachsprache – oder die angegebenen Konditionen nur bis zu einem bestimmten Zeitpunkt anbieten. Vor einer endgültigen Zusage werden die Unterlagen, die der Kunden vorgelegt hat, noch einmal geprüft.

Bei Drucklegung des Buchs plante die Bundesregierung, Beratern auch die Möglichkeit zu geben, Immobilienkredite auf Honorarbasis zu vermitteln. Damit entfiele der Anreiz, dem Kreditnehmer solche Angebote vorzulegen, die dem Vermittler möglichst hohe Provisionen versprechen, die aber nicht unbedingt für den Kunden vorteilhaft sind. Alle Kreditvermittler, ob nun auf Provisions- oder Honorarbasis, sollen danach ihre Qualifikation, ihre Sachkunde, nachweisen und eine Berufshaftpflichtversicherung vorlegen können, ehe sie ihre Arbeit aufnehmen. Außerdem müssen sie sehr viel umfassender über das Finanzprodukt informieren, das sie zur Immobilienfinanzierung empfehlen. Der Kunde muss dann auch damit rechnen, dass seine Kreditwürdigkeit sehr viel genauer unter die Lupe genommen wird.

8.1.2 Kreditantrag

Mit der vorläufigen Kreditzusage erhält man in der Regel einen entsprechenden Kreditantrag. Diesen sollte man allerdings erst unterschreiben, wenn sicher ist, dass man das Darlehen auch wirklich haben will. Sollte man es sich nämlich anders überlegen, werden unter Umständen schon Gebühren fällig.

Spätestens jetzt ist der Zeitpunkt gekommen, an dem man parallel zu den Verhandlungen mit dem Kreditgeber auch mit dem Verkäufer von Grundstück oder Haus beziehungsweise Wohnung ins Reine gekommen sein sollte. Normalerweise sollte zwar erst die Finanzierung geklärt werden, bevor ein Kaufvertrag unter Dach und Fach kommt. Andererseits kann es aber auch empfindlich viel Geld kosten, wenn man, nachdem ein Darlehensantrag erst einmal unterschrieben wurde, davon wieder zurücktreten muss – wenn beispielsweise der Kauf des Grundstücks geplatzt ist. Die Kreditinstitute verlangen dann vielfach Entschädigungszahlungen wie Bearbeitungsgebühren oder Bereitstellungszinsen.

✔ Deshalb sollten Sie sich überlegen, mit dem Verkäufer des Grundstücks oder der Immobilie vorsichtshalber einen Vorvertrag abzuschließen, um damit zunächst die Finanzierung abzusichern. Den notariellen Kaufvertrag müssen Sie dann erst später unterschreiben.

Wer als Kreditnehmer öffentliche Zuschüsse erhält, darf weder den Kaufvertrag für das Haus oder die Wohnung abschließen noch mit dem Bau der Immobilie beginnen, bevor nicht die staatliche Mittel bewilligt wurden.

Im Übrigen wird die Regel „Finanzierung vor Kaufvertrag" auch nicht immer so streng gesehen: Wenn absehbar ist, dass die Finanzierung keine Probleme bereitet, wird der Verkäufer sicher bereit sein, den Vertrag beim Notar abzuschließen, ohne dass der Kredit schon unter Dach und Fach ist.

8.1.3 Kreditzusage

Nachdem der Darlehensantrag gestellt wurde, prüft der Kreditgeber, ob er den gewünschten Betrag zur Verfügung stellt. In der Regel dauert es zwei bis drei Wochen, manchmal auch länger, bis man die Darlehenszusage bekommt.

8.1.4 Bestandteile des Kreditvertrags

Im Kapitel Finanzierungskosten sind bereits die Punkte aufgeführt, auf die man bei Abschluss eines Darlehensvertrags besonders achten sollte. Trotzdem sei an dieser Stelle noch einmal kurz auf die Bestandteile hingewiesen, die jeder Vertrag standardmäßig und nach gesetzlichen Vorgaben beinhalten muss. Ersatzweise können diese Angaben bereits dem Antragsformular zu entnehmen sein.

- Der Kreditnehmer muss mit Namen und Anschrift in den Vertrag eingetragen sein. Sind mehrere Personen Eigentümer der Immobilie, sollten auch alle als Kreditnehmer aufgeführt sein.
- Der Kreditbetrag muss im Vertrag sowohl als Zahl wie auch in Buchstaben stehen. Beide Angaben müssen übereinstimmen. Im Zweifel hat der ausgeschriebene Betrag Gültigkeit.
- Der Zinssatz weist den jährlichen Nominalzins aus. Außerdem muss die Zahlungsweise geregelt sein: Zum einen nach Terminen, ob also monatlich, vierteljährlich, halbjährlich oder jährlich. Zum anderen wird die Fälligkeit festgelegt, also am Anfang der Abrechnungsperiode (vorschüssig) oder am Ende (nachschüssig), manchmal auch an vorher festgelegten Stichtagen.
- Hat man sich für variable Zinsen entschieden, gehört in den Vertrag auch ein Passus, der die Bedingungen für die Zinsanpassung festlegt. Vorsicht dabei vor möglichen Fallstricken!
- Außerdem steht im Kreditvertrag der Auszahlungskurs. Er ist immer als Prozentzahl ausgedrückt, in der Regel also zu 100 Prozent. Es sei denn, man hat ein Disagio (Damnum) vereinbart, dann wird als Auszahlungskurs zum Beispiel 95 Prozent angegeben. In diesem

Fall wäre ein Disagio von 5 Prozent verabredet. Außerdem muss dem Vertrag in einem solchen Fall zu entnehmen sein, welcher Verrechnungszeitraum für das Disagio festgelegt wurde.

- Es müssen alle Kreditnebenkosten verzeichnet sein, solche, die bei der Berechnung des Effektivzinses einfließen (wie Bearbeitungsgebühren), aber auch jene, die zusätzlich hinzukommen (wie Schätzgebühren oder Bereitstellungszinsen). Der Kreditvertrag muss die Information enthalten, wie hoch letztlich der Effektivzins ist, genauer: der anfänglich effektive Jahreszins nach Preisangabenverordnung (siehe Abschnitt 4.2.2).
- Wichtig ist zudem die Angabe über die Festschreibungszeit. Sie legt fest, wie lange die Zinsbindungsfrist dauert, wie lange man also den vereinbarten Zins zu zahlen hat. Zum Schluss dürfen die Angaben über die Höhe der Tilgung pro Jahr (Angaben in Prozent) nicht fehlen.
- Unter der Position „Sicherheiten" steht im Vertrag zunächst das Beleihungsobjekt. In den meisten Fällen ist das die Immobilie, die man bauen oder kaufen will – es sei denn, man verfügt über andere Sicherheiten. Außerdem wird hier als Sicherheit die Grundschuld eingetragen, dazu später mehr.
- Weiterer Vertragsbestandteil sind die so genannten „Allgemeinen Geschäftsbedingungen", in denen der Kreditgeber darüber informiert, welche Fristen nach Ende der Festschreibungszeit eingehalten werden müssen – das ist wichtig für die Anschlussfinanzierung – und welche weiteren Rechte und Pflichten der Kreditnehmer und das Institut im Einzelnen haben.

Auch für Verträge über ein Hypothekendarlehen gibt es ein Widerrufsrecht. Die normale Frist von zwei Wochen beginnt, sobald der Betroffene eine deutlich gekennzeichnete Belehrung zu seinem Widerrufrecht erhält. Erfolgt der Vertragsabschluss vor Bekanntmachung des Widerrufsrechts, so verlängert sich die Frist auf einen Monat.

In den vergangenen Jahren hatten Darlehensnehmer die Möglichkeit, wegen fehlerhafter Widerrufsbelehrung in den „Allgemeinen Geschäftsbedingungen" noch Jahre später den ausgehandelten Vertrag rückgängig zu machen, weil das Gesetz für solche Fälle keine Fristen vorsah. Damit ist nach den bisher bekannten und bereits oben erwähnten Regierungsplänen Schluss. Ein Gesetz, das am 21.3.2016 in Kraft tritt, soll die Höchstfrist für den Widerruf auf zwölf Monate und 14 Tage begrenzen, selbst wenn die Belehrung fehlerhaft war.

Dies sollte aber nur für Verträge gelten, die nach diesem Datum abgeschlossen werden. Für bestehende Altdarlehen bliebe es dann bei der früheren Rechtslage.

Immobilieneigentümer müssen darüber informiert werden, falls der Darlehensvertrag an Dritte weiter gereicht wird. Außerdem muss schon beim Abschluss des Darlehensvertrags klar sein, ob ein Verkauf möglich ist. Entsprechende Details finden sich üblicherweise in den Allgemeinen Geschäftsbedingungen des Vertrags (siehe oben). Manche Kreditinstitute bieten inzwischen auch unverkäufliche Kredite an – natürlich mit einem entsprechenden Aufpreis.

✔ Sie sollten vertraglich vereinbaren, dass Ihr Darlehensgeber auf den Verkauf des Kredits in jedem Fall verzichtet. Der Aufpreis ist Verhandlungssache!

8.1.5 Grundschuldbestellung

Bevor der Kreditgeber das Darlehen auszahlt, muss der Kreditnehmer für die Grundschuldbestellung und deren ranggerechte Eintragung ins Grundbuch sorgen. Beide Aufgaben übernimmt der Notar. Die dafür notwendigen Formulare werden meistens mit der Darlehenszusage mitgeschickt, sodass der Notar mit diesen Papieren eine Grundschuldbestellungsurkunde erstellen kann (siehe Abschnitt 8.2 *Kaufvertrag*). In das Grundbuch eingetragen werden zum einen Angaben über Lage und Größe des Grundstücks und über die jeweilige Nutzungsmöglichkeit. Das steht im Bestandsverzeichnis.

Wichtiger sind aber die so genannten Abteilungen. In der Abteilung I wird der jeweilige Eigentümer des Grundstücks aufgeführt und die Grundlage der Eintragung, also die Voraussetzung dafür, Eigentümer des Grundstücks zu sein. In der Regel ist das der Kauf des Grundstücks (oder das Erbe).

In der Abteilung II stehen die Lasten und Beschränkungen. Hier wird vermerkt, wenn ein Dritter Rechte an dem Grundstück hat. Das können zum einen Nutzungs- oder Fahrrechte sein, wenn zum Beispiel der Nachbar auf dem Weg zu seiner Garage mit dem Auto das Grundstück quert. Das nennt man eine Grunddienstbarkeit. Eine andere Möglichkeit sind Nießbrauchrechte, wenn die Eltern zum Beispiel ein ewiges Wohnrecht haben (siehe dazu Abschnitt 7.2).

Für den Kreditgeber ist die Abteilung III wichtig. Dort werden nämlich Hypotheken, Grundschulden oder Rentenschulden vermerkt, also alle Hypothekenverpflichtungen. In der Abteilung III erfährt man, wie hoch die Immobilie belastet ist. Unterstreichungen, die mit Datum und Unterschrift versehen sind, bedeuten, dass die jeweilige Eintragung keine Gültigkeit mehr hat und gelöscht ist.

8.1.6 Kreditauszahlung

Wer eine Immobilie kauft, erhält das Darlehen in einem einzigen Betrag. Anders bei einem Bauvorhaben. Viele Institute zahlen die Summe standardmäßig in drei Teilbeträgen aus: Die erste Rate wird bei Rohabnahme fällig und beträgt 40 Prozent, meistens aber sogar 50 Prozent, weitere 30 Prozent werden bei der Fertigstellung der Innenarbeiten ausgezahlt und der Rest bei der Schlussabnahme. Der Baufortschritt muss dem Kreditgeber von der Behörde (Baufertigstellungsanzeigen) oder durch den Architekten bescheinigt werden.

Das Problem dabei ist: Wie im nächsten Abschnitt zu lesen ist, sieht zum Beispiel die Makler- und Bauträgerverordnung eine andere Zahlungsaufteilung vor, nämlich in viel kleineren Schritten. Deshalb die Empfehlung für alle Bauherren:

Sie sollten mit dem Kreditgeber einen Auszahlungsmodus vereinbaren, der sich daran orientiert, wie die Zahlungen im Bauvertrag für den Baufortschritt festgelegt wurden. Sonst müssen Sie unter Umständen teuer zwischenfinanzieren oder Bauzeitzinsen an den Kreditgeber zahlen.

8.2 Kaufvertrag

Einen Kaufvertrag schließt ab, wer eine Gebrauchtimmobilie kauft oder ein neu errichtetes Haus beziehungsweise eine Wohnung von einem Bauträger erwirbt. In jedem Fall muss dabei ein Notar eingeschaltet werden.

Um den Immobilieninteressenten vor „Überrumpelungskäufen" zu bewahren, um ihm die Zeit zu geben, die finanziellen und wirtschaftlichen Folgen des Kaufs noch einmal zu überdenken, muss ihm der Kaufvertrag nach dem Gesetz in aller Regel zwei Wochen vor dem notariellen Beurkundungstermin vorliegen. Die Formulierung „in aller Regel" weist darauf hin, dass es sich nur um eine

Soll-Bestimmung handelt, jedenfalls so die Interpretation einiger juristischer Experten. Deshalb die Empfehlung:

> Sie sollten den Notar ausdrücklich auffordern, Ihnen den Vertragsentwurf mit der gesetzlich vorgegebenen Frist zuzusenden.

Dessen erste Aufgabe besteht darin, den Kaufvertrag so unmissverständlich zu formulieren, dass er den Wünschen und Erklärungen beider Seiten entspricht. Anschließend muss er das Vertragswerk beurkunden. Bei beiden Schritten ist er zu absoluter Neutralität verpflichtet. Er darf also zum Beispiel die Höhe des Kaufpreises in keiner Weise kommentieren. Andererseits muss er beide Vertragsparteien genau über den Inhalt des Vertrages aufklären. Das ist ganz besonders für den Käufer wichtig, da dieser in der Regel weit weniger Erfahrung mitbringt als der Verkäufer.

> Sie sollten den Notar nach Details im Kaufvertrag befragen, falls Ihnen irgendeine Formulierung unklar ist. Es ist eine wichtige Aufgabe des Notars, den Inhalt des Vertrages zu erläutern.

Obwohl ein Notar eigentlich neutral sein sollte, kommt es dennoch vor, dass Notare einmal als käufer-, ein andermal als verkäuferfreundlich gelten. Zwar muss das keineswegs heißen, dass der vom Verkäufer vorgeschlagene Notar parteiisch ist, aber wenn der Verkäufer auffällig darauf besteht, einen ganz bestimmten Notar zu wählen, sollte man sich unbedingt einen eigenen suchen. Denn als Käufer hat man das Recht dazu.

> Falls Sie keine diesbezüglichen Erfahrungen haben, sollten Sie Verwandte oder Freunde nach Notaren fragen und sich einen empfehlen lassen. Eine weitere Möglichkeit ist es, sich an die Notarkammer zu wenden, die mit Adressen weiterhelfen wird.

Den Vertragsentwurf sollte man sich vor dem Notartermin in aller Ruhe durchlesen, Änderungs- oder Ergänzungswünsche einbringen und sich Fragen für bestimmte Vertragsinhalte zurechtlegen, die nicht verstanden werden. Unter Umständen lohnt es sich, dafür einen Rechtsanwalt einzuschalten – was natürlich extra kostet. Falls man übrigens den Vertrag ablehnt und das Geschäft deshalb nicht zustande kommt, wird der Notar trotzdem Gebühren verlangen.

8.2.1 Teilungserklärung

Wer eine Eigentumswohnung kauft, braucht eine so genannte Teilungserklärung. Sie ist mindestens genauso wichtig wie der Kaufvertrag selbst. Darin wird ein Mehrfamilienhaus in Miteigentumsanteile aufgeteilt, die Lage und Größe der Eigentumswohnungen beschrieben, und mögliche Sondereigentumsrechte beziehungsweise Sondereigentumsnutzungsrechte werden aufgezählt. Auch die Teilungserklärung muss von einem Notar beantragt werden, und zwar beim Grundbuchamt. Daraus ergeben sich für den Eigentümer einer Wohnung Rechte (und Pflichten).

Als Sondereigentum wird die Wohnung bezeichnet sowie alles, was sonst speziell zu dieser Wohnung gehört, also Keller- oder Dachbodenräume, Balkone, eine Garage und so weiter. Gemeinschaftseigentum hingegen ist alles, was der Eigentümergemeinschaft gehört: typischerweise die Außenwände, der Hausflur samt Tür, das Treppenhaus, ein Fahrrad- oder ein Waschkeller sowie Außenanlagen.

Sondernutzungsrechte erlauben bestimmten Miteigentümern das alleinige Nutzungsrecht am Gemeinschaftseigentum. So kann die Außenanlage zwar allen gehören, aber bestimmte Teile davon, etwa Rasenflächen, dürfen nur von einer bestimmten Partei tatsächlich genutzt werden. Abstellplätze können also entweder zum Sondereigentum gehören oder als Sondernutzungsrechte für das Gemeinschaftseigentum festgelegt sein.

Die Teilungserklärung enthält auch eine Gemeinschaftsordnung. Darin wird zum Beispiel festgelegt, wie das Sondereigentum genutzt werden darf, also ob man die eigenen vier Wände nur zu Wohnzwecken oder auch anders verwenden kann. Außerdem wird darin die Kostenverteilung für Instandsetzung und Instandhaltung sowie für Wasser, Strom und sonstige Gebühren geregelt, und es werden die Rechte und Pflichten der Eigentümerversammlung festgehalten.

i Sie sollten speziell auf eventuelle Auflagen achten, wenn es um den Wiederverkauf einer Wohnung geht. Eine Gemeinschaftsordnung kann zum Beispiel den Passus enthalten, dass Miteigentümer dem Verkauf zustimmen müssen.

8.2.2 Eigentümerversammlung

In der Eigentümerversammlung werden alle Entscheidungen gefällt, die das Gemeinschaftseigentum betreffen. Normalerweise gilt in so einer Versammlung, dass jeder Eigentümer eine Stimme hat (Kopfprinzip). In der Praxis wird von dieser Stimmrechtsverteilung aber häufig abgewichen. In der Teilungserklärung oder aber bei der ersten Eigentümerversammlung können die Eigentümer sich darauf einigen, dass sich das Stimmrecht zum Beispiel nach der Größe des Miteigentumsanteils richtet oder der Eigentümer mehrerer Wohnungen entsprechend mehr Stimmen auf sich vereinigt.

Ermitteln Sie vor dem Kauf der Immobilie, wie das Stimmrecht verteilt ist. Gilt das Kopfprinzip nicht, sollten Sie in den Protokollen der Eigentümerversammlung nachlesen, wie dort von der Mehrheit im Einzelfall entschieden wurde und ob sich die Ergebnisse mit den eigenen Ansichten decken. Falls nicht, könnte das auch ein Grund sein, auf einen Kauf ganz zu verzichten.

Der Miteigentumsanteil wird in 1/1.000 gerechnet, wobei die gesamte Immobilie und das Grundstück zusammen die Basisgröße bilden, also 1.000/1.000.

Haus und Grundstück haben eine Gesamtnutzfläche von 1.250 Quadratmetern. Pro Quadratmeter Wohn- und Nutzfläche ergibt sich daraus ein Anteil von (1.000/1.250)/1.000 = 0,80/1.000. Hat man zum Beispiel eine 130 Quadratmeter große Wohnung, beträgt der Miteigentumsanteil 104/1.000.

Dieser Miteigentumsanteil ist von großer Bedeutung für die Abrechnung von Kosten, die nicht verbrauchsabhängig sind. Auch die Bemessung der Instandhaltungsrücklage richtet sich danach. Diese Rücklage wird in der Regel auf Beschluss der Eigentümerversammlung gebildet, und zwar durch monatliche Beiträge, die zunächst nur pauschal erhoben werden. Doch letztlich richtet sich deren Höhe bei der jährlichen Schlussabrechnung nach dem Miteigentumsanteil.

Fragen Sie vor dem Kauf einer Wohnung immer nach dem aktuellen Stand der Instandhaltungsrücklage, die die Eigentümergemeinschaft bis dahin angesammelt hat. Sobald Sie Eigentümer der Wohnung sind, übernehmen Sie damit auch genau den Teil der Instandhaltungsrücklage, der dem Miteigentumsanteil entspricht.

Im Umkehrschluss sollte man sich auch informieren, welche Instandsetzungsarbeiten bisher durchgeführt wurden beziehungsweise mit welchen demnächst zu rechnen ist. Danach müssen die zu erwartenden Kosten mit der angesammelten Instandhaltungsrücklage verglichen werden. Stellt man dabei fest, dass große Teile von dringend notwendigen Reparatur- und Modernisierungsarbeiten durch die Instandhaltungsrücklage nicht gedeckt sein werden, muss man einkalkulieren, dass zusätzlich zum vereinbarten Kaufpreis Kosten entsprechend dem Miteigentumsanteil anfallen werden. Auch hier lohnt sich ein Blick in die Protokolle der Eigentümerversammlung:

✔ Falls in den Protokollen von Baumaßnahmen die Rede ist, die bisher noch nicht durchgeführt wurden, sollten Sie versuchen, den Kaufpreis entsprechend nach unten zu drücken, oder im Kaufvertrag festhalten, dass der Voreigentümer die Kosten übernimmt.

8.2.3 Bestandteile des Kaufvertrags

Die Bestandteile eines Kaufvertrages, also die darin enthaltenen Angaben, sind größtenteils standardisiert.

Vertragsparteien

Zunächst werden die beiden Vertragsparteien, also Verkäufer und Käufer, aufgeführt. Dabei können sich beide Seiten auch vertreten lassen. Dem Vertreter muss allerdings eine Vollmacht gegeben werden, die notariell beglaubigt und deshalb nicht gerade billig ist.

✔ Wenn möglich, sollten Sie selbst zum Notartermin gehen. Denn beim Notar können noch Unklarheiten beseitigt, vielleicht sogar noch Vertragsänderungen erwirkt werden.

Wollen mehrere Personen (zum Beispiel ein Ehepaar) Eigentümer werden, müssen alle (beide) vor dem Notar erscheinen. Es sei denn, der eine vertritt den anderen. Auch dafür ist eine notariell beglaubigte Vollmacht notwendig, die im Übrigen sehr weitgehend sein muss, damit es nicht plötzlich vor dem Notar bei Unterzeichnung des Kaufvertrags zu unerwarteten Problemen kommt, weil die Vollmacht nicht alle Vertragsregelungen abdeckt. Auch die Verkäuferseite muss vollzählig erschienen sein.

> Wenn Ihnen bekannt ist, dass es auf Verkäuferseite mehrere Eigentümer gibt, sollten Sie sich die Vollzähligkeit vom Notar ausdrücklich bestätigen lassen. Ist dies nicht der Fall, ist es empfehlenswert, eine spätere Vollmachtsbestätigung abzulehnen – die müssten Sie nämlich selbst bezahlen.

Kaufobjekt

Die nächsten Positionen des Kaufvertrags betreffen das Kaufobjekt. Dabei geht es zunächst um die Grundbesitzangaben. Hier wird zum Beispiel vermerkt, wenn ein Dritter Rechte an dem Grundstück hat, also etwa Nutzungs- oder Fahrrechte über das Grundstück zu einer Garage. Außerdem werden hier Hypotheken, Grundschulden oder Rentenschulden vermerkt, also alle Hypothekenverpflichtungen, die in der Abteilung II und III des Grundbuchs wiederzufinden sind (siehe Abschnitt 8.1 *Kreditvertrag*).

Teilungserklärung

Handelt es sich um eine Eigentumswohnung, wird an dieser Stelle auf die Teilungserklärung Bezug genommen (siehe oben), und zwar mit dem Hinweis, dass sie Vertragsbestandteil ist. Daraus geht auch hervor, wie groß der Miteigentumsanteil ist, welche Sondernutzungsrechte man hat und welche zusätzlichen Baumaßnahmen Vertragsbestandteil sind, die in der Bauausschreibung nicht erwähnt werden – beispielsweise wenn eine zusätzliche Wand eingezogen wurde. Entsprechende Informationen können auch in einer Anlage enthalten sein, auf die an dieser Stelle verwiesen wird und die damit ebenfalls Vertragsbestandteil ist.

Bezugstermin

Falls Sanierungs- oder Renovierungsarbeiten notwendig sind, die der Verkäufer trägt, oder ein Neubau noch nicht fertig gestellt ist, gehört an diese Stelle auch das genaue Datum für den Bezugstermin.

> Wenn Zweifel bestehen, dass der Bezugstermin eingehalten werden kann, sollten Sie Konventionalstrafen für Verzögerungen vereinbaren. Denn hier gilt das Gleiche wie für einen Bauvertrag: Verzögerungen beim Einzug ins neue Heim sind immer mit Mehrkosten verbunden.

Kaufpreis

Nächster Vertragspunkt ist der Kaufpreis. Bei einer noch nicht fertiggestellten Wohnung sollte man in jedem Fall einen Festpreis vereinbaren. Dabei ist darauf achten, dass alle anfallenden Kosten enthalten sind. Dazu zählen alle Ausgaben für die schlüsselfertige Übergabe sowie alle einmaligen Abgaben und Beiträge bis zur Übergabe. Wenn diese Kosten nicht mit einfließen, läuft man Gefahr, dass der Gesamtpreis sehr viel höher ausfällt als der im Kaufvertrag vereinbarte Festpreis.

Wird das Objekt erst noch gebaut, sollten Teilzahlungstermine vereinbart werden, und zwar Zug um Zug, wie das die Makler- und Bauträgerverordnung für Bauverträge vorsieht (siehe Abschnitt 8.3 *Bauvertrag*).

i Auch beim Kaufvertrag müssen Sie den Teilzahlungsplan mit dem Kreditgeber vorher absprechen, um unnötige Mehrkosten für Zwischenfinanzierung oder Bereitstellungszinsen zu vermeiden.

Egal, ob die Immobilie kurz vor Vollendung steht oder sich noch im Bau befindet, gilt:

i Bei einer noch nicht fertig gestellten Immobilie sollten Sie in jedem Fall bis zur endgültigen Übergabe und vollständigen Fertigstellung eine Schlusszahlung vereinbaren. Sie beträgt mindestens 3,5 Prozent vom Kaufpreis.

Auf Nebenabreden sollte man tunlichst verzichten und dies auch ausdrücklich im Kaufvertrag vermerken. Wer zum Beispiel manipuliert und den Kaufpreis niedriger ausweist, um Grunderwerbsteuer zu sparen, für den kann es gefährlich werden. Zum einen wird es sehr teuer, wenn der Fiskus dahinterkommt. Zum anderen macht das den Kaufvertrag unwirksam. So hat man zum Beispiel keine rechtliche Handhabe, wenn der Verkäufer jemanden findet, der mehr für die Immobilie zahlt.

Abnahme

Wie beim Bauvertrag (siehe dort) sollte man bei Neuimmobilien eine Abnahme vereinbaren:

Die Abnahme sollten Sie in jedem Fall in schriftlicher Form vereinbaren und dabei von vornherein im Vertrag erklären, dass ein Sachverständiger die Abnahme begleitet.

Das erspart Ärger, wenn es um die Beseitigung von Mängeln und die Gewährleistung geht. Letztere wiederum sollte wie im Bauvertrag nach dem BGB geregelt sein, also mit einer Frist von bis zu fünf Jahren (siehe Abschnitt 8.3).

Gewährleistung

Bei Gebrauchtimmobilien sollte man sich im Kaufvertrag um eine Klausel bemühen, die vorsieht, dass auch für bis dahin unsichtbare Mängel eine Gewährleistung besteht. Das wird allerdings schwierig sein, da der Verkäufer wenig Interesse daran hat, auch für solche Schäden zu haften. In der Regel heißt es daher leider: gekauft wie gesehen.

Auflassungsvormerkung

Da es einige Zeit dauert, bis man als Eigentümer der Immobilie ins Grundbuch eingetragen ist, sieht der Kaufvertrag in der Regel eine Auflassungsvormerkung vor. Diese Vormerkung ermöglicht es, dass der Käufer bis zur endgültigen Eintragung ins Grundbuch abgesichert ist und die Immobilie nicht ein zweites Mal verkauft wird.

Eine Auflassungsvormerkung ist keinesfalls ein endgültiger Schutz vor Gläubigern des Verkäufers, wenn dieser aus irgendwelchen Gründen zahlungsunfähig wird. Schutz gegenüber solchen Ansprüchen genießen Sie erst, wenn Sie definitiv Eigentümer sind.

Nutzen- und Lastenübergang

Lasten und Nutzen der Immobilie gehen in der Regel aber schon mit der Übergabe der Immobilie an den Erwerber über. Im Kaufvertrag muss dafür ein konkreter Termin genannt sein. Bei neuen Immobilien ist dieser Termin identisch mit der Bezugsfertigkeit und der anschließenden Abnahme.

Mit dem Nutzen- und Lastenübergang muss der Erwerber ab diesem Tage alle Gebühren und Abgaben übernehmen. Das gilt zum Beispiel auch für die Grundsteuer.

Grundschuldbestellung

Die Prüfung aller Unterlagen von Behörden und Kreditinstitut dauert dann ein paar Wochen. Parallel zur Auflassungsvormerkung veranlasst der Notar die Bestellung, also die Eintragung einer Grundschuld. Den Nachweis darüber kann der Käufer an sein Kreditinstitut weitergeben, das daraufhin das Darlehen zur Finanzierung der Immobilie auszahlt. Außerdem informiert der Notar das Finanzamt. Wenn der Käufer die Grunderwerbsteuer gezahlt hat, schickt das Finanzamt dem Notar eine Unbedenklichkeitsbescheinigung.

Übergabe

Anschließend schickt der Notar dem Käufer eine Fälligkeitsanzeige über den Kaufpreis. Für den Käufer besteht nun eine festgelegte Frist, innerhalb derer er den Kaufpreis an den Verkäufer überweisen muss. Sobald der Kaufpreis gezahlt ist, wird die endgültige Umschreibung des Eigentums wiederum durch den Notar erfolgen. Der Käufer wird nun in das Grundbuch als rechtmäßiger Eigentümer der Immobilie eingetragen.

Notaranderkonto

Unter Umständen wird zur Abwicklung des Kaufvertrags ein Notaranderkonto eingerichtet, zum Beispiel wenn ein Verkäufer im Ausland sitzt. Dieses Konto wird vom Notar treuhänderisch verwaltet. Es dient dem sicheren Geldtransfer und der Eigentumssicherung des Käufers. Erst nach korrekter Eintragung des Käufers in das Grundbuch als neuer Eigentümer der Immobilie überweist der Notar das Geld an den Verkäufer. Vorab sollte geklärt werden, wem wann die Zinsen aus diesem Anderkonto zufallen. Das muss im Kaufvertrag festgehalten werden.

i Falls Sie auf ein Notaranderkonto verzichten, weil der Kaufpreis Zug um Zug fällig wird, so müssen in jedem Fall die Schritte Auflassungsvormerkung, Grundbestellung und Übergabe erledigt sein, bevor Sie den Kaufpreis zahlen. Darauf müsste der Notar ohnehin hinweisen!

Etwas komplizierter wird der ganze Vorgang, wenn ein Bauträger die Immobilie schlüsselfertig verkauft, denn dann steht ebenfalls ein finanzierendes Kreditinstitut hinter ihm. Dieses Institut muss ein

Freigabeversprechen abgegeben haben, dass es mit dem Fertigstellen der Immobilie und der Kaufpreiszahlung auf die eigenen Grundpfandrechte verzichtet. Mit anderen Worten: die Grundpfandrechte des Verkäufer-Kreditgebers werden dann an die Grundpfandrechte des Käufer-Kreditgebers abgetreten.

8.3 Bauvertrag

Grundsätzlich ist ein Bauvertrag auch wirksam, wenn er nicht in schriftlicher Form zustande kommt. Aber man erspart sich eine Menge Ärger bis hin zu Gerichtsprozessen, wenn alles schriftlich festgehalten wird.

> Gerade bei Bauvorhaben kann es nicht schaden, wenn zusätzlich zum Notar ein versierter Rechtsanwalt den Vertrag durchsieht.

Vorbeugen ist besser als heilen. Ein Notar ist zwar verpflichtet, über Details des Vertrages zu informieren und auf Besonderheiten hinzuweisen, aber das gilt nun einmal für beide Seiten, auch für den Anbieter. Ein Notar muss neutral bleiben. Ein Rechtsanwalt hingegen vertritt allein die Interessen des Käufers beziehungsweise Bauherren und kostet zwischen 100 und 150 Euro. Das sollte die Sache wert sein!

8.3.1 Bauausschreibung

Im Bauvertrag müssen zunächst alle Leistungen des Auftragnehmers in Art und Umfang genau erfasst werden. Deshalb sollte in jedem Fall eine Bauausschreibung Bestandteil des Vertrages sein. Darin ist festgehalten, welche Arbeiten ausgeführt werden müssen und in welcher Qualität und Ausstattung das zu geschehen hat. Für Schallschutz und Wärmedämmung sollten die aktuellen (DIN-)Normen im Bauvertrag aufgeführt sein.

Wichtig ist dabei, dass der Vertrag alle Bauarbeiten beinhaltet. Das heißt auch mögliche zusätzliche Kosten, wenn zum Beispiel beim Bau festgestellt wird, dass eine (andere) Drainage notwendig wird.

> Falls während der Bauphase zusätzliche Arbeiten vereinbart werden, sollten Sie sofort dafür sorgen, dass diese schriftlich festgehalten und im Bauvertrag nachträglich mit aufgenommen werden.

Außenarbeiten, wie etwa das Anlegen von Gehwegen oder Anschlüsse an öffentliche Versorgungsleitungen, sollten ebenfalls im Vertrag festgehalten und damit im Preis berücksichtigt werden.

Wichtiger Bestandteil des Vertrages sind konkrete Termine für den Baubeginn und für die (schlüsselfertige) Übergabe der Immobilie sowie die Fertigstellungstermine für die dazwischen liegenden Bauabschnitte.

Sie sollten mit dem Bauunternehmer Konventionalstrafen vereinbaren, die mit jedem Tag, um den sich die Fertigstellung der Immobilie verzögert, fällig werden.

Durch mögliche Bauverzögerungen muss man in jedem Fall damit rechnen, dass zusätzliche Kosten entstehen, angefangen bei Bauzeitzinsen, die der Kreditgeber verlangen wird, bis hin zu einer Übergangswohnung oder zu den Kosten dafür, die Möbel in dieser Zeit irgendwo unterzubringen. Seriöse Bauträger werden sich gegen eine solche vertragliche Vereinbarung nicht wehren.

8.3.2 Festpreis

Im Bauvertrag sollte ein Festpreis vereinbart sein. Dieser Preis gilt dann nicht nur für die vorher vereinbarte Bauzeit, sondern auch darüber hinaus, wenn Bauverzögerungen durch den Auftragnehmer verursacht werden.

8.3.3 Zahlungstermine

Ein wesentlicher Punkt im Vertrag ist auch die Zahlungsweise des Baupreises. Es sollte genau vereinbart sein, wann die jeweiligen Zahlungstermine sind, und zwar mit Abschlagszahlungen und Schlusszahlung sowie Sicherheitseinbehalt. Denn üblicherweise zahlt man beim Bau einer Immobilie nicht in einem Betrag, sondern nach einem festen Zahlungsplan. Ein Anhaltspunkt dafür ist die Makler- und Bauträgerverordnung. Danach werden die ersten 30 Prozent des Baupreises fällig, wenn folgende Schritte erledigt sind:

- Der Vertrag muss rechtskräftig sein.
- Es muss eine Baugenehmigung für die Immobilie vorliegen.
- Im Grundbuch muss für den Bauherrn eine Auflassungsvormerkung eingetragen sein. Das bedeutet, man ist zwar noch nicht

endgültig als Eigentümer eingetragen, aber mit dieser Vormerkung ist der Eigentumsanspruch gesichert. Man ist also davor geschützt, dass das Grundstück inzwischen an einen anderen Eigentümer verkauft wird.

- Alle alten Belastungen im Grundbuch müssen gelöscht sein.
- Die Erdarbeiten auf dem Grundstück müssen begonnen haben.

Die restlichen 70 Prozent werden nach Baufortschritt bezahlt, und zwar ebenfalls in Teilabschnitten, wobei bei den folgenden Prozentangaben die Restsumme wieder mit 100 Prozent gleichgesetzt wird:

- Fertigstellung des Rohbaus: 40 Prozent;
- Installation der Leitungen und Rohre sowie Verputzen der Innenwände: 25 Prozent;
- Einsetzen der Fenster und Türzargen sowie Treppeneinbau: 15 Prozent;
- Fertigstellung und Übergabe: 15 Prozent;
- nach Abschluss der Restarbeiten und Beseitigung der Mängel, die bei der Endabnahme festgestellt wurden: 5 Prozent (oder umgerechnet 3,5 Prozent vom ursprünglichen Baupreis).

Selbstverständlich kann in einem Bauvertrag zugunsten des Bauherrn von diesem Zahlungsmodus abgewichen werden.

8.3.4 Unterwerfungsklauseln

Klauseln, wonach man sich dem Bauträger gegenüber der sofortigen Zwangsvollstreckung unterwerfen muss, falls man seinen Zahlungsverpflichtungen nicht nachkommt, sind unwirksam (BGH-Urteil v. 22.10.1998, AZ: VII ZR 99/97). Eine Zahlungspflicht des Erwerbers beziehungsweise des Bauherrn tritt nur stufenweise entsprechend der jeweiligen Bauabschnitte ein.

8.3.5 Abnahme

Im Vertrag sollte auch von vornherein die Abnahme des Baus vereinbart sein, und zwar schriftlich in Form eines Abnahmeprotokolls.

> Sie sollten schon im Bauvertrag festlegen, dass zur Abnahme ein Sachverständiger hinzugezogen wird.

Empfehlenswert ist es, sich dafür an eine neutrale Stelle zu wenden. Die örtliche Industrie- und Handelskammer zum Beispiel kann solche Gutachter benennen. Schon im Kapitel Immobilienerwerb wurde darauf hingewiesen, dass Vereine und Verbände ebenfalls die Möglichkeit bieten, während der Bauphase regelmäßig einen Sachverständigen einzuschalten.

✔ Sinnvoll ist es auch, wenn Sie einen solchen Sachverständigen schon bei der Fertigstellung einzelner Bauabschnitte hinzuziehen. Das verringert das Risiko versteckter Mängel.

8.3.6 Gewährleistung

Im Bauvertrag muss außerdem geklärt werden, in welcher Form und in welchem Umfang der Auftragnehmer die Gewährleistung bei Mängeln übernimmt, vor allem aber, wie lange der Zeitraum dafür ist. Dabei ist ausschlaggebend, ob der Bauvertrag nach dem Bürgerlichen Gesetzbuch (BGB) oder aber nach der so genannten Verdingungsordnung für Bauleistungen Teil B (VOB/B) geschlossen wurde.

Bei einem Vertrag nach dem BGB sind die Haftungsregelungen für den Auftraggeber günstiger: Die Verjährungsfrist für Arbeiten an Bauwerken beträgt hier fünf Jahre, bei der VOB nur vier Jahre. Darunter fallen alle Hochbauten, aber auch Einzelarbeiten wie der Einbau von Sanitärinstallationen, Türen- und Fensterbau, die Verlegung von Teppichböden oder die Isolierung von Außenwänden.

Die VOB/B hat wiederum den Vorteil, dass dem Bauherrn das Recht eingeräumt wird, den Bauentwurf auch nach Vertragsabschluss noch zu ändern. Diese Bestimmung rührt daher, dass die VOB/B ursprünglich einmal nur für öffentliche Bauten gedacht war. Das BGB hingegen macht Änderungswünsche schwer – und teuer, weil der Auftragnehmer darauf pochen kann, dass der Vertrag eingehalten wird.

✔ Unterm Strich ist ein Bauvertrag nach den Vorschriften des BGB für Sie als Bauherr günstiger.

Im Internet findet sich unter der Adresse www.hausundgrund.de das Muster eines Bauvertrags für ein Einfamilienhaus, das die Hauseigentümerschutzgemeinschaft „Haus & Grund“ zusammen mit dem Zentralverband des deutschen Baugewerbes entwickelt hat. Es wird immer auf den neuesten Stand der Gesetzgebung gebracht und soll einen fairen Ausgleich zwischen den Interessen des Bauherrn und der Baufirma bieten. Außerdem findet sich dort ein Bauvertragsmuster für einzelne Gewerke, also Handwerkerleistungen wie Zimmerer-, Fassaden- oder Fliesenarbeiten.

Um den Bau oder Kauf einer Immobilie vertraglich unter Dach und Fach zu bringen, schließt der zukünftige Immobilieneigentümer neben dem Kreditvertrag mit dem Finanzierer einen Bau- oder Kaufvertrag ab. In jedem Fall muss dabei ein Notar eingeschaltet werden, den man sich möglichst selbst aussuchen sollte. Es kommt auf jedes Detail in diesen Verträgen an – jede Veränderung im Nachhinein kostet unnötig Geld. Deshalb die oberste Regel: Zeit lassen!

Stichwortverzeichnis